증보

노인여가 프로그램 개발

노인을 위한 문학활동

이송은 · 박순하 · 최수진

창지사

머/리/말

급격한 고령화가 진행되면서 이제 노년기는 은퇴자로서의 시기보다는 새로운 인생 2막을 시작하는 시기로 인식되고 있다. 길어진 수명만큼 오늘을 사는 노년층의 고민도 많아졌다.

'노년기를 무얼 하며 지낼 것인가?'
'노년의 삶을 무엇으로 지탱할 것인가?'
'어떻게 하면 건강 장수할 것인가?'

이 책은 문학을 매개로 그에 대한 답을 제시하고 있다.

노년기 여가활동부터 일자리 창출, 심신의 건강을 위해서 문학을 매개로 할 수 있는 다양한 방법론이 제시돼 있다.

이 책은 이십여 년에 걸친 저자들의 노인대상 수업 기록을 담고 있다.

2000년대 초반 서울 YWCA 이야기보따리 할머니 교육을 시작으로 2010년 한국간행물윤리위원회의 '어르신들에게 책 읽어드리는 북스카우트', 2014년부터 2019년까지 한국출판문화산업진흥원의 '책 읽어드리는 문화봉사단'에 이르기까지 우리는 수업 역량을 갖춘 스토리텔러 할머니, 할아버지를 많이 배출하였다. 과거의 어르신들은 대부분 복지의 수혜자였지만 오늘날의 노년층은 지역사회 문화활동의 주체가 된다. 경로당, 복지관, 노인학교에 머물지 않고 '노-노 케어' 현장의 전사가 되는가 하면, 지역아동센터의 교사가 되기도 하고, 1인 크리에이터라는 이름으로 새로운 영역을 개척하기도 한다.

이 책의 특징은 심신의 건강상태가 좋은 노년층과 그렇지 못한 어르신을 모두 아우르고 있다는 점이다. 다음은 지난 이십여 년간 우리가 끊임없이 던져온 질문들이다.

노년의 삶에 문학은 무엇인가? 심신이 불편한 어르신들께 어떤 문학을, 어떤 방법으로 들고 갈 것인가? 자다가 죽는 게 소원이라는 무기력한 어르신의 마음을 어떻게 노크할 것인가? 치매 어르신은 문학을 매개로 무엇을 경험할 수 있을까? 전문성을 갖춘 영 실버 자원활동가분들이 정말 원하는 것은 무엇인가? 노인 자원활동가의 뛰어난 역량을 어떻게 세상에 알리고, 꽃 피우게 할 것인가?

지난 십수 년 동안 함께 수업을 만들고 현장을 누벼온 공저자들은 서로가 서로에게 삶의 증인이다. 특히 50대 후반에 자원활동가와 강사로 만나서 70대 초반임에도 자타가 공인하는 노인 및 아동 대상 수업 전문가가 되신 박순하 선생님은 내 삶의 푯대이시다.

이 책이 나오기까지 많은 분들의 도움이 있었다. 연구진으로 함께해 준 김은주님, 김순애님은 물론이요, 교정을 함께 해 준 이영주님, 연구소 계절특강 때 발표한 수업안을 싣게 해 준 '달 샤베트'의 김선아님, '나뭇잎손님과 애벌레 미용사'의 이미진님께도 감사드린다. 또 노인대상 손유희 강좌 경험을 진솔하게 담아 준 유훼리님, 호랑이 그림과 섬세한 도해를 그려 준 홍미량님, 예쁜 컴퓨터 그림으로 책의 활력을 더해 준 최인숙님께도 감사드린다. 그리고 변함없이 성원해 준 동화가있는집 식구들에게 진심으로 감사를 표한다. 특히 '석수장이', '금도끼 은도끼', '고릴라 할머니', '움직이는 ㄱㄴㄷ', '틱톡, 일어나세요!' 등 주옥같은 수업안을 만든 권옥님, '허허 할아버지', '으라차차 큰 일꾼', '무지개꽃이 피었어요' 등을 만든 한주미님께 깊은 감사의 마음을 전한다. 바쁜 일정 중에서도 최선을 다해 준 이초롱씨와 창지사 관계자분께도 잊을 수 없는 빚을 졌다.

늘 그랬듯이, 책을 낼 때마다 가족들에게 미안함과 고마움이 쌓여 간다. 든든한 산처럼 부족한 딸을 지켜 주는 어머니와 남편, 그리고 이제는 엄마의 조력자가 된 아들들에게도 사랑의 마음을 전한다. 마지막으로, 이 책을 가능하게 해 준 한국출판문화산업진흥원과 수많은 노인자원활동가분들께 머리 숙여 감사드린다. 귀하고 의미 있는 사업을 할 기회가 주어지지 않았더라면, 그렇게 훌륭한 자원활동가분들이 계시지 않았더라면 오늘의 이 책은 없었을 것이다.

2021년 2월

저자를 대표하여 이송은

♣일/러/두/기

- 이 책에 실린 내용들은 저자들이 실제로 프로그램을 만들고 진행하였던 경험을 토대로 구성하였습니다.
- 실제편의 대상 구분은 체계적 분류와 상호작용의 예시를 보여 주기 위한 것이며, 현장 적용 시 대상을 확장 적용할 수 있습니다.
- 이 책은 동화가있는집 연구소의 노인문학활동분야 민간자격증과정의 교재로 사용됩니다. 저자의 허락 없이 이 책에 실린 내용을 다른 민간자격증 과정에서 사용할 수 없습니다.
- 수업의 실제에 필요한 활동자료는 현장수업 시 배부됩니다.

목/차

문학활동 중심

노인여가 프로그램 개발을 위한 이론적 기초

이론편

1장

노인과 여가

1. 우리 사회의 노년기: '늙어가는 대한민국' vs '지혜로운 시니어'

1) 고령사회

UN에서 정한 기준으로 볼 때 '노인'이란 65세 이상을 말하며 노인이 차지하는 비율에 따라 다음과 같이 나뉜다.

- 고령화 사회(ageing society): 65세 이상 인구가 총인구에서 차지하는 비율이 7% 이상
- 고령사회(aged society): 65세 이상 인구가 총인구를 차지하는 비율이 14% 이상
- 후기고령사회(post-aged society) 혹은 초고령사회(super-aged society): 65세 이상 인구가 총인구를 차지하는 비율이 20% 이상

우리나라는 고령자가 2000년에 7.2%를 넘어섬으로써 고령화 사회에 도달하였고 2017년 현재, 65세 이상 고령자는 전체 인구의 13.8%를 차지한다(통계청, '17고령자통계). 아래의 전체 인구 분포를 살펴보아도, 과거의 피라미드 형에서, 현재는 유소년 인구는 줄어들고 고령 인구는 증가하는 항아리 형, 장래에는 역피라 피라미드 형으로 변해 갈 것임을 알 수 있다(그림 1-1). 또한 미국 통계국이 발표한 세계 인구 보고서, 〈늙어가는 세계〉 2015년판에서는 2050년이 되면 한국이 세계에서 두 번째로 노년층이 많은 나라가 될 것이라고 예상하고 있다.[1]

---

1) 경향신문(2016. 03. 30.), 「빠르게 늙는 한국, 2050년엔 세계 2위」.

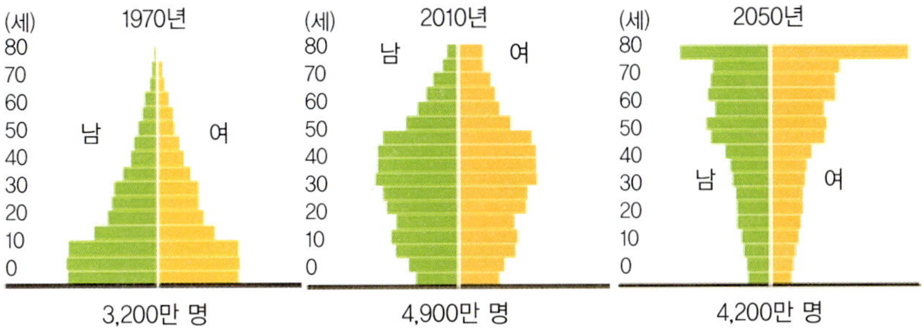

[그림 1-1] 우리나라의 인구 피라미드 변화

출처: 통계청(2009). 재구성.[2)]

2) 고령(화) 사회의 그늘

과거에는 노년기라고 하면, '여유로운 노후, '유유자적' 등 낭만적인 단어를 많이 연상하였다. 그러나 평균수명이 80세가 넘은 지 오래고 머잖아 100세 시대가 도래할 것이라는 전망이 나오는 가운데, '치매환자의 증가', '노인 빈곤', '독거노인', '고독사', '황혼이혼', '부양의무 소송' 등 과거에는 생각지도 못했던 문제들이 불거지고 있다. 이런 문제들에 대한 대책으로 '치매국가책임제' 등 사회적인 노력이 강구되고 있고, '노인 일자리 창출'이라는 슬로건도 날로 증가하고 있다.

통계청 발표에 따르면, 55~79세 고령자 중 '장래에 일하기를 원한다'라고 응답한 비율이 61.2%로, 취업을 원하는 이유는 '생활비 보탬'이라고 응답한 비율이 58.0%, '일하는 즐거움(34.9%)', '무료해서(3.4%)', '사회가 필요로 함(2.2%)' 순이었다. 특히 생활비 마련을 장래 취업 이유로 든 비율은 2014년 54.0%, 2015년 57.0% 등 지속적으로 늘어나는 추세이다(통계청, '2016 고령자 통계'). 경제협력개발기구(OECD)가 발표한 자료에서도, 2015년 기준 한국의 75세 이상 고용률은 17.9%로 25개 회원국 중에서 가장 높았다(〈동아일보〉, 2017.05.09.).

출처: 통계청(2016). 2016 고령자 통계.

2) 한정란(2015). 『노인 교육론』 p. 22

3) 노인 복지시설, 사회적 돌봄이 필요한 노인의 증가

핵 가족화된 오늘의 사회구조에서 우리나라의 전통적 가치관도 흔들리고 있다. 즉, 장남 또는 자녀 등 가족에 의한 노인부양이 미덕었던 시대는 점차 멀어져가고, 자녀들이 노부모와 동거하기를 원하지 않거나, 노부모 역시 자녀와 동거하기를 불편해 하는 등 노인부양에 대한 의식이 변화하고 있다.[3] 아울러 여성의 사회진출이 증가하면서 가족 구성원의 기대역할이 달라짐에 따라 현대사회에서 노인부양 문제는 더 이상 가족의 문제가 아닌 사회 전반의 문제로 국가와 사회단체가 앞장서서 해결해야 할 과제로 남게 되었다. 이에 따라 필연적으로 노인복지시설이 증가하게 되었는데, 구체적으로 살펴보면 노인주거복지시설, 노인의료복지시설, 노인여가복지시설, 재가노인복지시설, 노인보호전문기관, 노인 일자리 지원기관 등이 있다. 이 중 노인 일자리 지원 기관은 2013년 12월에 신설되었다.[4]

■ 노인 복지시설 이용자들의 일반적 특성

건강상태가 양호한 노인들이 이용하는 노인여가복지시설(예: 경로당)이 아닌, 주 · 야간보호센터나 요양원 이용자는 혼자서는 거동과 섭식이 불편한 경우가 많고, 노화로 인한 감각 둔화, 인지 및 운동기능 저하, 치매질환, 노인 우울증 등 노인성 질환을 하나, 또는 복합적으로 갖고 있다. 노노케어의 사례인, '책 읽어 주는 문화봉사단'[5]이 주로 방문했던 기관은 주 · 야간보호센터(재가노인복지시설)와 요양원(노인의료복지시설)이었다.

4) 인적 자원으로서의 노년기

앞서 살펴본 것처럼 우리 사회에 노인 인구가 늘어나면서 부정적인 측면만 있는 것은 아니다. 노년의 삶과 관련해 최근 가장 눈에 띄는 현상은 '유능한 노

---

3) 박선영(2015), 「노인 주·야간보호시설 서비스 이용자 만족도에 관한 연구: 동작구 데이케어센터를 중심으로」, 중앙대학교 행정대학원 석사학위 청군논문, p. 2

4) 보건복지부(2017), 「2017년 노인복지시설 현황」

5) '책 읽어 주는 문화봉사단'(한국출판문화산업진흥원 주최, 문화체육관광부 후원)은 노인세대에 의한 소외계층 책읽어 주기 사업으로, 책읽기 및 문학 활동 수업에 대해 전문적인 교육(36시간)을 받은 자원활동가들이 2인 1조로 지역아동센터, 노인복지시설, 장애 복지시설 등을 방문해 12회 차에 걸쳐 수업을 진행하였다. 2017년의 경우, 제주도를 포함하여 전국 11개 권역에서 시행되었다.

인 자원활동가의 활약'이다. 특히 교육관련 분야에서 기대 이상의 효과를 보인 사례들이 보고되고 있다.[6)]

현재 노년층으로 접어든 한국의 베이비부머세대는 과거의 노년층과는 다른 특성이 있다. 그것은 높은 교육열에 힘입어 고학력자의 비중이 높은 점과 전문 분야의 경험이 풍부하다는 것이다. 또한 인간은 출생부터 죽을 때까지 생애 전 기간에 걸쳐 발달하고 변화해 간다는 전 생애 발달이론이 대두됨에 따라, 노년기를 새로운 가능성을 지닌 존재로 보고자 하는 시각이 대두되고 있다.

(1) 노년기 다시 보기

최근, 세대 간 소통을 목표로 한 공익 캠페인과 노인의 날(10.02)을 전후해 개최되는 행사들을 보면, 우리 사회의 이런 시각이 잘 드러난다.

<table>
<tr><th>2017 실버문화 페스티벌</th><th>국립민속박물관 특별전
〈노인老人 – 오랜 경험, 깊은 지혜〉</th></tr>
<tr><td>문화·예술과 더불어 주체적으로 삶을 살아가는 노년의 새로운 모습을 발견하고 다채로운 프로그램을 통해 세대 간 화합과 교류의 장 제공(문화체육관광부 주관)</td><td>한 세대와 공동체의 어른인 '노인'의 참된 의미를 되새겨 보고자 함.</td></tr>
<tr><td>

'2017 실버문화 페스티벌', 한국문화원연합회</td><td>

'노인 특별전' 포스터, 국립민속박물관 소장자료</td></tr>
</table>

6) 이송은·전진영·김윤경(2016), 「세 연구자들의 스토리텔링 탐험기: 그림책으로 아이들과 소통하는 할머니·할아버지 세워가기」, 〈교육인류학연구〉, 19(3), p. 112

(2) 노인, 지혜와 소통의 메신저

"노인 한 사람이 죽으면 도서관 하나가 불타는 것과 같다."

–아프리카 속담–

노년기에는 유동성 지능은 쇠퇴하나 결정성 지능은 유지되거나 증가한다. 지혜의 출현이 바로 이에 해당한다.[7] 노년기 발달과 성숙을 드러내는 대표적인 특성이 지혜라고 할 수 있다. 연령이 증가함에 따라 반드시 지혜로워진다는 것은 아니다. 그러나 지혜가 과거의 경험에서 얻은 지식과 성숙을 통한 문제해결 능력과 사고능력을 기반으로 하기 때문에, 노년기에 이르러 지혜의 발달은 두드러진다.[8]

노년의 지혜는 수년간 이어진 〈책 읽어 주는 문화봉사단〉 활동에서 다채롭게 발견되었다. '연로한 자원 활동가들이 지역아동센터 아동이나 노인성 질환을 앓고 있는 보호시설 이용 어르신, 지적 장애를 겪고 있는 대상자들을 잘 다룰 수 있을까?'라는 우려와는 달리, 전문성을 바탕으로 원활한 수업진행은 물론이요, 풍부한 연륜과 삶의 경험에서 나오는 따뜻한 지혜로 상처 있는 대상자들을 따뜻하게 포용하였다.[9]

2. 여가

1) 여가의 개념

'여가(餘暇)'의 사전적 의미는 '일이 없어 남는 시간(표준국어대사전, 2017)'이다. 여가의 개념은 다양하게 정의되고 있는데 크게 적극적 의미와 소극적 의미로 나뉜다. 이 같은 경향은 어원에서부터 찾아볼 수 있다. 여가(餘暇)의 어원을 살펴보면 '자유스러워지다'라는 뜻을 가진 라틴어 리세레(licere)에서 유래하였고, 그리스어의 '스콜레(scole)'는 '정지, 중지, 평화 및 평온'을 의미하며, 어원상 자기계발(self-cultivation)을 위한 적극적인 정신활동상태를 뜻한다. 반면, 로마

7) 정민승·임진영·이지혜(2006), 『생애발달과 교육』 p. 285

8) 박성연·백지숙·안지영·오미경·이사라·이주연·임희수·전춘애·지연경·한세영(2011), 『인간발달』 p. 308

9) 한국출판문화산업진흥원(2014), 「2014 책 읽어 주는 문화봉사단 보고서」 p. 71

어의 '오티움(otium)'은 아무것도 하지 않는 것(doing nothing)'을 의미하고 이것은 소극적인 무위활동상태를 뜻한다.[10)]

여가와 유사한 개념으로는 놀이(play), 소일(past time), 레크레이션 등이 있는데 Kelly(1987)는 여가(leisure)를 ① 정신적 정서적 자유와 휴식, 즐거움을 추구하는 선택적 자유활동으로 재창조의 의미가 강한 여가활동(recreation), ② 단순한 쾌락을 추구하는 활동인 놀이로 구분하였으며, 소일은 단순한 휴식이나 의미없이 여가시간을 보내는 행위를 의미한다.[11)]

2) 노인과 여가

(1) 노인여가활동의 기능과 중요성

노인세대에게 여가활동이 왜 필요한지를 알아보기 위해 여가활동의 기능을 살펴보자. 현외성(2010)에 따르면, 노인세대의 관점에서 노인의 여가활동은 다음과 같이 몇 가지의 중요한 기능을 가지는 것으로 분석된다.[12)]

① 취미생활과 오락 등을 통하여 무료감을 해소한다.
② 공동작업을 통하여 경제적 소득을 제공한다.
③ 친구 · 동호인과의 집단생활에서 서로 격려하며, 생활위험에 대처할 자원을 확보할 수 있다.
④ 보건 · 의료 면에서 평상시 노인의 건강관리에 큰 도움이 되게 한다.
⑤ 사회심리적으로 소외감과 무력을 갖는 노인에게 삶에 대한 애착과 자신감을 갖게 한다.
⑥ 가정적으로나 사회적으로는 역할의 상실감과 박탈감에 빠진 노인에게 자원봉사활동 등을 통하여 소속감, 성취감 및 사회적 존재감 · 공헌의식을 갖게 한다.
⑦ 정신적으로는 다양한 여가 프로그램을 통하여 일상생활 속에서의 압박감과 긴장감을 해소하고 적절히 정신적 자극을 받게 함으로써 정신건강 면에 많은 도움이 될 수 있다.
⑧ 인생주기에서 자아실현의 마지막 기회를 부여한다.
⑨ 생애 동안 축적된 삶의 지혜를 전수하고 전통문화를 계승 · 발전케 하며, 지역사회 내에서 건실한 공동체의 형성에 기여할 수 있다.

이상의 내용을 살펴볼 때, 노인여가의 중요성은 '노인의 건강 증진', '삶의 목표 재설정', '경제활동으로의 자연스러운 유도' 등 세 가지로 요약할 수 있다.

(2) 노인여가활동 유형

노인의 여가 활동은 활동장소, 관계범위, 활동목적 등에 따라 다양한 유형으

10) 윤찬중 · 명봉호(2008), 『노인여가와 치료 레크레이션』 p. 15
11) 권중돈(2016), 『노인복지론(6판)』 p. 190에서 재인용
12) 현외성(2010), 『노인복지학 신론』 pp. 397-398

로 분류될 수 있다. 여러 학자들이 제시하고 있는 여가활동유형을 살펴보면, 김성순(1990)은 노인여가활동에 영향을 주는 다양한 요인을 조합하여 한거형, 자기완성형, 근로형, 사교오락형, 사회참여형, 폐쇄형의 여섯 가지로 분류하였다.

근로형은 자기자신이나 가족의 생계에 보탬을 주기 위해 노동이 불가피한 경우이고, 한거형은 심신을 쉬며 대체로 한가롭게 자기만의 시간을 가지며 조용히 지내는 형태, 사교오락형은 골프 · 낚시 · 여행 등 취미활동, 자기완성형은 젊었을 때 완성해내지 못했던 부족한 부분을 노후에 충분한 시간을 이용해 보완해 가는 경우, 참여활동형은 정치 · 학술 · 지역사회 개발 및 각종 사회봉사활동에 참여하는 경우, 폐쇄형은 건강상 활동이 부자유스럽거나 외출을 귀찮아하거나 여생을 사회적으로 폐쇄된 가운데 쓸쓸히 보내는 유형을 말한다.[13] 한국 임상사회사업학회(2004)는 생태학적 관점에서 크게 가족 중심형과 지역사회/생활 중심형으로 노인여가 유형을 분류하였다.

고든 등(Gordon et al., 1976)은 사람들의 여가활동 형태가 신체적 · 정서적 · 인지적 면에서 긴장해소활동(relaxation), 기분전환활동(diversion), 발전적 활동(developmental), 창조적 활동(creativity), 감각적 쾌락활동(sensual transcendence) 등 다섯 가지 유형으로 나뉜다고 보았다.

■ 만족의 정도에 따른 여가활동 유형 (Gordon et al., 1976)[14]

여가활동 형태	활동 내용	참여정도
긴장해소 활동	홀로 있음, 조용한 휴식과 수면	매우 낮음
기분전환활동	사교, 손님접대, 경기관람, 게임과 놀이, 대화, 취미활동, 독서, 텔레비전 시청 또는 라디오 청취	조금 낮음
발전적 활동	체조 및 개인운동, 학습활동 및 있는 독서 미술이나 음악 등 심리적 활동참여, 클럽이나 조직에 참여 관광 및 여행	보통
창조적 활동	예술, 문화, 음악 등 창작적 활동, 양육활동, 수준 높은 토의, 미술교습, 악기 배우기	조금 높음
감각적 쾌락활동	성행위, 충동적 약물사용, 무아지경의 종교체험, 육체적인 공격적 행동, 경쟁적 게임 및 운동경기, 격정적 춤	매우 높음

13) 김성순(1990), 『고령화 사회와 복지행정』 pp. 383-384
14) 최순남(2005), 『현대노인복지론』, p. 151에서 재인용

(3) 노인의 여가활동 참여 촉진방안

평균수명의 연장으로 노년기가 점점 길어지고 삶의 질에 대한 관심도 점차 높아지고 있는 상황을 고려할 때, 우리 사회는 선진 복지국가에 걸맞은 노인 여가활동을 만들고 참여를 촉진할 필요가 있다. 권중돈(2016)은 다음과 같이 노인 여가 활동 참여 촉진방안을 제시하였다.[15)]

첫째, 노인의 여가에 대한 인식 증진을 통하여 새로운 노년기 여가문화를 정립해야 한다.

둘째, 노인이 여가활동에 필요한 기본 자원을 국가와 가족이 제공하여야 한다.

셋째, 노인여가복지시설의 확충과 지원이 확대되어야 한다.

넷째, 노인의 여가욕구에 기초한 다양한 여가 프로그램의 개발이 이루어져야 한다.

다섯째, 노인여가활동을 지도할 수 있는 전문인력을 양성해야 한다.

여섯째, 민간부문의 경로우대제의 확충과 노인여가 산업 참여를 적극적으로 유도해야 한다.

3. 자원봉사

1) 자원봉사의 개념과 가치

(1) 자원봉사자란?

자원봉사라는 말은 1930년 세계 사회사업가대회에서 처음으로 사용되었고[16)] 일반적으로 'volunteer(자원봉사자)', 'volunteerism(자원봉사활동)'의 의미로 많이 쓰인다. 자원봉사자의 어원을 살펴보면 의지와 욕망을 나타내는 라틴어의 'voluntas(자유의지)'와 'eer(관계자)'의 합성어이다. 한자어로는 '自願奉仕(자원봉사)'로 '스스로 원하여 받들고 섬기는 것, 즉 자발적인 의지로 남을 돕는 것을 말한다. 최근에는 자원봉사에 대한 전문성 요구가 높아짐에 따라 '자원활동가', '재능기부자' 등의 용어도 사용되고 있다.[17)]

---

15) 권중돈(2016), 앞의 책, pp. 198-199

16) 박용순·송진영·황치성·박현숙(2013), 『자원봉사론』, p. 15

17) 이송은·전진영·김윤경(2016), 앞의 책, pp. 78-79

(2) 자원봉사의 가치

자원봉사의 가치는 개인적 가치와 사회적 가치, 크게 두 가지로 바라볼 수 있다.

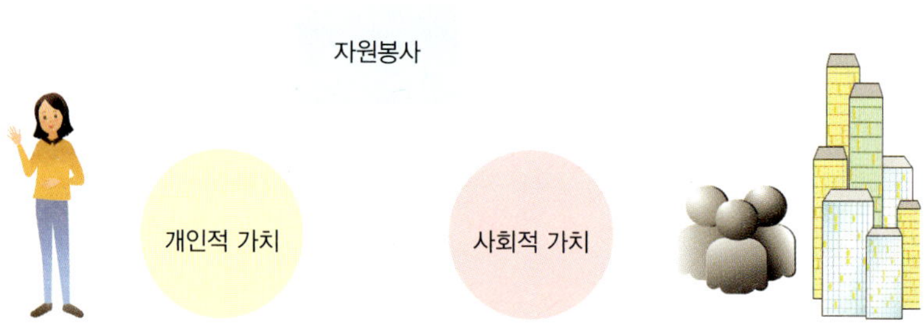

■ 개인적 가치

자원봉사는 개인에게는 성취감과 보람을 갖게 하며 자존감을 높여주며, 신체적 · 정신적 건강에 도움을 주고, 교육적 성장에 대한 동기를 부여한다.[18)]

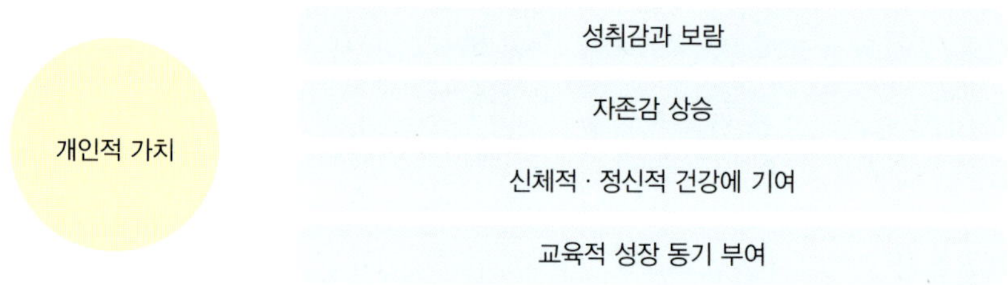

■ 사회적 가치

사회적으로는 국가나 지방조직의 행정에 대해 보충하는 역할을 하며 공동체적 유대감과 참여의식을 높이고, 개인의 잉여에너지를 도움이 필요한 사람에게 서로 보충해 줌으로써 이타주의 실현을 통한 이상적인 복지국가 건설에 기여한다.[19)]

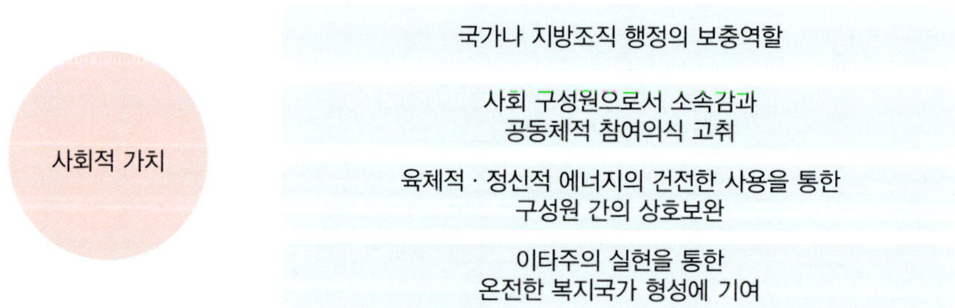

18) 을지대학교 을지병원 사회사업팀(2017), http://blog.naver.com/eusw8336
19) 박용순 · 송진영 · 황치성 · 박현숙(2013), 앞의 책, pp. 26~28

(3) 노인 자원봉사 분야에서의 변화의 움직임

① 사회적 배경

고령화 사회가 가속화되고 가족해체 현상이 증가하면서 노인 1인 가구가 증가하고 있다. 노인의 자원봉사활동 참여는 생활만족도 면에서 우울의 영향을 조절해 주어 삶의 질에 긍정적인 영향을 미치는 것으로 나타났다.[20] 또한 노인 자원봉사자들은 비참여자보다 높은 수준의 인적 자원과 사회자원, 문화자원을 갖고 있으며, 교육수준과 사회적 연결망이 높아서 이들의 자원봉사활동은 매우 지적이고 사교적 활동이라는 특성을 나타낸다.[21]

② 베이비부머 세대의 자원봉사에 대한 인식 변화

최근 들어 노인 자원봉사자들은 자원봉사를 대가없이 일방적으로 주는 것이 아니라 서로 주고받는 상호관계로 인식하고 있으며, 동시에 자기성장을 실현해가는 활동으로 인식하고 있다.[22] 즉 노인 자원봉사자들이 비경제적인 인정이나 보상만으로는 만족하지 않고, 경제적인 보상을 원하고 있음을 발견할 수 있다.[23]

이러한 사회적 분위기는 노인 자원봉사에도 영향을 미치게 되며, 이는 앞으로의 노인자원봉사사업의 방향이 어떠해야 하는지에 대해 중요한 시사점을 준다. 베이비부머 세대들이 바라는 자원봉사 프로그램의 구체적인 방향을 제시한 예는 다음과 같다.

---

20) 신원우(2011), 「노인의 신체 및 정신 건강 문제와 생활만족도간의 관계: 자원봉사활동 참여의 조절효과를 중심으로」, 〈노인복지〉 54, p. 157

21) 이현기(2013), 「한국 노인 자원봉사자의 특성, 횟수와 시간, 그리고 자원봉사 영향요인 연구」, 〈노인복지연구〉 62, p. 340

22) 홍선희(2015), 「중년여성의 자원봉사활동 경험에 관한 질적 연구」, 〈비판사회정책〉 49, pp. 474-475

23) 전용호·이금룡(2013), 「노인 자원봉사의 인정과 보상에 관한 연구」, 〈노인복지연구〉 62, p. 173

▣ 상명대학교 산학협력단(2012)[24)]

▶베이비 부머를 위한 자원봉사프로그램의 방향

- 재취업이나 시간제 일자리를 선호하는 베이비부머들을 위한 자원봉사 활동을 통해 일자리로 이어질 수 있는 프로그램을 개발할 필요가 있음.
- 부부 단위의 봉사 프로그램 개발이 요구됨.
- 전문 영역의 프로그램들을 다양하게 개발할 필요가 있음.
- 지속적으로 수행할 수 있는 봉사 프로그램이 선호됨.

▣ 한국출판문화산업진흥원(2017)[25)]

▶베이비 부머 세대를 포함한 바람직한 노인자원봉사 프로그램의 방향

- 자원봉사에 필요한 활동경비 등 경제적 지원.
- 새로운 배움과 성장에 대한 요구 충족.
- 노인 일자리 창출과의 연계 모색.
- 노년기 우울증을 줄이는 데 도움주기.

---

24) 상명대학교 산학협력단(2012), 「베이비부머 자원봉사 프로그램모형 개발 연구」, 서울: 서울시자원봉사센터, p. 150

25) 한국출판문화산업진흥원(2017), 『2017 책읽어 주는 문화봉사단 가이드북』 p. 23

2장

오늘, 사람, 책

1. 오늘, 우리들의 모습

1) 현대인의 의사소통 풍경

풍경 1
분식집 테이블에 마주 앉은 중학생들이 말없이 서로 문자를 주고받으며 키득거리고 있다.

풍경 2
두 돌이 된 아기가 울자 다른 일을 하던 엄마가 서둘러 스마트폰으로 애니메이션 동영상을 보여 준다.

풍경 3
자기 방에서 게임을 하던 딸이 거실에 있는 엄마에게 "오늘 저녁 반찬은 뭐야?" 하고 카카오톡으로 묻는다.

풍경 4
어버이날, 결혼한 아들이 연로한 아버지를 찾아뵙지 않고 대신 축하문자와 함께 선물교환권 메시지를 보내왔다.

위 상황들에는 두 가지 공통점이 있다. 하나는 '눈 맞춤이 없다.'는 것이요, 다른 하나는 '소리 내어 말하지 않는다.'는 것이다.

▪ **눈 맞춤**은 대인관계의 출발점으로서 한 존재가 다른 존재를 인정하고 의사소통을 시작한다는 상징적 의미가 있다(상대를 인정하거나 소통하고 싶지 않을 때 시선을 피한다).

■ **말**은 의사소통의 가장 기본적인 도구로써 상대방이 들을 수 있는 거리에서, 서로 쳐다보면서 전달해야 효과적이다. 이에 비해 핸드폰으로 문자 보내기는 시간과 공간의 제약을 덜 받고 간편해 보일지 모르나 관계형성 측면에서는 소극적인 특성을 지닌다. 표정을 감출 수 있고, 타인이 대신 보낼 수도 있으며, 타인의 글을 제것인 것처럼 복제할 수도 있다. 이처럼 '눈 맞춤'과 '말소리'라는 '의사소통의 원형'이 사라지면서 사람들은 서로 기대고 있는 '관계'의 울타리가 허술해지고, 가까운 가족이나 친구들을 돌보지 않는 사람이 늘고 있다. '인간다움'을 상실한 듯한 사건 · 사고도 증가하고 있다.

OECD가 회원국을 비롯한 38개국을 대상으로 사회적 네트워크의 품질을 알아보기 위해 '필요할 때 의지할 수 있는 사람을 아십니까'라는 질문을 했더니, 한국인의 76%만 '있다'고 답했다고 한다. 조사대상국의 꼴찌에 해당하는 수치였고 OECD 평균은 89%였다.[1]

2) 현대인의 그늘진 초상: 약해진 울타리, 가족

(1) 무너져 가는 부모 · 자녀 관계

부모라면 자신의 자녀를 사랑하고 돌보는 것이 당연하다고 여겨져 왔지만 최근에는 친자녀조차 학대하고 방치하는 경우가 늘고 있다. 2015년에 일어났던 "2년간 감금학대 11세 딸 맨발 탈출"[2] 사건은 게임에 빠진 아버지에게 딸은 그저 거추장스러운 존재였을 뿐, 혈연이라는 가족 울타리가 더 이상 본능적인 사랑조차도 담보하지 못함을 보여 주었다. 2016년에 일어났던, "아버지 살해 14세 아들, 심각한 게임중독"[3] 사건 역시 사이버공간에서 벌어지는 게임을 현실의 삶보다 훨씬 더 중요하게 여기는 왜곡된 사고방식을 극단적으로 보여 준다. 두 사건의 공통점은 삶의 위안이나 목표를 가상공간에서 찾고 가족은 귀찮은 연결고리 정도로 인식했다는 것이다.

---

1) 「고독한 한국인 … SNS 활동 많은데 정작 의지할 사람 없다」, 〈중앙일보〉, 2017. 11. 17.
2) 〈연합뉴스〉, 2015. 12. 20.
3) 〈TV조선〉, 2016. 08. 22.

(2) 가족 구조의 변화

■ 1인 가구의 증가

통계청의 인구조사 결과, 2015년 기준으로 우리나라에서 가장 많은 가구 형태는 1인가구로 27.2%에 달한다. 최근 우리 사회에 떠오른 '혼밥', '혼술', '혼행,' '졸혼', '고독사' 같은 유행어를 보면 이 같은 경향을 잘 알 수 있다.

예전에는 여럿이 어울려 밥 먹는 것을 자연스러운 것으로 여기고, 혼자 밥 먹는 것을 내켜하지 않는 게 일반적이었다. 그러나 최근에는 혼자 밥을 먹는 '혼밥', 혼자 여행을 하는 '혼행', 이혼은 하지 않은 채 부부가 각자의 삶을 사는 '졸혼' 등 무엇이든 '혼자' 하는 게 유행이 되고 있다. 〈나 혼자 산다〉라는 TV 프로그램이 방영되기 시작한 것은 2013년 초부터이다.

이상에 살펴본 것처럼 부모 자녀 관계가 약화되고 1인 가구가 증가한 현상을 통틀어서 볼 때, 우리 사회 구성원들이 전통적으로 정서적, 경제적, 신체적으로 기대왔던 가정(가족)이라는 울타리가 상당히 허술해졌음을 알 수 있다.

〈 혼밥 〉

〈 졸혼 〉

〈 고독사 〉

2. 왜 책 읽어 주기인가?

이렇게 삭막해진 세상과 소원해진 인간관계를 회복하기 위해 책 읽어 주기가 어떤 역할을 할 수 있는지 살펴보자.

1) 책 읽어 주기 다시 보기

사람들이 쓰는 표현 중에 '책 읽듯이 말하다'라는 게 있다. 배우에게 사용했다면 연기를 못한다는 뜻이고, 일반인이라면 감정을 담지 않고 건성으로 대충 말한 게 된다. 비슷한 뜻으로 '국어책 연기'라는 말도 있는데, 이러한 표현들 이면에는 별다른 노력 없이 쉽게 할 수 있는 것이 소리 내어 책 읽기라는 인식이

깔려 있다. 하지만 이 같은 종류의 책 읽기는 혼자 읊조리는 식의 읽기일 뿐, 누군가를 위해 책을 읽어 주는 것과는 명백히 구별된다.

▶ 책 읽어 주기의 3요소와 참된 책 읽어 주기

책 읽어 주기의 3요소는 '읽어 주는 사람(화자)', '듣는 사람(청자)', '책'이다. 참된 책 읽어 주기가 되려면 화자(話者)는 자신이 전하고자 하는 내용에 대한 확신이 있어야 하고, 청자(聽者)와 소통할 수 있는 맞춤식 읽기를 해야 한다. 이 과정에서 화자와 청자는 서로 시선을 마주하며 친밀해지고, 스토리를 통해 소통하게 된다(이송은 외, 2016).[4)]

"내용에 대한 확신과 눈 맞춤, 소통이 있는 책 읽어 주기"

지역아동센터에서 책을 읽어 주고 있는
〈2014 책 읽어 주는 문화봉사단〉 곽창남 자원활동가

- 음성으로 상대에게 말을 건네는 것은 자신을 표현하고 소통하는 방식에서 문자보다 훨씬 더 원형(原形)에 가깝다.
- 심리적으로 외롭거나 상처가 있는 사람이라면 얼굴을 마주하며 책을 읽어 주는 과정이 더욱 의미가 있다. 문학이라는 재미있고 안전한 울타리 속에서 수용적인 분위기로 대화를 주고받을 수 있다면, 관계 형성이 서툰 사람도 좀 더 쉽게 세상 밖으로 나올 수 있을 것이다.

4) 이송은·전진영·김윤경(2016), 앞의 책, p. 74

2) 책 읽어 주기 깊이 보기: 책 읽어 주는 사람은 어떤 존재인가?

"글을 읽을 줄 아는데도 책을 읽어 줄 필요가 있는가?"
"책 읽어 주기도 연습이 필요한가?"

이러한 질문은 책 읽어 주는 행위를 단순히 '글 → 소리 변환과정' 정도로 여기는 인식에서 비롯된 것이다. 책 읽어 주기에서 청자가 감상하고 있는 것이 무엇인지, '책 읽어 주는 사람'이 어떤 존재인지 대해 깊이 살펴볼 필요가 있다.

보다 심층적으로 분석해 보자. 교사가 아동에게 A라는 책을 읽어 주고 있다고 한다면, 아동은 A 자체가 아니라 교사가 소화한(혹은, 해석한) A를 감상하고 있는 셈이다. 이때 책을 읽어 주고 있는 교사는 자신이 독자이면서, 동시에 아동이 감상하는 'A-1'이 되는 통합적인 존재가 된다. 이렇게 읽어 주는 사람의 역할은 매우 중요하다. 그 내용을 얼마나 이해하고 애정을 갖고 있는지, 읽기 과정을 위한 사전 준비를 했는지, 그날의 컨디션이 어떤지에 따라 책, 'A-1'은 하늘과 땅만큼 달라진다.

종이라는 평면 위에 활자나 그림 등의 상징으로 저장되어 있던 이야기는 읽어 주는 사람의 해석과 듣는 사람의 상상에 힘입어 3차원의 심상(心象, 이미지 image)으로 되살아나 움직인다. 결국, 책을 읽어준다는 것은 이야기의 원형을 복원시키는 과정이다.

> 이야기를 들려주는 사람이란 쓰여 있는 것을 단순히 읽기보다는 텍스트를 재창조하는 사람이다.
>
> – 사이프(Sipe, 2011), 『유아교사의 그림책 읽어 주기: 유아의 문학적 이해 및 문학교육』, p. 276–

■ 인류 최초의 책: 살아 있는 책

책의 역사 속에서 책과 사람의 유기적인 관계를 살펴보자. 인류 역사상 가장 오래된 책은 무엇일까? 종이가 나오기 훨씬 전부터 인간은 진흙판, 파피루스, 동물의 가죽, 죽편, 나무껍질 등 여러 가지 재료에 기록을 해왔다.

그런데 문자가 생기기 훨씬 전부터 존재했던 책이 있었으니, 아동문학가 미하일 일리인은 이 책에 대해 다음과 같이 설명하고 있다.

> 맨 처음 책은 지금의 책과는 형태가 달랐단다. 그 책은 팔다리를 갖고 있었지. 책꽂이에 꽂혀 있지도 않았어. 대신 말을 하고 노래를 부를 줄 알았지. 그 책은 살아 있는 책, 곧 '사람 책'이었던 거야.
>
> – 일리인(Ilin), 『백지 위의 검은 것』(2003), p. 13

이처럼 인류 최초의 책은 사람이었다는 사실은 오늘을 사는 우리에게도 큰 시사점을 준다.

→ '책 읽어 주기'와, '이야기 들려주기'가 본질적으로 다르지 않으며, 책 읽어 주는 사람의 역할이 단순히 문자를 소리로 바꾸는 데 그치지 않고 자신이 곧 책이 되는 중요한 위치라는 점이다.

3) 책 읽어 주기의 가치

책 읽어 주기는 혼자서 볼 때와는 달리 사람과 사람의 만남이 있고 듣는 독서의 특별함이 있다. 누군가 책을 제대로 읽어 주고 있다면 거기에는 필연적으로 '눈 맞춤'과 '상호 소통'이 있어서 정서적 만족감을 주고, 언어 및 사고 발달이 뒤따르게 된다. 전문가들이 말하는 책 읽어 주기의 가치를 살펴보자.

> 어린이에게 그림책을 읽어 주는 행위는'어른과 아이가 정신적으로 손을 잡고 떠나는 신비한 여행'입니다 … 그림책의 언어는 엄마 아빠의 목소리 언어로 바뀌어 아이의 귀를 통해 어린이의 내면세계로 들어갑니다.
>
> – 마쓰이 다다시, 『어린이와 그림책』(2003), P. 67

> 그림책 읽어 주는 시간은 지금, 여기에서 부모가 아이에게 집중할 수 있는 거의 유일한 시간이 되고 있다.
>
> – 서천석, 『그림책으로 읽는 아이들 마음』(2015), P. 13

여러 학자들이 말하는 책 읽어 주기의 가치를 종합적으로 정리해 보면 다음과 같다.

- 읽어 주는 사람과 듣는 사람 간에 친밀감을 형성한다.
- 내용에 대한 이미지 형성을 돕는다.
- 듣는 사람의 구어를 활성화시켜 준다.
- 사건과 사물의 핵심에 집중하는 힘을 길러준다.
- 글자를 모르는 사람도 문학을 즐길 수 있도록 돕고 책에 대한 긍정적 태도를 형성한다.
- 몰입된 읽기를 통해 읽는 사람에게도 정서적 카타르시스를 제공한다.
- 세대 간 문화 전수 및 삶의 지혜를 공유할 수 있게 한다.
- 듣는 독서를 통해 언어에 대한 감수성과 직관을 길러준다.

– 이송은 외, 『누구나 할 수 있는 이야기 들려주기』(2017), P. 12

4) 왜 종이책인가?

(1) 책 형태의 변화

고대의 파피루스나 가죽, 대나무 껍질 등을 거쳐 종이로 이어지다가, 전자기기를 사용하는 전자책(e-book)이라는 새로운 형태가 등장하면서 새로운 국면을 맞았다. 전자책의 출현 이래 종이책과 전자책을 놓고 각각의 장단점을 비교하며 활발한 논쟁이 이어져 왔다.

최근에는 무분별한 전자책 이용으로 인한 폐해와, 종이책의 고유한 가치에 대한 연구보고가 늘어나고 있다. 전자책이 처음 출현했을 때 태블릿 PC, 스마트폰, 컴퓨터의 보급증가로 전자책 사용이 급증할거라고 예상했지만 최근 보도에 따르면 그 반대현상이 나타나고 있으며 영국과 미국에서는 다시 종이책 판매가 늘고 있다.

영국 출판인협회 조사 결과, 2016년 영국의 전자책 판매는 17% 하락했지만, 종이책은 7% 증가한 것으로 나타났다. 미국도 전자책 판매는 18.7% 하락한 반면 종이책 판매는 7.5% 늘어난 것으로 나타났다(〈KBS 뉴스〉, 2017. 04. 28.). 한국에서도 전자책보다 종이책에 대한 선호도가 높은 것으로 보고되었다(〈독서신문〉, 2015. 10. 19.). 이 같은 현상의 이면에는 전자기기 사용이 인체에 끼치는 악영향 등 건강상의 이유뿐만 아니라 가독성, 이해도 등 여러 측면에서 전자책이 종이책보다 오히려 효과가 떨어진다는 연구결과가 있다.

아동이 전자책에 무분별하게 노출되었을 때의 문제점을 보면, '게임을 할 때와 같은 긴장상태 유발', '스마트기기 중독의 위험성', '팝콘브레인', '후천적 자폐 유발' 등 수없이 많다(〈MBC 뉴스데스크〉 2013. 05. 13.). 게다가 종이책에 비해 가독성이 떨어지고 전자책의 블루라이트는 생체 리듬에 영향을 주어 숙면을 방해한다고 한다.

그렇다면 구겨지거나 찢어질 수도 있고 물에 젖을 수도 있으며, 한 번에 여러 명이 보기 힘들다는 한계가 있는 종이책이 지닌 장점은 무엇이 있을까?

■ 종이책의 매력 (이수지 작가)

종이책의 매력은 종이책이 나를 찾아온다는 것이다 … 책은 보고, 만지고, 냄새를 맡으며 기억하게 된다. 존재조차 잊고 있던 어린 시절의 그림책을 다시 만나는 순간 그 책을 읽던 당시의 감정이나 분위기까지도 불러올 수 있는 낭만적인 존재, 그것이 바로 그림책의 매력이다.

(〈맘 앤 앙팡〉 2016. 4.)

작가의 말에서 주목할 점은 종이책이 갖는 '감각적' 특성이다. 즉, 종이책이라야 보고, 만지고, 냄새 맡는, 그야말로 온몸으로 하는 독서가 가능해진다. 책이 가진 시각이나 청각적 자극뿐만 아니라 촉각, 후각 감각적인 단서까지 몰고 오는 종이책일 때 비로소 '손때 묻은 나의 책'이 성립될 수 있다. '클릭과 터치'로 점철된 독서와 오감이 동원된 통합적인 행위'로서의 독서는 독서과정에서 서로 다른 층위를 보여 준다.

현대인이라면 태블릿 pc나 스마트폰 등 첨단기기를 이용한 전자책의 사용을 외면하고 살 수는 없다. 그러나 전자책과 종이책의 특성을 알고 적절하게 선택할 수 있어야 미래 사회의 현명한 독자로 바로 설 수 있을 것이다.

이제 이 장 첫머리에서 제기했던 문제로 다시 돌아가 보자. 현대인의 의사소통서 사라지고 있는 것, '눈 맞춤'과 '말소리', 그것을 생생하게 만날 수 있는 것이 바로 종이책 읽어 주기이다.

3. 나와 세상을 변화시키는 책 읽어 주기 봉사

노인 자원활동가들의 책 읽어 주기 봉사활동이 현장의 대상자와 자신들에게 어떤 영향을 미치고 있는지, 한국출판문화산업진흥원이 주최한 '책 읽어 주는 문화봉사단'의 사례를 중심으로 통해 살펴본다.

1) 배움, 가르침, 성장하는 자원봉사자

책 읽어 주는 문화봉사단 사업의 눈에 띄는 결과 중 하나가 '배움과 가르침의 주체'로서의 노년기의 발견이다.[5] 노인 자원활동가들은 현직 경험을 되살릴 뿐 아니라 지적 탐구를 하며 교육적으로 성장해 간다.

(1) 퇴직 후 자원봉사에서 만난 신세계, 그림책

예전에는 동화책도 거의 없다시피 했죠. 그런데 퇴직 후 책읽어 주는 문화봉사단 하면서 책 보는 시각이 확 달라졌어요. 그림책 읽는 게 너무 재미있는 거예요. 그래서 눈을 크게 그렸어요. 완전히 신세계예요! 이게 그림읽기도 해야 하거든요. 정말 부자가 된 기분이었어요. 그림책이 재미있어서 빌려보기도 하고 아주 맘에 드는 것은 사기도 해요.

코책 자화상, '시각이 넓어진 나'

(〈2015 책 읽어 주는 문화봉사단〉, 송정애 활동가)

(2) 아이들을 사로잡은 출석부: 세상에 하나뿐인 '냥이 출석부'

저는 금년에 출석부를 좀 다르게 만들어 봤어요. 지역아동센터 아이들한테 고양이를 한 마리씩 분양해줬어요. '고양이 포스트잇'을 준 거지요. 애들이 그 고양이 이름을 짓고, 출석부 자기 이름 밑에 붙였어요. "매 주마다 너희들이 냥이에게 밥을 줘야 해. 사랑의 밥, 하트스티커를 줘야 해. 그래야 이 냥이가 배가 고프지 않아."라고 했더니, 애들이 결석도 안 하고 의미를 부여하며 기다렸어요. 출석부 이름이 '냥이는 사랑이 필요해'입니다.

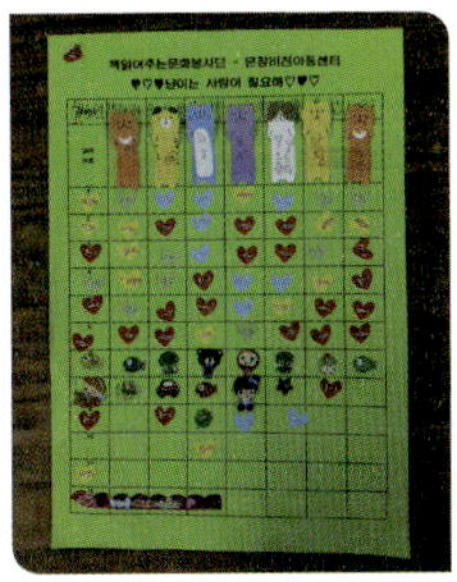

(〈2015 책 읽어 주는 문화봉사단〉, 이양숙 활동가)

---

5) 이송은 · 전진영 · 김윤경, 앞의 책, p. 112

(3) 장애인도 함께 하는 빗소리 협주곡

『비가 오는 날에…』 장애인 수업할 때, 강하게 내리는 빗소리, 약하게 내리는 빗소리 음원을 제가 핸드폰에 저장을 했어요. 먼저 블루투스를 틀어 빗소리를 들려줬죠. 그런 후 책을 읽었어요. '비 내리는 모습을 제 구령에 맞춰 두드려 보았어요. 비가 살살 내려요' 하면 살살치기, '비가 세게 내려요' 하면 세게 치기! 이런식으로요. 그런 후 '비가 온다 뚝뚝!' 음악을 들려주고 노래 가사에 맞춰서 두드려 보기를 했답니다. 장애인들이 신문지 막대 두드리기를 의외로 잘하더라고요. 밖에서 듣고 있던 담당자분들도 놀라워 하셨어요.

(《2016 책 읽어 주는 문화봉사단》, 전미애 활동가)

리듬 수업, 장애인센터

(4) 4학년 문맹아동, 할머니의 그림책 읽기로 문자의 세계로 입문하다

다양한 장르의 그림책 읽기는 문해 능력이 부족한 아동에게 책으로 가는 가교 역할을 하기도 한다. 다음 사례는 활동가의 '말과 글을 넘나드는' 그림책의 그림 읽기가 문해능력이 부족한 아동에게 독서에 대한 동기부여가 된 경우이다.

수업 방해를 많이 하고 요만한 틈만 있어도 거기로 자꾸 들어가는 아이가 있었어요. 심지어는 '사람의 해골을 씹어 먹고 싶다'는 이야기를 해서 짝꿍 선생님하고 걱정을 참 많이 했지요. 그런 애가 한 해, 두 해 지나면서 몰라보게 바뀌어서 맨 앞에 앉아. … 4학년인데 글을 잘 못 읽어요. 엄마도 집에 있다는데 그냥 몇 천 원씩 주고 방치하는 거 같아요. 교직에 있을 때는 그림책을 이렇게까지 써 보지 못했는데, 아이들이 "책이 멀어서 글자가 안 보여요!' 하면 "그림을 보고 어떤 일이 벌어지고 있는지 말해 봐. 그것도 읽는 거야"라고 해 주지요. 몇 명은 진짜 안 보이는 게 아니라, 글자를 못 읽어서 그러는 거거든요. 현직에 있을 때 그림책을 더 많이 알았더라면 얼마나 좋았을까 싶어요.

(《2016 책 읽어 주는 문화봉사단》, 안옥심 활동가)

(5) 문학활동의 전문성을 더하다

그전에는 제빵 제과 봉사만 5년을 했는데, 나이 먹고 하려니까 신체적으로 그게 다 노동이야. 새벽같이 나가서 발효시켜야 하고. 60 넘어서 하기에는 이게 제일이에요. 내가 나중에 손주한테 읽어 줄 수도 있고. 계속 집에만 있으면 안 되겠더라고. 일이 있어야 돼요. 이제 2년쯤 하고 나니 갈수록 좀 더 알아보고 싶은 마음, 밑에서 이런 게 올라와요. 좀 더 전문가가 되고 싶어 새로운 공부를 시작해서 동화구연이랑 책놀이지도사 자격증도 따로 갖췄지요.

봉사단 기간 끝나고도 장애아이들 자원봉사 하고 있는데, 짝꿍이 워낙 수업을 잘 하고요. 나도 배운 걸 계속 응용하고 연구하게 되니까 참 좋아요.

(《2016 책 읽어 주는 문화봉사단》, 한정남 활동가)

2) 세대 간의 소통: 따뜻한 읽기로 굳은 상처를 녹이다

처음에는 책을 들고 갔더니 '또 공부를 시키러 왔나?' 싶은지 시큰둥했어요. 그런데 책이랑 활동이 재밌으니까 갈수록 기다려요. 막상 끝날 때가 되니까 참… 누군가 자기들을 지켜보고 기대한다는 것을 기억했으면 좋겠더라고요. 그래서 하나하나 주머니를 만들고, 손 편지를 써서 마지막 날 넣어줬지요. 다들 눈물이 글썽글썽했어요.

복주머니 속 손편지

(〈2014 책읽어 주는 문화봉사단〉, 손봉자 활동가)

3) 소통과 삶에 대한 성찰: 노노(老老)케어

소외계층대상 책읽어 주기는 노인세대와 아동세대와의 소통뿐 아니라 건강한 노인과 그렇지 못한 노년층과의 소통을 가져다준다. 초고령화 사회로 접어든 시점에서, 책을 매개로 한 '노노케어'의 가능성을 엿볼 수 있다.

예전에는 몸이 이상하고 이러면 나도 모르게 내가 먼저 피했거든요. 이제는 '아! 저 사람도 옛날에 잘 나가고 괜찮았던 사람이다' 싶으니까 손 잡아주게 되더라고요 … 얼마 전에 어떤 분이 대중목욕탕에서 의자 같은 거 짚고서는 들어오려고 하시니까 다른 분들이 다 나가시는 거예요. 아마 예전의 나 같았으면 벌써 나갔을 텐데, 막 그게 안쓰러워가지고 내가 먼저 달려가 가지고 탕 속에 들어가시게 도와드렸는데, 생각이 아니라 몸이 자연적으로 가서 잡아주고 하더라고요. 그리고 할머니들이 저희 가면 먼저 나와 맞아주고, 책 읽어드리면 맞장구도 쳐주시고, 언제 오냐며 배웅도 해주시니까 울컥할 때가 많아요. 제 삶도 돌아보게 되고요. 이거 하면서 내가 실력이 없어서 내가 많이 배우고 그분들한테 많이 도움을 준 게 아니라 내 마음에 많이 수양이 된 것 같아요.

(〈2014 책 읽어 주는 문화봉사단〉, 강경희 활동가)

4) 할머니의 따뜻한 동심 읽기, 시로 승화되다

생각이 복잡하다가도 아이들 만나러 갈 때는 내 마음이 맑아야겠더라고요. 그래서 시작한 게 동시 쓰기였어요. 아이들 눈으로 아이들 마음으로 써보자고 했는데, 우연찮게 동시작가로 등단까지 하게 됐네요. '사랑이'는 제가 거두던 유기견 중 한 마리였는데, 아이들과 사랑이 이야기도 많이 했었어요 … 제가 책 읽어 주러 가서 제일 많이 한 일은 안아주는 것이었지요. 아무리 말썽쟁이여도 말을 걸어주고 칭찬해 주면 점차 바뀌었어요. 엄마가 필리핀으로 가버린 다문화가정 애가 특히 기억에 남아요. 내 옆에 자기가 앉아야 한다고 늘 소리치곤 했죠…삼년째 하면서 드는 생각은 '애들은 참 맑아요.'

(《2016 책읽어 주는 문화봉사단》, 박순하 활동가)

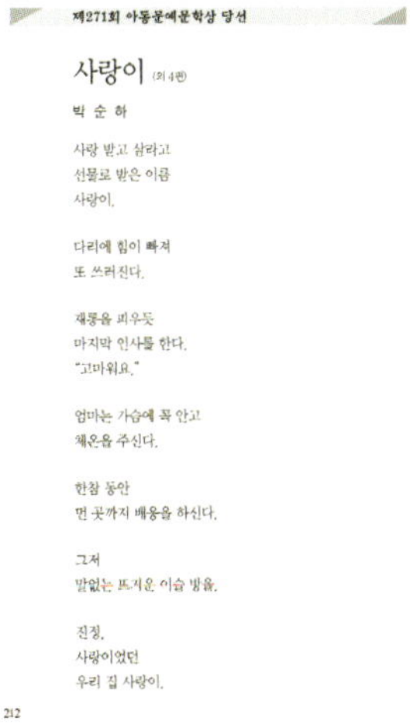
제271회 아동문예문학상 당선

사랑이 (외 4편)

박 순 하

사랑 받고 살라고
선물로 받은 이름
사랑이.

다리에 힘이 빠져
또 쓰러진다.

재롱을 피우듯
마지막 인사를 한다.
"고마워요."

엄마는 가슴에 꼭 안고
체온을 주신다.

한참 동안
먼 곳까지 배웅을 하신다.

그저
말없는 뜨거운 이슬 방울.

진정,
사랑이었던
우리 집 사랑이.

212

〈아동문예〉 2017년 1 · 2월호(제42권 통권 420호)
박순하 활동가의 등단 작품 '사랑이'

5) 이어지는 봉사: 지역사회를 움직이는 힘이 되다

책 읽어 주는 문화봉사단은 해마다 여러 지역에서 사업이 종료된 후에도 자원봉사를 이어가는 사례가 많다. 개인적인 봉사뿐 아니라, 동아리로 지속되어 지역사회의 문화를 끌어올리는 주요한 역할을 하기도 한다.

(1) 민들레 홀씨처럼 퍼져가다

'ㄱ'지역아동센터에 개인적으로 앞으로도 매주 계속 보기로 했는데, 따스한 마음으로 하고 싶어요. 아이들은 처음에 낯설어할 때조차도 자신들을 돌봐주기를 바라는 그런 눈망울이었어요. 정서적 부분까지 채워줄 수 있는 그런 책 읽어 주기를 해 주고 싶어요. 그리고 책이 매개니까 분야별로 우리 프로그램 12차시에서 미처 못 다룬 빈 공간까지 하나하나, 제 나름대로 공부해 온 거를 연계해서 할 계획이에요."

(《2014 책 읽어 주는 문화봉사단》, 황순영 활동가)

(2) 강하고, 오래가는 문학의 향기

우리는 이전부터 '북북(BOOK BOOK)'할 때도, 작년에도 해 왔는데 이번에도 힘을 합쳐 몇 군데 선정해서 하려고 생각하고 있어요. 저희가 활동했던 곳 중에서 '꼭 다시 와 달라'고 요청하는 곳이 있거든요. 어르신 기관 두 군데 하고 지역아동센터 한 군데 하고.… 한 가지 자랑할 것은 저희가 동아리 활동을 적극적으로 하고 하니까, 얼마 전에 시에서 지원해 줘서 '제라진'문학기행도 갔다 왔답니다.

(《2014 책 읽어 주는 문화봉사단》, 송경득 간사)

6) 일자리 창출: 프로로 나아가기

2014년부터 2015년, 2016년, 해가 거듭될수록 '책 읽어 주는 문화봉사단' 경험이 일자리 창출까지 이어지는 사례가 늘어났다. 동일기관에서 봉사기간 후 유급으로 전환되는 사례 및 고용진흥원 주최 어린이집 영 · 유아 책 읽어 주기, 저소득층 고등학생과 장애인에게 책 읽어 주기, 육아종합지원센터 유아 책읽어 주기, 지역아동센터지원단 파견 독서교사, 초등 방과 후 교실의 독서 프로그램 강사 등 자원활동가들은 다양하게 유급 강사로 활동하고 있다.

7) 부부가 함께하는 봉사

책 읽어 주는 문화 봉사단은 할머니뿐만 아니라 할아버지도 참여할 수 있어서 폭이 넓다. 부부가 함께 그림책을 매개로 동심으로 돌아갈 수 있어서 대화거리가 풍부해질 뿐 아니라 심신의 건강유지에 도움이 된다.

책 읽어 주기 후 아동들에게 악기연주를 들려주는 부부 활동가
(〈2016 책 읽어 주는 문화봉사단〉, 방충몽 · 민연숙 활동가)

8) 노년의 일상, 다채롭게 물들이다

책 읽어 주는 문화봉사단 경험은 때로 노년의 일상을 다채롭게 하는 데 기여한다. 다음은 '물 위에 꽃 띄우기'[6]를 손녀 돌잔치에 이벤트로 응용한 남성 활동가분의 사례이다.

기존의 동화구연은 가급적이면 다 외워 하길 바래요. 그러면 시니어들이 못 따라가요. 거기에 비해 이거는 표현방식이나 끌고 나가는 방식이 상당히 다채로워요. 그러니까 아이들도, 할머니들도 주목하고 잘 따라오지요…
그 중에 하나, 내가 여기서 배운 걸 기가 막히게 써 봤어요. 물 위에 꽃 피우는 거 있잖아요. 그걸 어떻게 활용했냐면 얼마 전에는 손녀딸 돌잔치를 했는데, 양가 사돈끼리 모여 행사를 마친 다음에 미리 오려간 꽃종이를 한 장, 한 장 주며 사돈에게 "하나씩 떨어뜨리면서 우리 손녀에게 축수 한번 합시다."고 했지. 꽃잎이 쫙쫙 펴지니까 "와와, 이쁘다!", "아이구, 우리 ㅇㅇ이 꽃처럼 활짝 펴라." 난리가 났지요.

(〈2015 책 읽어 주는 문화봉사단〉, 전병운 활동가)

6) 한지 꽃잎을 접어 물 위에 띄우고, 꽃잎이 차례로 펴지는 과정에서 개화를 연상할 수 있도록 하는 것으로, 2015년 프로그램 도서 중 하나였던 『꽃이 핀다』(백지혜 글·그림/ 보림)의 독후활동.

9) 책 읽어 주는 할머니가 몰고 온 청량리의 기적: 책 읽는 아이들, 그리고…

다음은 노인 이야기 자원봉사 활동(책 읽어 주기 포함)이 사회적으로 붐이 일기 시작하던 2000년대 초반의 현장 사례를 재구성한 것이다. 당시의 현장 모습과 더불어, 인터뷰를 통해 십 수 년이 지난 후인 지금, 책 읽어 주기가 활동가의 삶에 어떤 영향을 끼쳤는지를 알아본다.

✲ 청량리 공부방의 월요일 오후 3시

〈2003 ~ 2005 서울 YWCA 이야기보따리 할머니들의 기록〉

2003년 더위가 채 가시지 않은 늦여름, 약도 한 장을 들고 'ㅍ' 공부방을 찾아갔다. 청량리역에 내려 대형 백화점을 지나 골목으로 들어서니 분위기가 순식간에 바뀐다. 대낮임에도 여기저기 붉은 불이 켜져 있는 게 아닌가! 말로만 듣던 홍등가다. 짙은 화장을 한 여인들이 마네킹처럼 쇼윈도에 서 있다.

'어이쿠, 길을 잘못 들었나? 분명히 이 근처에 공부방이 있다고 약도가 그려져 있는데….'

서둘러 골목을 꺾자, 거짓말처럼 대로변이 나오고 전자대리점 위로'ㅍ'공부방 팻말이 붙어 있다. 입구에서 활동가 선생님 두 분과 만나 공부방 안으로 들어갔다.

"와, 이야기 선생님이다!"

순식간에 아이들 몇 명이 우루루 모여든다. 주 1회 수업이 넉 달째로 접어들던 그날 활동가 한 명은 인형으로 이야기를, 다른 한 명은 그림책을 읽었는데 대답도 하고 박수도 치며 아이들은 수업에 곧잘 참여한다.

"40분이 휘익 지나갔어요. 이야기도 잘 듣고, 이 정도면 수업태도도 좋은데요?"

나의 참관 소감에 자원봉사자인 학생교사와 활동가 두 분이 손사래를 친다.

"석 달 전을 못 봐서 그래요. 이건 정말 꿈도 못 꾸었던 일이에요!"

석 달 전에는 이랬단다.

"첫날, 수업을 하려고 책상 앞에 섰는데, 애들이 책상 위에 드러누워서 안 일어나는 거예요."

"두 번째 날은 진짜 최악이었어요. 선생님은커녕 '노인네 하나, 노인네 둘!' 이렇게 부르지를 않나. 화가 치미는 걸 간신히 표정관리하고 진행하는데 그 사건이 터진 거지요. 입에 담기도 뭐한 그 사건요."

사연인즉 이렇다. '동화를 들으러'라는 손 유희를 하며 두 손을 동그랗게 깍지 낀 채 손가락 여덟 개를 움직이며 동작을 하는데, 별안간 한 녀석이 "와! 남자 **가 많다"라고 신체부위와 관련된 말을 하며 낄낄댔다. 나머지 아이들도 덩달아 키득거리는 바람에 수업이 엉망이 되어버렸단다. 활동가들은 공부방 자원봉사를 계속할 것인가를 두고 심각한 고민에 빠지게 되었다.

"평생을 살면서 면전에서 그런 소리를 들어 본 건 처음이라, 그만 둘 생각도 했었지요. 그런데 자리에 누우면 아이들 눈망울이 떠오르는데… 말은 거칠지만 눈빛은 거짓말을 안 하는 법이거든. 엄마 아빠한테 버림받고, 할머니가 박스 주워서 근근이 사는 애들, 학원 한 번 가보는 게 소원이라는 걔네들이 이 골목을 돌아다니며 본 게 뭐였겠어요? 그게 어디 아이들 잘못인가 싶더라고요."

결국 할머니들의 책 읽어 주기는 물러서지 않고 계속되었고 그렇게 5회 정도가 지나자 아이들에게 서서히 변화가 나타나기 시작했다. 월요일 오후 3시, 정해진 시각에 자신들을 위해 할머니 선생님들이 온다는 것에 믿음이 가자 아이들은 한 시간 전부터 와서 기다리는가 하면 바르게 앉아 이야기를 듣는 것은 물론이요, 할머니가 가신 후에도 책꽂이에 꽂힌 책들을 꺼내 읽는 경우가 늘기 시작했다.

"그전부터도 후원해 주는 곳이 있어서 책은 꽤 있었거든요. 그런데도 아이들이 책을 거의 보지 않았어요. 두세 명이나 봤을까? 글자 모르는 애들도 꽤 되고요. 그랬는데, 아이들이 바뀐 거예요. 이건, 할머니 선생님들의 힘이에요. 얘들이 상처를 많이 받아서 그런지 사람을 잘 안 믿어요. 그런데 정해진 시간에 어김없이 오시고 재미있게 책을 읽어 주시니까 이젠 책 보는 재미를 안 것 같아요."

그 후에도 'ㅍ'공부방의 월요일 오후 3시는 2년 넘게 희망의 시각이 되었다. 그것은 지하철을 두 번씩 갈아타면서 아이들을 찾아가신 두 할머니 자원활동가의 노고가 있었기 때문에 가능했다. 그 세월 동안 뿌린 이야기의 씨앗은 200여 가지가 족히 넘었고, 그 과정에서 책보는 아이들이 쑥쑥 자라났다.

10년도 훨씬 지난 지금, 당시 고관절 수술을 하셔서 지팡이를 짚고 공부방 계단을 힘들게 오르셨던 활동가의 안부가 궁금해 연락처를 수소문해서 전화를 걸었다. 전화기 너머로 쾌활한 목소리가 들려온다.

"그때 월요일마다 우리가 더 재미있었어요! 하하, 다리가 어떠냐고? 그때보다 더 팔

팔해. 고쳐가면서 사는 거지. 70이 훌쩍 넘었는데 이 정도면 감사한 거지. 지금도 하냐고? 물론이지요. 사흘 전에도 답십리 가서 책 읽어 주고 왔는걸요. 그나저나 공부 더 해야 하는데, 선생님, 요즘은 어디서 수업하세요?"

전화를 끊고 나서도 한참동안, 활기찬 음성이 귓가에 맴돈다. 14년 전, "혼자 집에만 있어서 이러다 우울증 걸리겠다 싶어서 용기를 내긴 했는데 과연 할 수 있을까요?" 라며 수줍게 웃으시던 초로의 할머니의 느낌은 어디에도 없다. 책 읽어 주기가 아이들뿐 아니라 활동가도 바꾸어 놓은 것이다.

– 2003년 당시의 강사가 자신의 일지와 활동가 인터뷰를 바탕으로 재구성함.

〈2016 책 읽어 주는 문화봉사단〉, 이송은 교육강사/
〈2013 북북 책 읽어 주는 문화봉사단〉, 박화자 활동가

위 사례를 통해, 이야기 들려주기와 책 읽어 주기가 수혜아동뿐만 아니라 노인자원활동가의 삶도 바꾸어 놓았음을 알 수 있다. 책 읽어 주기가 최근 사회문제가 되고 있는 노년기 우울증에 대한 해결방안이 될 수도 있음을 가늠케 한다.

3장
스토리텔링

1. 무엇을 읽어 주어야 하는가?

활동대상에 따라 도서 선정 원칙이 달라진다. 아동의 경우는 다양한 장르의 그림책, 노인은 전래동화 및 쉬운 내용의 그림책, 장애인은 쉬우면서도 감각적 요소가 포함된 그림책이 적합하다.

1) 아동도서의 변화: 동화책에서 그림책으로

(1) 그램책의 본격 등장

옛날에는 책을 읽어준다고 하면, 먼저 동화책을 떠올렸으나 아동도서의 형태는 1990년대를 기점으로 많은 변화가 있었다. 이전까지는 '글'로 내용을 전달하는 책들이 주를 이루었다면, 이 무렵부터는 주요한 메시지를 글뿐만 아니라 '그림'으로 담아내는 '그림책'이 본격적으로 등장한 것이다.[1)]

초등 분야에서도 이 같은 흐름이 반영되어 교육과정이 바뀔 때마다 교과서에 들어가는 그림책은 조금씩 늘어났는데, 2013년부터 시행된 「2009 개정 교육과정」에 이르면 이전보다 과감하게 그림책이 교과서에 진입한다.[2)]

---

1) 1990년대를 아동문학출판과 관련해 살펴보면, 1991년 방문판매법의 제정으로 전집물 출판이 위축됨에 따라 1990년대부터는 단행본 창작그림책의 토양이 차차 마련되었고(서정숙. (개정증보) 『유아문학교육』, p. 38, 2015), '보리'를 시작으로 1990년대 초반부터 어린이책 기획 집단이 꾸준히 생겨났으며, 이들은 기획만 하는 것이 아니라 글과 어울리는 그림 작가를 섭외해 글과 그림이 잘 어우러지게 작업하는 일을 했다(한국출판마케팅연구소, 『BOOKPEDEM 01 어린이책』, p. 147, 2002).

2) 강승숙(2014), 「교과서 속 그림책, 그림책이다? 아니다?」, 〈창비어린이〉, 12(4), p. 67

(2) 그림책의 특성

그림책은 글과 그림이 유기적으로 결합된 책으로 그림책에서의 그림은 '이야기가 담긴 그림'으로서 이야기를 끌고 가는 시각적 언어가 된다. 이는 그림책을 읽는다는 것은 글뿐만 아니라 그림도 적극적으로 읽어야 함을 뜻한다.

아동도서 형태의 변화를 단적으로 보여 주는 예가 '강아지똥'이다. 1969년에 동화(권정생 글)로 발표되었던 이 작품은 1996년 간결한 구어체로 개작되어 그림책(권정생 글, 정승각 그림)으로 발간되면서 큰 호응을 얻게 된다. 그림책『강아지똥』은 제7차 교육과정이 실시된 2000년부터 2008년까지 초등학교 1학년 2학기 「읽기」 교과서에 그림책을 개작한 내용이 읽기 '제재'로 수록되었다.[3)]

〈기독교교육〉에 발표된 동화, 「강아지똥」, 1969

그림책, 『강아지똥』
길벗어린이출판사, 1996

3) 노제운(2012), 「동화『강아지똥』의 그림책으로의 변용에 따른 의미 변화 고찰」, 〈동화와 번역〉 23, p. 105

2) 다양한 장르

장기 프로그램이라면 다양한 장르를 담는 것이 독자가 문학에 대해 직관을 키우는 데 도움이 된다. 독자들이 오래도록 문학을 즐기고 성장하게 하려면, 재미있는 환상 이야기로 몰입하는 것도 좋지만, 때로는 세상의 궁금함을 풀어주는 지식 정보책도 필요하고, 우리말을 소리 내어 읊고 즐기는 운문과, 실제로 이 세상에서 일어남직한 사실동화나 전기, 그리고 구수한 옛 이야기 또한 필요하다. 아동문학비평가 갤더와 컬리넌(2002)은 정보책에 대한 아동의 호기심을 다음과 같이 표현하고 있다.

> "어린이들은 알고자 하는 욕구가 있으며, 책에 해답이 있다는 것을 발견한 순간부터 평생학습이라는 배에 승선하게 된다."[4)]

옛이야기

환상동화

지식 정보책

운문

사실동화

2. 책은 어떻게 읽어야 하나?

1) 다섯 빛깔 읽기 마당

책이 다양해짐에 따라서 폭 넓은 읽기방법이 필요하게 되었다. 다음은 다양한 독서현장에서 작품, 대상, 활동목적에 따라 선택할 수 있는 읽기 방법을 분류한 것이다. 원문의 각색, 입체적 구연 여부에 따라 다음의 다섯 가지 유형으로 나뉜다.

---

4) Galda, L. & Cullinan, B. E.(2002), 『*Literature and the Child (5th ed.)*』, P. 251

〈표 1〉 읽기유형 분류

읽기유형	I	II	III	IV	IV-1 (기타유형)
각색 여부	원문대로 읽기		각색해서 읽기		상황에 따라 선택
구연식 읽기	적용하지 않음	적용	상황에 따라 선택	적용	상황에 따라 선택
방식	· 글자 그대로 또박또박 읽어 주기	· 책 내용을 그대로 다 읽되, 등장인물을 입체적으로 설정하고 상황을 살려서 읽음.	· 비교육적인 부분의 삭제나 간단한 어미교체 등 간단한 수준의 각색이 이루어짐. · 등장인물을 입체적으로 설정하고 상황을 살려서 읽거나, 담담하게 읽음.	· 줄거리를 그대로 살리되, 개작하여 구연하는 방식으로 읽어줌. · 등장인물을 입체적으로 설정하고 상황을 살려서 읽음. · 읽어 주는 사람의 해석이 가미됨.	· 글 대신 그림 읽기, 부분읽기, 건너뛰며 읽기 등을 한 가지 또는 여러 가지 병행함.
이 방식이 적합하거나, 요구되는 책의 유형 및 상황	· 문자해독교육 · 동시, 동요 그림책, 정보 그림책(원작이 특별한 해석이 필요 없는 경우)	· 문자해독교육 · 등장인물과 줄거리가 있는 이야기 그림책 · 등장인물과 대사가 가미된 동시, 동요, 정보그림책	· 비속어나 비교육적인 장면이 있을 경우 · 지나치게 길거나 어법이나 문법에 맞지 않는 문장이 있을 경우 · 아동의 이해를 돕기 위해 문장첨가가 필요한 경우	· 대집단을 대상으로 하는 활동에서 원문의 양이 너무 많을 때 · 공연예술로서의 감상이 필요할 때	**〈영아〉** · 놀이 속성이 강한 책 · 줄거리가 강조되지 않는 책 · 책을 처음 보거나 책 읽기 경험이 많지 않을 때, 일종의 과도기적 책 읽기 형태 **〈영아 외 연령〉** · 활동상 특정장면에 대한 발췌식 읽기가 요구될 때
적용범위	수업용/ 문해 교육	수업용/ 문해 교육	수업용	수업용/ 공연용	영아 초기 책 읽기/ 책의 일부를 활용하는 수업

출처: 이송은 외(2017). 『스토리텔링과 책놀이 2』 p. 22.

2) 다섯 가지 읽기 마당 해설

(1) 책 읽어 주기 vs. 요리 만들기

책 읽어 주기를 요리에 비교해 보자. 책 읽어 주는 사람은 요리사, 책은 그 날의 재료, 듣는 사람은 그 식당을 찾은 고객이 될 것이다. 손님은 배가 고파서 왔을 수도 있고, 생일파티를 위해 왔을 수도 있다. 때로는 둘이서, 때로는 무리 지어 왔을 수도 있다. 이때 각각의 상황에 따라 같은 재료라도 요리사는 조리법을 달리하게 될 것이다. 또한 어떤 재료는 원재료를 그대로 살려야 빛이 나는 경우도 있다.

책 읽기도 이와 유사하다. 원문이 어떠한지, 그 책을 읽어 주는 목적이 무엇인지, 듣는 사람이 어떠한지에 따라 다양하게 달라질 수 있는 것이다. 이처럼 다양한 읽기유형의 필요성은 최근의 연구들에도 소개된 바 있다[5)6)7)]

(2) 유형별 읽기 실습

유형 I 은 '평이하게 읽기'로 글자 그대로 또박또박 읽는다. 동시, 동요 그림책이나 정보그림책에 적합하며 소리-글자 대응이 이루어져 문해교육에 도움이 되나 텍스트의 양이 많을 경우에는 지루해질 우려가 있다.

예 본 서 실제편의 동시, 「다리」와 전래동요 『석수장이』는 원문 그대로 읽는다.

유형 II 는 '원문대로 입체적으로 구연하며 읽기'로 등장인물을 입체적으로 설정하고 상황을 살려서 읽는다. 줄거리가 있는 이야기책 형태에 적합하며 글자-소리 대응이 되고, 아동의 주의집중을 돕는다. 책을 읽어 주기 전에 등장인물에 대한 성격설정이나 상황에 대한 파악이 필요하다.

예 본 서 실제편의 『요건 내 떡』, 『배달 대소동』은 등장인물과 상황을 살려 구연식 읽기를 한다.

---

5) 이송은(2009), 「어린이담당 사서를 위한 스토리텔링운영 매뉴얼개발」, 〈어린이문학교육연구〉, 10(2), pp. 157-159

6) 「국립어린이청소년도서관(2011), 「어린이담당사서를 위한 스토리텔링운영매뉴얼」 pp. 8-9

7) Ko, S. J. & Lee, S. E.(2013), 「The effects of picture-books shared reading training for immigrant mothers of young children: An exploratory study」, 〈*Asia-Pacific Journal of Research in Early Childhood Education*〉, 7(2), p. 38

유형 Ⅲ은 원문을 약간 개작하여 읽으며 구연여부는 필요에 따라 선택한다. 비교육적인 구절이나 어려운 어휘를 순화된 언어로 바꾸고, 이해를 돕기 위해 문장을 약간 첨가하는 정도이다. 이 같은 읽기는 유형 Ⅱ와 더불어 그림에 비해 글의 양이 많지 않을 때 사용한다.

예 본 서 실제편의 『으라차차 큰 일꾼』, 『앵무새 열 마리』는 일부분을 각색하여 읽는다.

유형 Ⅳ는 등장인물과 줄거리는 원문과 같되, 읽어 주는 사람의 해석이 상당히 가미되어 개작과 입체적인 구연이 이루어진다. 구술이야기 형태와 가장 유사하며, 교구를 활용한 동화 들려주기나 텍스트 양이 많은 이야기 그림책 읽기에 적합하다. 글자-소리 대응관계가 없어 문해교육에 직접적 도움을 주기는 어렵다.

예 본 서 실제편의 「방귀시합」, 「흰 쥐」는 교구나 순수구연으로 구연자의 스타일을 살려 들려준다.

유형 Ⅳ-1은 '건너뛰며 읽기'로 책을 부분적으로 건너뛰면서 읽는 방식이다. 주의집중 시간이 짧은 영아를 위한 읽기나 활동 목적에 따라 장면을 의도적으로 발췌할 경우에 적용하며, 각색유무는 필요에 따라 선택한다. 이 유형은 문해나 스토리 구조를 익히는 데 도움을 주기 어렵기 때문에 일시적으로 활용한다.

예 본 서 실제편의 정보 책, 『온 세상 국기가 펄럭펄럭』은 수업에 필요한 부분을 발췌해 읽는다.

이상의 다섯 가지 읽기 유형 분류가 보여 주는 핵심은 같은 책이라도 책의 특성, 활동의 목적, 청중에 따라 읽어 주는 사람이 다양하게 선택할 수 있다는 것이다. 즉 책 읽어 주기의 자유로움을 이야기하고 있다.

3) 그림책 맛있게 읽기

다음은 다양한 연령과 장르에 걸쳐 그림책을 재미있게 읽는 데 필요한 방법

들을 정리한 것이다.[8)]

- ▶ 주제와 내용에 어울리는 도입활동으로 책에 대한 관심을 높인다.
- ▶ 표지, 면지, 속표지까지 읽는다.
- ▶ 글과 그림을 필요에 따라 부분적으로 가리며 읽는다.
- ▶ 그림을 적극적으로 읽는다.
- ▶ 어감을 살려 감각적으로 읽는다.
- ▶ 등장인물의 특징을 살려 읽는다.
- ▶ 책 자체를 읽기 교구로 활용한다.
- ▶ 책 읽기 속에서 소리의 강약, 속도 등 화술의 요소를 가미한다.
- ▶ 읽기에 청중을 초대한다.
- ▶ 노래와 동작을 곁들여 읽는다.

4) 말하고, 듣고, 읽고, 쓰기(스토리텔링의 순환과정)

그림책 읽어 주기는 단순히 들려주고, 듣는 것으로 끝나지 않는다. 말하고, 듣고, 읽고, 쓰기가 순환적으로 일어난다. 스토리텔링 과정에서 어른이 들려주는 이야기를 아이들은 상상을 더해 이해한다. 소리내어 읽기에 참여도 하고 그 책을 재방문해서 읽기도 하면서 아이들은 자신의 언어로 자신만의 이야기를 재구성한다. 화자는 청자가 이런 과정을 시도할 수 있도록 격려하고 배려한다.

3. 지역별 스토리텔링은 왜 중요한가?

이야기 들려주기는 인류가 처음 말하는 법을 배우기 시작한 이래로 우리와 함께 해 온 하나의 예술이다.[9)] 스토리텔링은 인류의 가장 오래된 교육법이자 암기 수단이요, 삶의 방법을 일깨우는 도구이자 즐거움을 공유하는 문화의 알맹이이다.[10)] 바야흐로 스토리텔링(Storytelling)의 시대이다. 벨기에의 '오줌싸개 동상'이나 덴마크의 '인어공주 동상', 독일의 '로렐라이 언덕' 등에는 세계인들이 끝없이 몰려드는데, 그것은 바로 스토리 덕분이다. 실제로 가서 직접 보면 작은

---

8) 이송은·김윤경·전진영·권옥·한선예·최형임·이춘희·한주미(2017), 『스토리텔링과 책놀이 2』, p. 23
9) Brett, D.(2000), 『그래, 네 맘 알아 엄마 얘기 들어볼래?』 p. 39
10) 조정래(2013), 『스토리텔링 멘토링: 교사와 학부모를 위한 스토리텔링 교수법』 p. 5

크기나 소박한 주변 모습에 실망도 하지만 여전히 세계인의 관심과 발걸음을 이끄는 힘은 스토리에 따른 감성의 움직임이다.[11] 알함브라 궁전의 경우도 건축물자체가 워낙 뛰어난 아름다움을 간직한 탓도 있지만, 그곳에 얽힌 역사적 이야기와 그곳을 소재로 한 기타연주곡(「알함브라 궁전의 추억」)이 불러일으키는 스토리적 감성이 세계적인 명소로 만드는 데 기여하고 있다.

알함브라 궁전 야경

인도 타지마할 궁전의 모델이 된
스페인 알함브라 궁전의 아라야네스 정원.

문학이 언어를 통해 개인이나 집단의 의식을 예술적으로 표현한 것이라면, 설화나 민요는 이야기와 노래 형식을 빌려 문학적으로 표현한 것이다. 따라서 여기에는 전승집단의 지역적 정서가 집약적으로 표출되므로 이를 통해 한 집단의 역사성과 전승의식을 재인식할 수 있다.[12] 지역문화 자원을 통해 지역의 역사 문화적 의미뿐 아니라 교육적 자료로 활용한다면 지역민의 정체성뿐 아니라 사람들에게 의미 있는 공간이 되어 지역에 대한 애향심을 고취시키고 방문객이 늘면 경제와 함께 지역민들의 삶에 활력을 불어넣을 수 있다.[13]

아래 사례에서는 이야기를 듣고 자란 스토리텔링이 한 사람에게 어떤 영향을 미쳤는지를 보여 준다.

---

11) 김유리·김성수(2016), 「지역문화교육을 위한 김산향교(金山鄕校)의 스토리텔링 제안」, 〈영남학〉, 31, p. 273
12) 서해숙(2010), 「구례 지역 설화의 전승양상과 지역적 특성」, 〈민속연구〉, 20, p. 106
13) 김유리·김성수(2016), 앞의 책, p. 276

[사례 1]

아셀[14]: (책장에서 겉장이 없고 누렇게 변색한 책을 꺼내오며) 어렸을 때 엄마가 읽어준 거 제가 가져왔어요. 이거 우리 엄마랑 그리고 할머니랑 숙모, 옆집 고려인, 이 책 읽었어요…. 제가 준호한테 읽으면서 여기 좋은 말도 있으니까. 준호도 저처럼 힘든 일 이겨야 돼. 마음으로, 성격으로. 왜냐하면 (동화책을 가리키며) 여기 힘든 거 많아요. 그런데 이겼어요, 결국은. 애기가 나중에 세상에서 어떤 일이 있는 거 모르잖아. 갑자기 힘들면, 여기 전래동화에서 나와요. 어려운 거, 나중에 좋은 거 와요, 결국은!

- 중략 -

(러시아 어로 된 그림책을 꺼내오며) 있는 돈 전부로 책 사왔어요. 제가 한국말 부족해요. 설명도 부족하고. 답답해요. 근데 이거 저한테 편하고, 그리고 애기가 책 보면서 다른 문화 알려주고 자연스럽게. 러시아 말 그냥 공부하면 너무 어려워요.

위 사례는 책 읽어 주기가 갖는 주요한 의미를 선명하게 부각시켜 주고 있다. 카자흐스탄 출신 아셀은 본인이 어린 시절에 어머니께 들었던 동화가 현재까지도 자신의 삶에 지혜가 됨을 말하며 자녀에게도 읽어 주려 한다. 이를 통해 스토리텔링이 부모와 자녀를 잇는 세대 간 연결 고리이자 공통의 정신적 자산을 공유할 수 있는 매개체임을 알 수 있다.

이웃 간, 친척 간에 돌려가며 읽었다고 하는 대목에서는 스토리텔링이 한 공동체를 묶는 역할도 하고 있음을 알 수 있다. 또한 러시아 글자를 잘 모르는 아들을 위해 그림이 곁들여진 책이 꼭 필요하다고 판단하여 러시아 어로 된 그림책을 사가지고 오는 대목에서는 엄마나라 그림책이 다문화가정에서의 '부모-유아' 소통을 위한 효과적인 매개체가 될 수 있음을 시사 받을 수 있다.

14) 카자흐스탄 출신 다문화가정 어머니인 아셀은, 면담 당시 한국에 온 지 8년 되었고 7세, 1세 된 두 아들을 두고 있다. 둘째 아이 출산과 몸조리를 위해 카자흐스탄 친정에 1년간 가 있다가 몇 달 전 귀국하였다.

한 사람이 듣고 자란 스토리텔링은 그 사람의 정체성의 뿌리이다. 한 지역의 이웃들이 말과 글로 함께 공유한 스토리텔링은 지역사회 공동체를 묶는 끈인 것이다. 스토리텔링은 땅을 딛고 살아가는 한 사람의 정체성이며, 자신이 살고 있는 땅의 이야기이다.

지금처럼 다양한 교구(敎具)가 마련되지 않았던 옛날 서당에서 학동들의 경서읽기의 무료함을 달래주기에는 훈장의 이야기가 큰 역할을 했고, 남성들의 교류의 장인 동네 사랑방에서도 이야기는 긴요한 매개체 역할을 했다. 물론 어린이들이 할머니에게서 들었던 옛이야기의 역할에 대해서는 언급할 필요가 없을 정도로 생활 그 자체였다.[15] 지역 축제를 이야기 문화와 결합시킨 예는 갈수록 늘어나고 있다. 예산의 경우는 '의좋은 형제' 이야기가 예당평야에서 전승되었다고 본 것이고, 상주의 경우는 '호랑이와 곶감' 이야기를 상주 곶감과 연계한 것으로 보인다.[16]

■ 지역 스토리텔링의 예(서울)

낙성대(落星垈) 이야기

동화가있는집 글, 김순애 그림

1. "이번 역은 낙성대, 낙성대 역입니다. 내리실 분은 준비해 주시기 바랍니다."
   서울 지하철 2호선에는 '낙성대'역이 있지요. '낙성대'라는 이름에는 나라를 지킨 한 인물의 이야기가 전해져 내려오고 있답니다.

2. 고려 때 한 사신이 서울의 봉천동을 지나가고 있었어요. 문득 하늘을 보니 큰 별이 마을의 어떤 집으로 떨어지지 않겠어요?
   "오호, 큰 별이 저곳으로 떨어지는 걸 보니, 분명 나라를 위해 큰일을 할 인물이 태어나겠구먼."
   "응애 응애"
   과연 그 집에서는 한 아기가 태어났어요.
   그런데 아이는 자라면서 키가 작고 못생겼다고 놀림을 받았어요.

---

15) 김종군(2009), 「이야기문화의 현재적 양상과 문화콘텐츠 활용 방안」, 〈겨레어문학〉, 42, p. 169
16) 김종군, 앞의 책, p. 185

"괜찮아, 난 강감찬이니까!"

아이는 무럭무럭 자라서 고려의 장군이 되었어요.

3. 1010년 북쪽 거란족이 40만 대군을 이끌고 고려를 침략했을 때였어요. 임금님도 피난길에 오르고 나라가 위기에 몰렸지요.

"내게 거란족을 단번에 물리칠 좋은 수가 있소."

강감찬은 지금의 여주와 의주 쪽에 정예부대 12,000명을 산기슭에 숨겨놓고는 냇물의 한 방향을 쇠가죽으로 막았어요.

이윽고 거란족이 냇물을 건너기 시작했을 때였어요.

" 바로 지금이다! 냇물을 터트려라!"

"으악! 물이 불어났다. 거란족 살려!"

거란족 병사들은 '걸음아, 나 살려라' 도망쳤지요. 이것이 그 유명한 '귀주대첩'이에요.

4. 지금도 낙성대 공원에 가면 나라를 위기에서 구한 강감찬 장군의 동상과 〈안국사〉라는 사당에 모셔진 영정을 볼 수 있대요.

※ 윗글은 강감찬에 관한 여러 자료를 토대로 어린이에게 들려주기 좋게 재구성한 것임.

4장
즐거운 문학활동 수업을 위한 여정

1. 수업의 이해

책 한 권을 읽어 줄 때에도 전략이 필요하다. 다중을 대상으로 한 책 읽어 주기는 단순히 책을 읽어 주는 것에 그치지 않고, 책을 다양하게 감상하는 반응중심 문학활동의 성격을 띨 때가 많다. 따라서 독자의 반응이 풍부하게 일어날 수 있도록 수업 설계가 필요하다.

1) 좋은 수업이란?

- 좋은 수업의 교육과정 구성은 교과의 교육 목표, 교육 내용, 교수 · 학습 및 평가의 일관성이다.[1)]
- 최근에는 다음과 같이 좋은 수업의 조건을 '5G'로 단계적으로 분석한 경우도 있다.[2)]

첫째, 짜임새 있는 수업설계(Good Design)
둘째, 효과적인 언어적 전달력(Good Telling)
셋째, 효과적인 시각, 청각적 전달력(Good Showing)
넷째, 학생의 적극적인 참여와 상호작용(Good Involving)
다섯째, 수업내용에 대한 이해와 수업 목표의 도달(Good Understanding)

---

1) 교육부(2015), 교육부 고시 제 2015-74호[별책 1]「초 · 중등학교 교육과정 총론」p. 3
2) 조규진·김도기·김명수(2011),「좋은 수업의 조건 탐색: 5G를 중심으로」, 〈초등교육연구〉 24(4), p. 325

2) 책 읽어 주는 자원봉사 활동 적용을 위한 좋은 수업의 특성[3)]

- 좋은 수업에는 분명한 목표가 있다.
- 좋은 수업에는 흥미롭고 가치 있는 내용이 있다.
- 좋은 수업에는 내용을 효과적으로 전달할 교수방법이 있다.
- 좋은 수업에는 전개된 수업에 대한 반성적 평가가 있다.
- 좋은 수업에는 가르치는 내용에 대한 확신과 학생에 대한 애정을 가진 교사가 있다.
- 좋은 수업에는 수업에 몰입해 참여하는 학생이 있다.
- 좋은 프로그램은 수업들 간의 위계와 방향성이 있다.

3) 좋은 수업에서의 교사 요인

교사가 수업에 영향을 미치는 정도는 절대적이다. 좋은 수업을 하는 교사는 어떠한지에 대해 학자들은 다음과 같이 말하고 있다.

- 교사가 사랑으로 가르치기 위해서, 3Cs: 돌봄(care), 관심(concern), 관계(connection)에다 열정(passion)이라는 필수적인 요소가 첨가되어야 한다.[4)]
- 교사의 지식과 전문성, 수업계획, 수업 실천이 '학생들의 의미 있는 학습 경험'을 위해 얼마나 가치 있게 기여했는가에 초점이 있다.[5)]
- 교사가 교과를 충실히 이해하고자 할 때 수업을 통해서 학생뿐만 아니라 교사 자신이 먼저 성장할 수 있다.[6)]

4) 활동영역의 이해

최근 아동문학활동 분야에서는 전통적으로 강조되었던 텍스트, 작가, 교사, 내용 분석 중심이 아닌, 독자의 반응, 독자, 아동, 심미적 감상과 경험이 중요시되는 반응중심문학활동(Rosenblatt, 1978) 이론이 주목을 받고 있다. 본서 실제편에 수록된 작품을 중심으로 소개해 보면 다음과 같다.

---

3) 한국출판문화산업진흥원(2017), 『2017 책 읽어 주는 문화봉사단 가이드북』 p. 60
4) Goldstein, L. S.(2001), 『사랑으로 가르치기: 유아교육에 대한 페미니스트 접근』 p. 38.
5) 이혁규·김남수·김병수·신지혜(2011), 「수업 사례를 활용한 수업 전문성 신장 방안」, 〈한국열린교육학회 학술대회 논문집〉, 2011(5), p. 102
6) 서근원(2003), 『수업을 왜 하지?』 p. 163

(1) 언어

언어활동은 문학작품을 듣고 나서 이야기의 의미에 대해 좀 더 깊이 생각해 볼 수 있는 기회를 제공해 준다. 언어활동에는 듣기, 말하기, 읽기, 쓰기의 4개의 영역이 있다.

- 듣기: 그림책 줄거리에 흥미를 가지고 집중하여 듣는 태도와 능력을 기를 수 있다. 본서 실제편의 『허허할아버지』와 같은 유쾌한 이야기를 다음 장면에 대한 호기심을 갖고 경청하고, 작품이 담고 있는 메시지를 이해한다.
- 말하기: 본서 실제편의 『북풍을 찾아간 소년』에서 책을 만들고, 자신이 만든 책을 가지고 줄거리를 바탕으로 이야기를 창의적으로 구성하여 이야기 활동으로 진행할 수 있다.
- 읽기: 본서 실제편의 「다리」 동시와 「가자 가자 감나무」 전래동요 문학작품 속에서 반복되는 문장을 함께 소리 내어 읽음으로써 읽기에 적극적으로 참여 할 수 있다.
- 쓰기: 『알사탕』 작품을 읽고 난 후, 자신이 주인공이라면 어떤 알사탕을 갖고 싶은지, 그 이유에 대해 알사탕 형태의 종이에 자신의 생각을 적어보는 활동으로 이어질 수 있다.

(2) 미술

문학에 대한 느낌을 상상력과 창의력을 발휘하여 그림책을 읽고 난 후 '가장 재미있었던 장면 그리기'나 '함께 만든 이야기책의 그림 그리기' 등, 다양한 재료와 기법으로 심화된 문학감상으로서 미술활동에 몰입할 수 있다.

본서 실제편에서 『신기한 붓』 그림책을 읽고 난 후, 주인공처럼 붓으로 그림을 그리는 활동을 하거나 『줄 하나』 그림책을 읽고서 줄 하나를 가지고 여러 가지 형태로 표상활동을 할 수 있다.

(3) 수학

문학작품 속에 포함된 수학적 개념이나 어휘를 중심으로 활동을 구성하거나 내용을 수학적 개념과 연결 지어 활동을 해보는 것이다.

본서 실제편의 『아기오리 열 두 마리는 너무 많아』에서는 큰 수를 여러 가지로 나누어 보고, 『돌부처와 비단장수』에서는 장터놀이를 하면서 다섯 개씩 묶어 세기를 할 수 있다.

(4) 음악 · 동작

문학작품과 관련된 음악을 감상하거나 신체적 표현은 문학에 대한 반응을 자연스럽게 한다. 다른 아동들의 동작을 보거나 교사의 격려 등을 통해 더욱 창의적인 표현을 할 수 있다.

본서 실제편의『신통방통 세 가지 말』그림책을 읽고, 그림책 속의 인상적인 장면을 신체표현하여 알아맞히는 활동을 할 수 있다. 또한『민들레는 민들레』라는 운율이 살아 있는 문학작품을 기존의 동요에 노랫말을 개사하여 불러보고 옆 친구와 짝이 되어 손뼉치기로 확장할 수 있다.

(5) 과학

과학적 개념이나 과정을 담고 있는 유아문학을 중심으로 활동 중심의 과학활동과 다양한 영역의 활동을 통합하여 의미 있는 방식으로 과학적 지식, 태도, 기술을 증진하도록 하는 과학 교수 방법을 말한다.『달 샤베트』그림책을 통해 시간에 따른 달의 크기 변화에 대한 과학적 지식이해를 바탕으로 직접 음료수를 샤베트로 만드는 활동으로 물질의 변화와 탐구심을 기를 수 있다.

(6) 게임

문학활동 중 게임활동은 아동뿐만 아니라 노인들도 매우 흥미있어 한다. 게임은 규칙을 만들고 지키는 과정에서 상경쟁심과 더불어 구성원끼리의 협력과 단합을 증진시키는 활동이다.

본서 실제편의『딸랑새』『요건 내 떡』은 아동뿐만 아니라 노인들도 즐길만한 게임이 소개되어 있다.

(7) 극놀이

등장인물의 생각이나 느낌을 표현하는 데 가장 적합하며, 이야기를 감상한 후 역할놀이, 인형극, 동극 등을 해 봄으로써 이야기 속의 등장인물, 배경, 줄거리에 대해 깊이 이해하게 되고 이야기에 대한 흥미를 더해 주게 된다.

문학작품『고릴라 할머니』를 읽고 나서, 극놀이를 통하여 노인은 가상의 새

댁에게 살림사는 법을 전수해 줄 수 있고, 아동이라면 할머니의 삶을 이해해 볼 수 있다. 극놀이는 나 아닌 다른 등장인물에 감정 이입되어 타인의 입장을 경험하는 기회를 제공한다.

2. 대상의 이해와 적용

책을 읽어 주고 문학활동을 하는 것은 기본적으로 사람과 사람 간의 만남을 전제로 한다. 수업을 설계하고 실행하기 전에, 대상자에 대한 이해는 필수이다. 본 장에서는 노인활동가들이 실제로 활동하였던 현장 중심으로 대상자들의 특성을 알아보고자 한다.

1) 노인

노인대상 수업은 크게 건강상태가 좋지 않아서 노인 복지시설을 이용하는 경우와 건강상태가 양호하여 혼자서 일상생활과 사회생활이 가능한 경우, 두 가지로 나눠 볼 수 있다. 본서의 실제 편에서도 섹션을 구분하고 있는데, 본 장에서는 일반인들의 이해를 돕기 위해서 노인 복지시설의 종류와 이용자의 특성을 알아보고, 노인복지시설 이용자 중 상당수를 차지하는 치매 환자를 위한 수업 방안을 소개한다.

(1) 노인복지시설의 종류(「노인복지법」 제31조)

종류	시설	설치 목적
노인주거 복지시설	양로시설	노인을 입소시켜 급식과 그 밖에 일상생활에 필요한 편의를 제공
	노인공동 생활가정	노인들에게 가정과 같은 주거여건과 급식, 그 밖에 일상생활에 필요한 편의를 제공
	노인 복지주택	노인에게 주거시설을 분양 또는 임대하여 주거의 편의 · 생활지도 · 상담 및 안전관리등 일상생활에 필요한 편의를 제공
노인의료 복지시설	노인요양 시설	치매 · 중풍 등 노인성 질환 등으로 심신에 상당한 장애가 발생하여 도움을 필요로 하는 노인을 입소시켜 급식 · 요양과 그 밖에 일상생활에 필요한 편의를 제공
	노인요양 공동생활 가정	치매 · 중풍 등 노인성 질환 등으로 심신에 상당한 장애가 발생하여 도움을 필요로 하는 노인에게 가정과 같은 주거여건과 급식 · 요양, 그 밖에 일상생활에 필요한 편의를 제공

노인여가 복지시설	노인 복지관	노인의 교악 · 취미생활 및 사회참여활동 등에 대한 각종 정보와 서비스를 제공하고, 건강증진 및 질병예방과 소득보장 · 재가복지, 그 밖에 노인의 복지증진에 필요한 서비스를 제공
	경로당	지역노인들이 자율적으로 친목도모 · 취미활동 · 공동작업장 운영 및 각종 정보교환과 기타 여가활동을 할 수 있도록 하는 장소를 제공
	노인교실	노인들에 대하여 사회활동 참여욕구를 충족시키기 위하여 건전한 취미생활 · 노인건강유지 · 소득보장 기타 일상생활과 관련한 학습프로그램을 제공
재가노인 복지시설	방문요양 서비스	가정에서 일상생활을 영위하고 있는 노인으로서 신체적 · 정신적 장애로 어려움을 겪고 있는 노인에게 필요한 각종 편의를 제공하여 지역사회안에서 건전하고 안정된 노후를 영위하도록 하는 서비스
	주 · 야간 보호 서비스	부득이한 사유로 가족의 보호를 받을 수 없는 심신이 허약한 노인과 장애노인을 주간 또는 야간 동안 보호시설에 입소시켜 필요한 각종 편의를 제공하여 이들의 생활안정과 심신기능의 유지 · 향상을 도모하고, 그 가족의 신체적 · 정신적 부담을 덜어주기 위한 서비스
	방문요양 서비스	가정에서 일상생활을 영위하고 있는 노인으로서 신체적 · 정신적 장애로 어려움을 겪고 있는 노인에게 필요한 각종 편의를 제공하여 지역사회안에서 건전하고 안정된 노후를 영위하도록 하는 서비스
	주 · 야간 보호 서비스	부득이한 사유로 가족의 보호를 받을 수 없는 심신이 허약한 노인과 장애노인을 주간 또는 야간 동안 보호시설에 입소시켜 필요한 각종 편의를 제공하여 이들의 생활안정과 심신기능의 유지 · 향상을 도모하고, 그 가족의 신체적 · 정신적 부담을 덜어주기 위한 서비스
	단기보호 서비스	부득이한 사유로 가족의 보호를 받을 수 없어 일시적으로 보호가 필요한 심신이 허약한 노인과 장애노인을 보호시설에 단기간 입소시켜 보호함으로써 노인 및 노인가정의 복지증진을 도모하기 위한 서비스
	방문목욕 서비스	목욕장비를 갖추고 재가노인을 방문하여 목욕을 제공하는 서비스
	방문간호 서비스	간호사 등이 의사, 한의사 또는 치과의사의 지시서(이하 "방문간호지시서"라 한다)에 따라 수급자의 가정 등을 방문하여 간호, 진료의 보조, 요양에 관한 상담 또는 구강위생 등을 제공하는 서비스
	재가노인 지원서비스	그 밖에 재가노인에게 제공하는 서비스로서 상담 · 교육 및 각종 서비스
노인보호 전문기관	노인보호 전문기관	시 · 도지사가 노인보호전문기관을 지정 · 운영, 노인학대 신고, 상담, 보호, 예방 및 홍보, 24시간 신고 · 상담용 긴급전화(1577-1389) 운영
노인일자리 지원기관	노인일자리 지원 기관	지역사회 등에서 노인일자리의 개발 · 지원, 창업 · 육성 및 노인에 의한 재화의 생산 · 판매 등을 직접 담당하는 노인일자리전담기관 운영

출처: 보건복지부(2017). 2017년 노인복지시설 현황.

(2) 치매노인을 위한 활동

치매노인대상 활동을 계획할 때 가장 난감한 것이 기준점 설정이다. 치매 노인을 어떠한 존재로 바라보느냐에 따라 활동의 방향은 달라질 수밖에 없다. 치매노인을 위한 활동 계획 시, 그 활동의 결과를 이용한 다른 목적을 갖는 것은 바람직하지 않으며, 활동 자체에 의미를 두어야 한다.[7)]

치매노인을 위한 활동계획 수립 시 염두에 두어야 할 사항은 다음과 같다(Bell & Troxel, 2002).[8)]

① 생산적인 일이나 봉사할 수 있는 일
치매노인도 놀이활동을 통해 누군가를 돕고 자신의 세상의 일부임을 느낄 수 있고 자신이 유능하고 가치 있는 존재임을 느낄 수 있도록 한다.

② 성공 경험하기
상실의 경험이 많은 치매노인들도 놀이를 통해 새로운 성공을 맛볼 수 있다.

③ 놀기
놀 때는 누구나 기분이 좋아지고 즐거움을 맛본다. 치매 노인도 놀이를 즐길 수 있는 능력이 있다.

④ 사람들과 동참하기
치매노인도 작은 모임에 다른 사람들과 함께 참여함으로써 만족감이나 소속감을 느낄 수 있다.

⑤ 능력계발
놀이를 통해 새로운 것을 배우고 이미 익숙한 능력을 연습하면서 남아있는 능력을 유지하거나 향상시킬 수 있다.

⑥ 자신감 획득
좋은 활동은 노인으로 하여금 자신은 능력이 있으며, 자신의 세계를 책임지고 있다고 느끼게 하는 것이다. 이때에 남아있는 능력을 유지시키며 자신감을 갖게 한다.

⑦ 안정감을 주고 안심하게 해 주기
놀이 활동을 통하여 모든 것이 순조롭다는 느낌을 갖게 함으로써 노인이 편안함을 유지할 수 있도록 도와야 한다.

⑧ 종교적 · 정신적인 욕구 충족시키기
비록 종교가 없는 사람이라도 정신적인 평안을 추구할 수 있는 활동은 필요하다.

⑨ 성장과 배움 경험
치매노인도 배움에 참여함으로써 만족과 기쁨을 느낄 수 있을 것이다.

---

7) 신혜원 · 전미애(2006), 『치매노인을 위한 전통놀이 프로그램』 p. 51
8) 신혜원 · 전미애(2006), 앞의 책, pp. 52-53에서 발췌 재인용.

■ 치매환자의 증상과 문제행동

치매 노인은 기억력, 추상적 사고능력, 판단력 및 충동통제능력, 언어기능 등의 저하와 성격변화, 신체적 기능의 변화를 인하여 직업, 일상, 사회활동, 대인관계 등에 상당한 제한을 받게 된다. 치매의 주요증상과 문제행동을 살펴보면 ①인지장애, ②정신장애, ③언어장애, ④행동장애, ⑤일상생활 수행 장애, ⑥신체장애 등의 범주로 나눌 수 있다.[9]

(3) 노인대상 수업을 위한 Q & A[10]

Q 1. 노인대상 책 읽어 주기 수업을 잘 하려면 어떻게 하면 되나요?

A
- 천천히 상냥하게 말합니다.
- 존칭을 사용하고 예의바른 자세로 임합니다.
- 지나치게 많은 움직임이 필요한 활동을 하지 않습니다(예 자리 이동 불가능)
- 노인의 경험을 이끌어내기 쉬운 내용을 다룹니다.
- 요양보호사나 실습생 등 조력자를 수업에 적극 참여시킵니다.
- 수업 준비물은 수량을 넉넉하게 준비합니다.
- 복합적인 심신장애를 겪고 있는 참여자도 있으므로 돌발적인 언행에 당황하지 않도록 마음의 준비를 합니다.
- 특정참여자를 추켜세우거나 가족에 대해 먼저 묻지 않습니다.
- 기관 담당자와 상의하지 않고 임의로 간식제공을 하지 않습니다.
- 첫 수업을 시작하기 전에 미리 참여자들의 특성을 담당자를 통해 파악합니다.

2) 아동

노인활동가들이 독서소외계층 대상으로 주로 방문하는 지역아동센터를 중심으로 아동의 사회경제적 배경 및 특성, 문제 행동에 대해 알아본다. 지역아동센터란 지역사회 아동의 보호, 교육, 건전한 놀이와 오락의 제공, 보호자와 지역사회의 연계 등 아동의 건전 육성을 위하여 종합적인 아동복지서비스를 제공하는 시설이다(아동복지법 제52조). 2015년 12월말 기준으로 전국에 4,102개소, 이용 아동 수는 109,661명이다(보건복지부, 2015).

9) 권중돈(2016), 앞의 책, p. 152

10) 본 서에 소개된 대상별 수업 Q&A는 필자가 저술한 『2017 책 읽어 주는 문화 봉사단 가이드북』에도 수록된 내용임.

(1) 지역아동센터 아동의 사회경제적 배경

- 경제상황에 따라 살펴보면, 기타 승인아동[11)]이 52,735(48.0%)으로 가장 많으며, 다음으로 차상위 아동[12)] 22,558명(20.6%), 기초생활수급권 아동 18,601명(17.0%), 일반 아동 15,767명(14.4%) 순으로 조사되었다. 한 센터당 평균 이용 아동 수는 총 26.7명으로, 이 중 기타 승인아동은 12.9명, 차상위 아동은 5.5명, 기초생활수급권 아동 4.5명, 일반 아동은 3.8명 순으로 나타났다(85% 이상이 빈곤층임을 알 수 있음).
- 가정형태별로 살펴보면, 양부모가정(67.6%) 외에 모자가정(16.0%), 부자가정(11.6%), 조손가정(3.5%), 소년소녀가정 (0.4%), 기타(친척 및 시설, 0.9%) 등이 있다(1/3이 한 부모 가정 및 조손 가정임을 알 수 있음).
- 특별관리 아동은 매년 꾸준히 증가하여, 2015년 12월 말 기준 15,435명으로 조사되었으며, 이 중 다문화가정 아동이 12,229명(79.2%)으로 가장 많고, 장애 아동 2,708명(17.6%), 새터민가정 아동 498명(3.2%) 순으로 집계되었다. 이 중 다문화가정 아동 수는 2015년 1만 2천명을 넘어 최근 5년간 2배 이상 증가하였다.

(2) 지역아동센터 수업에서 나타난 아동 특성 및 문제점

수년 간 전국에 걸쳐 실시된 〈책 읽어 주는 문화봉사단〉 수업에 나타난 지역아동센터 아동의 특성을 살펴보면, 공격성이나 비교육적인 언어 사용, 가정폭력으로 인한 심리적 위축, 문해 능력 결핍으로 인한 학습 부진 등을 들 수 있다(한국출판문화산업진흥원, 2014; 한국출판문화산업진흥원, 2015; 이송은 외, 2016).

지역아동센터 아동의 문제행동은 크게 내재화된 문제와 외현화된 문제 두 가지 측면으로 나눌 수 있다.[13)]

---

11) 기타 승인아동이란 국민기초생활수급권 아동과 차상위 인정범위 안에 포함되지 않는 아동 중 기타 지역사회에서 보호와 지원이 필요하다고 판단되는 아동으로, 전국 평균소득가구 70% 이하(가구 내 건보료 확인) 가구 중 시·군·구청장 승인아동을 말함.

12) 차상위 아동이란 국민기초생활수급권자가 아닌 가구로서 소득인정액이 최저생계비 120% 이하인 가구의 아동을 말함.

13) Achenbach & Edelbrock(1981), 유효림(2010), 「지역아동센터 경험이 저소득가정 아동의 적응에 미치는 영향」. p 10에서 재인용

① 내재화된 문제 행동

아동의 성격이 소극적이고 사회적으로 내재화되어 과잉 통제된 행동을 의미하는 것으로서 우울, 불안, 위축을 비롯하여, 신체증상, 주의집중문제 등의 증상을 포함한다.

② 외현화된 문제행동

감정이나 행동의 적절한 억제가 결여되어 나타나는 행동을 의미하며 비행과 공격성 등의 증상을 포함한다.

이 외에 특히 문제가 되는 것이 저조한 문해능력이다. 수년간의 책 읽어 주는 문화봉사단 사업을 통해 지역아동센터 아동 중 상당수가 문해능력이 또래에 비해 뒤떨어진다는 사실이 발견되었다. 초등 아동에게 있어 기본적인 문해능력의 결함은 심각한 학습부진과 심리적 위축을 초래한다.

(3) 지역아동 센터 수업을 위한 Q & A[14)]

Q 1. **프로그램 초기에는 어떤식으로 시작하나요?**

A 지역아동센터 아동들은 책을 들고 나타나면 '또 지겨운 공부를 시키려고 한다'고 거부하는 경향이 많습니다. 그래서 첫날은 인사와 놀이, 재미있는 책 읽어 주기만으로도 충분합니다. 재미있고 부담 없는 만남에 대한 기대를 주는 것이 중요합니다. 후속활동에 욕심을 내다보면 아동도, 활동가도 자칫 초반부터 지칠 수 있습니다.

Q 2. **지역아동센터 수업을 담당하는 교사가 특별히 유의해야 할 것은 무엇인가요?**

A 『스토리텔링을 통한 어린이 심리치료』를 펴낸 마곳 선더랜드(Margot Sunderland, 2007)[15)]는 다음과 같이 상처를 가진 아동을 대하는 교사의 유의사항을 소개했습니다.

- 아동이 중시하는 것에 흥미가 없다거나 빈약한 반응을 보이지 말라.
- 판단하고 충고하는 말은 삼가라. 대신, 아동의 이야기에 경청하고 상상력을 사용해서 그 이야기의 세계와 그것의 감정 상태로 들어가도록 하라.
- 당신 자신이 무의식적으로 '귀먹거나', '눈멀지 않도록' 조심하라.

14) 한국출판문화산업진흥원(2017), 앞의 책, pp. 47-48
15) Sunderland, M.(2007), 『스토리텔링을 통한 어린이 심리치료』 pp. 61-62

Q 3. 수업 중에 갑자기 아동들 간에 싸움이 벌어지면 어떡하나요?

A 지역아동센터 아동들은 분노조절이 안 되는 경우가 종종 있습니다. 따라서 수업 시간에 불쑥불쑥 다툼이 벌어지기도 하지요. 일단 두 아이의 사이에 들어가서 단호하고 또 차분하게 말씀하시면 좋겠습니다.

"너희들이 왜 싸우는지 모르겠지만, 두 가지 중 하나를 선택해야겠다. 일단 선생님은 이 수업을 진행해야 하거든. 그러기 위해서는 밖에 나가서 둘이 이야기 할래? 아니면 지금은 여기서 참여를 하다가, 수업이 끝난 후에 얘기를 할래? 그때 너희들의 이야기를 들어줄게."

만약 이때 밖으로 나가겠다고 하면, 아동센터 선생님에게 부탁을 하든가, 그날 보조교사를 맡은 선생님이 도와주시면 됩니다.

Q 4. 아이들이 욕을 하거나 비속어를 말할 때는 어떻게 하면 좋을까요?

A 폭력적 언어나 비속어 또한 그 아이들의 심리적 상처의 한 표현입니다. 이때는 너무 과민하게 반응하지 않는 게 좋습니다. 그러나 욕이 계속되거나 정도가 과할 때는 "이 시간은 동화책을 가지고 재미있게 공부하는 시간이야. 난 네가 그런 말을 하지 않았으면 좋겠어"라고 말합니다. 그래도 욕이 계속 난무한다면 "말은 생각을 담는 그릇이기 때문에 욕을 하면 그 사람의 영혼이 망가진단다. 난 네가 욕 때문에 망가지는 게 싫어"라는 메시지를 전달하십시오. 이와 관련해 별도의 책과 활동을 선정해 추가 투입할 수도 있겠습니다. 그러나 12주는 그다지 긴 시간이 아니고, 그 기간 내에 많은 것을 치유하고 바꿀 수는 없음을 감안할 필요가 있습니다.

Q 5. 수업을 진행하는 과정에 시간이 지나치게 남거나, 모자라면 어떡하나요?

A 아이들의 특성이나 교사의 수업방식에 따라서, 혹은 그날그날 컨디션에 따라서 수업이 길어지거나 짧아질 수 있습니다. 이런 때를 대비하여, 평소에 보조 도서(필요시 투입되는 여분의 책)를 1~2권 준비하고 다니시면 좋겠습니다. 보조도서는 평소에 아이들에게 들려줘보았던 책으로, 교사 자신도 좋아하는 책이면 더 좋습니다. 아이들은 친절한 목소리로 재미있게 책을 읽어 주기만 해도 행복해 질 것입니다.

수업시간 진행에 계속 무리가 온다면 왜 시간이 부족했는지, 왜 시간이 남게 되었는지, 활동가 두 분이 논의해 보시기 바랍니다.

Q 6. 수업 시 사진 촬영은 어떻게 해야 하나요?

A 수업 시간 중 촬영은 사전에 담당자와 아동들에게 촬영목적을 설명하고 허락을 받아야 합니다. 사진 촬영 시에는 아동의 초상권을 침해하지 않도록 유의합니다. "선생님이 너희들이 만든 작품들 사진을 찍어 함께 볼 거야", "사진이 있으면 나중에

우리가 어떤 일을 했는지 생각이 기억하고 싶을 때 도움이 되겠지?", "이 프로그램이 끝날 때 나중에 우리 모두 함께 볼 거야" 등의 설명을 곁들여 촬영에 대한 이유를 납득시키고, 부담감을 덜어 주시기 바랍니다.

Q 7. 프로그램이 종료될 때는 어떤 식으로 아이들과 정리해야 하나요?

A 프로그램이 처음 시작될 때, 이것은 어떤 성격의 수업이고 몇 차시를 하는지 간단히 설명하는 것이 필요하고 끝날 때도 마찬가지로 미리 고지합니다. 전체 12차시 중 11차시에는 다음 차시가 마지막 수업임을 반드시 고지해야 합니다. 마지막 시간에는 "우리가 함께 했던 책들이 책꽂이에 있어요. 그걸 보면서 이제 여러분들이 재미있는 활동을 더 많이 만들었으면 좋겠습니다. 선생님도 여러분과 활동을 하면서 많은 걸 배웠습니다" 등의 여운을 남기는 마무리가 무난합니다. 별안간에 수업이 종료되면, 마음을 주었던 사람에게 갑자기 외면당하는 느낌을 받을 수도 있으니 유의합니다.

3) 장애인

우리나라 장애인복지법에서 정한 장애유형은 신체적 · 정신적 특징에 따라 신체적 장애, 정신적 장애, 내부기관 장애 등 세 가지 유형으로 나뉜다(유동철, 2013).[16] 이 중 독서소외계층 대상 책읽어 주기 현장은 주로 정신적 장애에 해당하는 지적 장애인과 자폐성 장애인인 경우가 많다.

(1) 지적 장애아의 일반적 특성[17]

- 이야기를 듣는 것이나 활동에 대한 주의 집중시간이 짧다.
- 언어의 제약성이 크다.
- 상상력의 한계성이 있다.
- 노력 하려고 하지 않는다.
- 흥미의 범위가 협소하다.
- 경제의식이 희박하다.
- 선악의 구별이 잘 안 된다.
- 정서가 안정되어 있지 않다.

---

16) 유동철(2013), 『인권관점에서 보는 장애인복지』 p. 89
17) 최중옥 · 박희찬 · 김진희(2002), 『정신지체아 교육』 p. 96

- 습관이 형성되면 계속 고집성이 된다.
- 신체 성숙은 보통아의 성숙도와 유사하다.

■ 자폐증

자폐증(autism)은 자기 자신에 비정상적으로 몰입한 상태를 말하는 용어로, 다른 사람들과의 관계를 맺고 유지하는 일에 어려움을 갖는 것을 의미한다.[18)]

자폐성 장애의 가장 대표적인 특성은 자폐증, 과잉행동, 공격성 등을 들 수 있으며, 자기 고립적이고 단조로움을 고집하고 비정상적인 일을 반복하거나 변화를 거부하면서 환경의 동일성에 대한 요구를 강하게 나타내고, 심리적으로 열등감, 불안 증세, 자기도취, 과민반응, 우울증 등의 증상이 나타나기도 한다.[19)] 주요 증상을 보면 다음과 같다.

- 눈 마주치기를 잘 하지 못한다.
- 얼굴표정이나 몸짓이 독특하다.
- 신체 접촉을 싫어하는 경우가 다소 있다.
- 특정한 패턴의 행동이나 언어를 반복한다.
- 원하는 물건이나 사람에 집착하고 고집스럽다.
- 몸 흔들기처럼 정형화된 행동을 반복하기도 한다.
- 반복적 행동과 산수에 흥미를 보인다.
- 타인의 감정을 잘 이해하지 못한다.

(2) 장애인 수업을 위한 Q&A[20)]

Q 1. **장애인 수업에 처음 가게 됐어요. 장애인에 대해 모르고 어떻게 대해야 할지 모르는데 어떤 마음으로 장애인을 대해야 할까요?**

A 먼저 선입견이 없이 자연스럽게 대하는 태도가 좋습니다. 어려운 것을 쉽게 풀어서 설명해 주고 재촉하지 않고 천천히 기다려주는 것이 좋습니다. 특히 자폐성 장애인은 낯설고 새로운 환경이나 사람에 대한 거부가 심한 편이므로 처음부터 친해진다고 가까이 다가가는 것보다는 천천히 시간을 두고 기다려주는 것이 좋습니다

18) 유동철(2013), 앞의 책, pp. 121-123
19) 강영실(2013), 『장애인복지의 이해』 p. 74
20) 한국출판문화산업진흥원(2017), 앞의 책, pp. 47-48

(개인에 따라 다양한 차이가 있음을 고려해야 합니다).

Q **2. 장애인에게 책읽기를 하는데 듣지 않고 허공만 바라보거나 다른 행동을 해요. 과연 이 사람들에게 책읽기 활동이 필요할까요?**

A 지적장애인들은 표현방식을 모르거나 집중력이 짧습니다. 특히 자폐성을 갖고 있는 장애인들은 자신만의 세계에 빠져 있어서 책을 읽을 때 듣지 않게 보일 수 있습니다. 하지만 자기만의 세계에 있는 장애인들도 책을 읽거나 활동을 할 때 관심을 보이며 듣고 있습니다.

Q **3. 책 읽기 수업을 하고 있는데 장애인 한 명이 감정조절을 못해서 흥분을 하고 소리를 질러요. 이럴 때 어떻게 해야 하나요?**

A 흥분한 장애인의 이름을 조용히 불러 주며 안정을 취할 수 있도록 합니다. 같이 흥분하거나 큰 소리를 내면 장애인이 더 흥분할 수 있으므로, 조용한 목소리로 차분한 분위기를 조성하는 것이 중요합니다. 너무 많이 흥분해서 수업 진행이 되지 않을 경우 해당기관 종사자에게 도움을 요청하셔도 됩니다.

Q **4. 책 읽기 후 활동을 하는데 색칠하기나 종이접기, 손 유희 등 활동을 준비해 갔습니다. 그런데 준비해 간 활동을 어려워하는 장애인이 있어요. 이 장애인에게 맞는 활동은 무엇일까요?**

A 지적장애인은 각 개인마다 편차가 심합니다. 같이 하는 활동을 할 경우에는 각자의 능력에 맞는 수준을 이해해 주고 인정해 줘야 합니다. 예로 색칠하기를 할 경우 어떤 장애인은 다양한 색으로 칠할 수 있지만, 어떤 장애인은 한 가지 색으로 영아 수준의 색칠을 할 수도 있습니다.

손 유희 같은 음률도 좋아하는 장애인이 있지만 특정한 음을 싫어하는 예민한 장애인도 있을 수 있습니다. 너무 심하게 거부를 하면 무리하게 진행하지 않도록 합니다. 하지만 하지 않는다고 혹은 활동을 어려워한다고 처음부터 활동에서 제외시키면 제외된 장애인은 표현은 하지 못하지만 좌절감을 느낄 수 있습니다. 심한 거부만 아니면 활동을 하도록 옆에서 보조를 하여 유도해 주시는 게 좋습니다. 무언가를 했을 경우 칭찬을 해주고 인정해 주면 표현하지 못하는 장애인도 자존감을 느낍니다.

3. 시작과 마무리: 편안하게, 여운있게

1) 첫 만남: 관계형성을 위한 노래와 놀이

모든 수업과 프로그램에는 첫 만남이 있고 관계 맺기가 있다. 초반부에 얼마나 어색함을 줄이고 경계심을 푸느냐에 따라서 전체 프로그램의 성패가 좌우될 수 있다.

- 노인의 경우 초기 관계형성 놀이는 쉬운 노래(예 '고향의 봄', '퐁당퐁당')나 가요(예 '내 나이가 어때서' 등)와 함께하는 건강박수가 적절하다. 활동가가 자신을 이해해 주고 건강에 도움이 되며, 즐거운 시간을 함께하러 왔다는 인상을 주는 것이 필요하다. 나아가 '자신을 특별하게 대해주는구나'를 느낄 수 있으면 좋을 것이다.

- 유아의 경우는 인형을 활용한 간단한 인사노래와 손유희가 적합하다. (본서, 손유희와 건강박수, '뜨레풀노래', '보고싶었죠' 참조).

- 아동의 경우는 발달적으로 유아기의 자기중심성에서 벗어나 이타심이 생기고 친구에 대한 관심이 높아진다. 이 시기의 '함께하는 놀이'는 친구와 놀고 싶은 욕구(관계를 맺고 싶은 욕구)를 해소시켜 주고 놀이를 통해 친밀감을 형성시켜 준다. 놀이 공간이 여의치 않을 때는 '우리 모두 다 같이 손뼉을'처럼 인지적으로 도전감이 있는 노래를 활용한다.

- 장애인의 경우는 장애의 특성에 따라 사전에 기관담당자와 상의해서 한다. 가령, 구성원들끼리 공에 스티커를 하나씩 붙이거나 떼는 놀이를 하려면, 특별히 스티커의 끈적거리는 자극에 예민한 장애인이 없는지 알아보는 게 필요하다.

2) 아동 및 건강한 노인을 위한 관계형성 놀이

[박수도미노]

① 아동과 교사가 모두 둥글게 모여 앉는다.
② 자유롭게 박수를 쳐 본다.
③ 방향을 정하고 박수를 친다. (순환)
- (교사가 몸을 오른 쪽 방향으로 틀면서) 선생님이 오른쪽으로 박수를 '짝!' 치면

오른쪽에 있던 ㅇㅇ가 똑같이 오른쪽 옆에 있는 친구에게 박수를 보내는 거야.

④ 방향을 반대로 바꿔서 박수를 친다.

⑤ 아동들이 능숙하게 잘할 경우 방향을 자유롭게 사용하여 박수의 방향을 바꿀 수 있다.

⑥ 옆 사람이 아닌 멀리 있는 사람에게 박수 보내기를 한다. (점프)

- 이번엔 옆 친구뿐만 아니라 맞은편이나 멀리 있는 친구에게도 보낼 거예요.
- 멀리 있는 친구에게 박수를 잘 보내려면 어떻게 해야 할까요?

(손의 방향을 정확히 해야 해요. / 박수를 보낼 친구의 눈을 잘 봐야 돼요.)

[나 · 너 · 우리]

① 진행자가 치는 소고 소리에 맞춰 자유롭게 걷는다.

② '따닥' 소고 소리가 나면, 교사의 말에 맞춰 아동이 모인다.

예 20명 집단〉 나 - 1명, 너 - 2명, 우리 - 3명, 가족 - 4명, 마을, 나라

③ 게임 전에 연습을 한다.

- (소고를 천천히 치며) 이리저리 걸으며 인사해 볼까요? 안녕하세요! 안녕하세요.
- (소고를 빠르게 치다가) 따닥! 우리! '우리'가 몇 명이죠? (손가락 셋을 보여 준다.)

④ 게임을 한다.

(인원이 소수일 때는 적용하기 어려우며 짝수가 되지 않을 경우, 교사도 함께 참여한다.)

〈 관계형성놀이 "나, 너, 우리!" 장면 〉

[품앗이 게임]

① 모두 둥글게 손을 잡고 선다.
② 한 명이 술래가 되어 원형 대형에서 뒤로 한 걸음 물러선다.
③ 품앗이의 의미에 대해 간단히 설명한다.
④ 원래 술래가 서 있던 자리의 좌우 아동이 손을 잡고 뛰어가 나머지 아동들 중 한 명(A)을 데려와 술래가 있던 자리를 채운다.
⑤ A가 있던 자리의 좌우 아동이 ④와 같은 방법으로 이동한다.
⑥ 품앗이 이동은 술래의 노래가 끝날 때까지 계속된다.
⑦ 술래의 노래가 끝났을 때, 빈자리를 채우지 못한 팀 두 명이 가위, 바위, 보를 해서 다시 술래를 정한다.

[신문지 막대 나르기]

① 2인 1조로 짝꿍을 정한다.
② 신문지 막대 양 끝을 각 아동이 한 손의 검지만 사용하여 떨어뜨리지 않고 반환점을 돌아온다.
③ 이동 중간에 신문지막대를 떨어뜨리면, 출발점으로 돌아가서 다시 시작한다.

[빨간 공 게임]

게임을 통해 친구 이름을 익힐 수 있는 놀이로 눈에 보이지 않는 가상의 빨간 공을 전달하면서 친구의 이름을 외친다. 속도에 변화를 주며 놀이할 수 있다.

① 아동들은 모두 이름표를 가슴에 붙이고 있다.
② 빨간 공 게임방법을 교사가 설명한다.
  - 여기 상상의 빨간 공이 있어요. 착한 친구들 눈에만 보이는 공이지요.
  - '빨간 공, 자기 이름, 빨간 공 친구이름'을 부르는 거예요. 한번 해 볼게요. '빨간 공 진영! 빨간 공 윤경!'
  - 그 다음 윤경이는 '빨간 공 윤경! 빨간 공 일순!'
③ 교사와 아동 1명이 시범을 보인다.
④ 아동 2명이서 연습을 한다.
⑤ 모둠이 함께 게임한다.

※ 공간이 협소하거나, 시간적 여유가 많지 않을 때에는 간단한 노래와 박수로 시작한다(예 5장 '우리 모두 다 같이 손뼉을' 참조).

3) 종료: 회상과 여운 있는 마무리

첫 만남 못지않게 종료하기 또한 매우 중요하다. 회기가 언제 마무리 될 것인지에 대해 사전에 알려야 하며, 종료 후 확장독서활동에 대한 제안을 할 수도 있다. (유아 및 아동 대상 수업이라면, 지난 12회기 동안 다루었던 책과 활동을 되돌아보고 회상한 다음, “선생님과의 수업은 오늘까지지만 재미있는 책들이 너희들 곁에 있을 거란다. 이 책 속에 어떤 보물이 있는지 더 많이 발견했으면 좋겠구나. 선생님도 이 책 볼 때마다 너희들 생각할 거야.”라고 말해 줄 수 있다.)

노인복지시설 이용 노인을 대상으로 한 수업에서도 마찬가지로 그동안 했던 활동을 회상하고 반드시 깍듯이 인사를 해야 한다. 이때 활동사진이나 활동도서 표지, 어르신들의 포트폴리오가 있으면 도움이 된다.

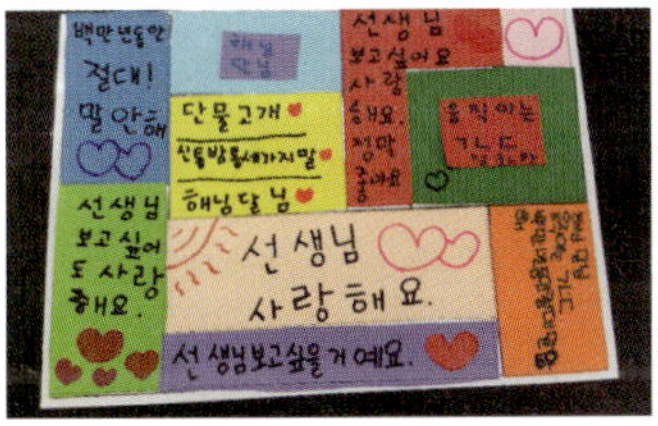

아동용 수업에서 만든 책 제목 조각보

(2014년 〈책 읽어 주는 문화봉사단〉
12차시 활동도서 표지)

아동들이 할머니 선생님께 쓴 편지

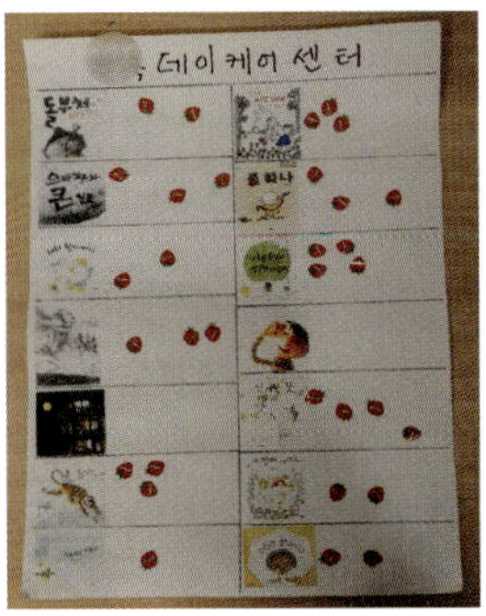

2017년도 데이케어센터
12차시 회상하기

노인자원활동가들의 마지막 수업 "그림책 조각보"

4. 책 읽어 주기 프로그램의 적용 예: 책 읽어 주는 문화봉사단[21]

노인활동가에 의한 책 읽어 주기 사업의 대표적인 예로 〈책 읽어 주는 문화봉사단〉을 들 수 있다. 이 사업은 종래, 우리 사회에서 통용되고 있던 '할머니=옛이야기 들려주는 사람'이라는 고정 관념에서 벗어나서, 할머니 · 할아버지를 여러 장르에 걸친 그림책과 독후활동 방법을 숙지하고 있는 '문학활동전문교사'로서 유능함을 입증하였다는 점에서 가치가 있다.

이 사업에서 실제로 앞에서 살펴본 여러 사항들 어떻게 적용되었는지를 살펴본다.

1) 사업의 목적과 대상별 목표

(1) 책 읽어 주는 문화봉사단의 사업 목적과 일반목표

책 읽어 주는 문화봉사단의 사업 목적은 크게 다음과 같다.

첫째, 복지 수혜의 대상이었던 예비 실버 및 실버세대가 다양한 문학활동 교육과 봉사활동 체험을 함으로써 사회와 소통하고 문화복지 재능기부자로서 전문성을 함양한다.

둘째, 사회적 돌봄이 필요한 문화소외계층에게 대상자들의 특성을 고려한 책

---

21) '책 읽어 주는 문화봉사단'은 노인자원활동가에 의한 독서소외계층 대상 독저진흥사업으로 2017년의 경우 전국의 11개 권역주관처에서 시행되었다(주최: 한국출판문화산업진흥원, 후원: 문화체육관광부). 2014년부터 수행주체가 한국출판문화산업진흥원으로 이관되었으며, 이때부터 '공통 커리큘럼 개발, 방문기관 당 12회기 수업, 현장 수업을 위한 36시간 활동가 교육, 도서기증' 등, 교육적 효과를 강조하게 되었다.

읽어 주는 활동 및 프로그램을 제공한다.

이러한 사업 목적에 따라 책 읽어 주는 문화봉사단 사업은 일반적 목표와 프로그램 대상아동에 대한 기대, 그리고 프로그램 대상 노인 및 장애인에 대한 기대 목표를 설정하였다.

목표	세부 목표		내용
실버세대의 독서 자원 활동을 통한 소통과 나눔	책을 매개로 한 다양한 집단의 만남과 세대간 소통	➡	실버세대와 독서문화 소외계층의 만남을 통해 책을 매개로 한 소통의 기회를 제공한다.
	실버 봉사인력의 문학활동 전문성 함양	➡	다양한 책 읽기방법과 참신한 문학활동을 익히고, 경험의 축적과 공유를 통해 실버세대의 수업 전문성을 함양한다.
맞춤형 프로그램 제공과 독서인구의 저변확대	소외 계층을 위한 대상유형별 프로그램 제공	➡	독서 소외계층(지역아동센터, 데이케어센터 및 요양원, 장애인 시설 이용자)에게 책 읽기 및 활동을 제공한다.
	책 읽어 주기 문화 및 봉사활동의 확산	➡	본 프로그램의 경험을 기반으로 책 읽어 주기 봉사문화를 사회적으로 파급시킨다.

(2) 대상별 목표(아동)

책 읽어 주는 문화봉사단과 아동이 만나면 어떤 변화가 생길까?

목표		내용
긍정적인 독서태도 형성	➡	다양한 장르의 책을 즐겁게 읽음으로써 책 읽기에 대한 흥미를 높인다.
독자로서의 유능감 증진	➡	다양한 확장활동을 통해 책을 깊이 있게 감상하고 느낌과 생각을 표현하는 능력을 기른다.
정서 순화 및 친사회성 증진	➡	문학 활동을 통해 정서를 표출하고 또래와의 유대감을 형성한다.
문해능력 증진 및 다문화적 감수성 향상	➡	문해에 도움을 주는 독서활동 및 책을 활용한 문화비교를 통해 다문화주의적 태도형성에 기여한다.

(3) 대상별 목표(노인 및 장애인)

책 읽어 주는 문화봉사단이 노인과 장애인에게 어떠한 영향을 줄까?

목표		내용
독서에 대한 관심 증진	➡	여러 장르의 책을 즐겁게 읽음으로써 책 읽기에 대한 관심을 높인다.
인지적 퇴화의 완화	➡	책 읽기, 내용에 대한 이야기 나누기, 후속활동 등을 통해 기억 및 인지 능력의 퇴화를 늦춘다.
정서 순화 및 친사회성 증진	➡	책을 매개로 한 즐거운 만남을 통해 사람과 소통하고 사귀는 경험을 제공한다.
신체 기관의 퇴화 완화와 능동성 격려	➡	감각기관을 활용한 독후활동을 통해 표현하고자 하는 욕구를 불러일으키고 감각기관을 활성화시킨다.

2) 프로그램 내용 및 활동방법 구성, 그리고 평가

(1) 노인 활동가와 소외계층 대상, 양쪽을 아우르는 책 읽기와 독후활동

책 읽어 주는 문화봉사단의 수업 현장은 크게 예비교사로서 노인 활동가 교육, 활동가에 의한 수혜기관대상자 교육 등 두 가지가 있었다.

(2) 동일한 활동가가 적용 가능한 도서와 활동 범위를 고려한 설계

2인 1조의 노인활동가가 2개의 기관[22)]에서 각각 40분씩 12회기를 진행한다는 것을 고려하여 다음과 같은 원칙이 설정되었다.

(3) 다양한 장르의 도서 선정 및 도서 비치

책 읽어 주는 문화봉사단 사업이 궁극적으로 추구하는 가치인 '책을 통한 소통과 나눔', '독서인구의 저변확대' 실현을 위해 다양한 장르에 걸쳐 도서를 선정하고, 40분 수업 후, 당일 수업도서를 현장에 비치해 준다.

(4) 다양한 읽기 방법과 독후활동 적용

아동에게는 반응중심문학활동을 제공하고, 자원활동가에게는 문학활동가로서의 전문성을 증진시키기 위해 다양한 책 읽기 방법과 참신한 독후활동 방법을 적용한다.

---

22) 동일한 활동가들이 다른 형태의 두 기관(예 지역아동센터, 노인주간보호센터)을 동시에 방문하게 되므로, 기관에 따라 책을 달리 하거나, 같은 책이라도 방법론을 달리 해야 하는 현실적 문제가 있었다.

(5) 흐름이 있고 흥미로운 내용의 편성과 수업설계

전체 12차시 간에 '관계형성- 영역별 전개 – 마무리 및 평가', 40분 단위수업에는 '도입 – 전개 – 마무리'가 편안한 가운데 위계가 있도록 함. 2인 1조인 상황에서 심화된 독서활동으로 나아갈 수 있도록 구성함.

(6) 다각적이고 역동적인 평가

활동가 만족도조사, 기관담당자 만족도조사와 같은 정기적 평가 외에, 수업 당일 작성하는 활동가 일지, 수업을 참관하는 간사의 모니터링 보고서, 밴드나 SNS를 활용한 멘토링을 실시하여, 방문수업 기간 중에 평가내용이 이후 수업에 반영될 수 있도록 한다.

3) 성공하는 책 읽어 주는 문화봉사단 활동가를 위한 꼼꼼수첩

■ 기본자세

- 심신의 건강을 유지할 수 있도록 노력합니다.
  (규칙적인 식사와 충분한 수면, 적절한 운동, 질병 관리 등 체력관리가 필요합니다.)
- 책 읽어 주는 문화 봉사단원으로서 긍지와 자부심을 갖습니다.
  (책 읽어 주는 문화봉사단은 노인자원활동가에 의한 소외계층 책 읽어 주기 사업으로서 다양한 계층을 아우르는 사회공익 사업으로 높은 평가를 받고 있습니다.)
- 책 읽어 주는 문화봉사단 사업의 목적과 취지를 상기합니다.
  (본 사업은 소외계층 대상에게 문화를 향유할 기회를 주고, 노인자원활동가에게는 재능기부자로서의 잠재능력을 발휘하도록 격려합니다.)

■ 학습자로서

- 기본 교육과 실전 교육의 시간을 엄수합니다.
  (결석, 지각, 조퇴 등은 현장수업의 부실로 이어집니다.)
- 수업 시간에 다룬 그림책은 수시로 읽어보고 연습합니다.
- 새로운 것을 배우는 즐거움을 갖고, 자신의 성장에 대한 기대를 그려봅니다.

■ 현장 교사로서

- 교사로서 책임감을 갖고 수업에 임합니다.
- 수업에 필요한 교구 점검을 사전에 꼼꼼히 합니다.
- 방문기관의 수업 시작과 종료 시간을 엄수합니다.
- 2인 1조가 된 동료를 존중합니다.
- 교사로서의 용모를 단정히 합니다.

- 고압적이거나 권위주의적인 자세를 태도를 취하지 않도록 유의합니다.
- 수업 참여자들의 상태나 분위기를 고려하여 수업을 순발력 있게 진행합니다.
- 방문기관 도움을 요청 할 때는 미리 전 주에 협조를 요청합니다(예: 풀, 가위 색연필 등).
- 수업이 끝난 후에는 동료와 함께 일지를 작성하며 간단히 수업에 대한 평가를 나눕니다.

문학활동 중심
노인여가 프로그램의 실제

실제편

1부

노인을 위한 문학활동

1장. 문학으로 둔해진 감각 일깨우고 행복해지기
2장. 건강한 노년에 만나는 문학의 풍요로움

1장

문학으로 둔해진 감각 일깨우고 행복해지기

1) 삶의 지혜

①『단물고개』

작 가	소중애 글, 오정택 그림
출판사	비룡소, 2010

책 소개

옛날에 한 효성스러운 총각이 우연히 단물이 나오는 샘을 발견한다. 처음에는 오다가다 목을 축이는 것으로 만족했으나 문득 그 물을 팔아볼까 생각이 미치고, 구름떼처럼 몰려드는 사람들 덕분에 장사는 호황을 맞는다. 그러자 총각은 어머니 돌보는 일은 팽개치고 샘물을 더 많이 얻을 욕심으로 샘을 넓히다가 급기야는 샘을 잃고 만다. 총각은 그제야 땅을 치고 후회하며 어머니가 사는 산골 집으로 돌아간다. 천안지역에 내려오는 '술 고개' 전설을 모티브로 하였다.

읽기의 특징

- 입말체의 구수함과 운율 살려 읽기
- 대화하듯 주고받으며 읽기
- 반복되는 문장 함께 읽기

활동 맑은 물아, 솟아라!

활동 대상 주 · 야간 보호센터 및 요양원 이용자

활동 목표

- 옛 이야기를 통해 효의 중요성을 되새겨 보며 정서적 안정감을 얻는다.
- 반복되는 구절을 함께 말하며 표현하는 재미를 느껴 본다.
- 마주 보고 박수치기를 통해 혈액순환을 돕고 상호 교류할 기회를 갖는다.

활동 자료

- 그림책, 전래동요 '청청 맑아라' 가사 판, 동요 '옹달샘' 음원, 그림 컷 4개 (어머니, 총각, 옹달샘, 산골 집, 그릇에 담긴 샘물), 역할 머리띠, 허리띠 (샘물 그릇 부착용), 초록 마스킹 테이프

활동 방법

1. '옹달샘' 동요를 듣고 부른다.
   - (동요 '옹달샘' 음원을 들려주며) 어릴 때 불렀던 '옹달샘' 동요 기억나세요?
   - 손도 같이 움직여 볼까요? '산', 어떻게 만들면 좋을까요?

   ♪ 깊은 산 속 옹달샘, 누가 와서 먹나요.

2. 그림책을 감상한다.

   ❶ 전래동화의 구수한 맛을 살려 읽는다.
   - (마당극이나 판소리하는 느낌으로 운율을 타며) 옛날옛날 한 옛날

❷ 등장인물의 성격을 살리되, 상황에 따라 변화를 준다.

예 원래의 총각 – 순하고 어수룩한 느낌의 굵고 느린 말투
태도가 변한 총각 – 퉁명스럽고 빠르게 내뱉듯이

❸ 반복되는 어휘는 주고받듯 읽는다.

- 총각이 어머니에게 뭐라고 말했나요? *이예.*
- 제가 어머니가 되어 말하면 어르신들이 대답해 주세요.

❹ 반복되는 문장은 참여자도 함께 읽기에 참여할 수 있도록 해설을 생략하고 대화체로 이어가며, 기다려주어 참여를 유도한다.

3. 동화내용을 회상하며 이야기 나눈다.

- 총각은 원래 어떤 아들이었나요? *착했어. 효자였지.*
- 총각이 왜 바뀌었나요? *돈 버느라고 그랬지. 욕심이 나서 잊어버렸어.*
- 이야기에 나오는 것처럼 맛있는 샘물 드셔 본 적 있으세요?

4. 강원도 지역 전래동요 '청청 맑아라'를 부르며 손뼉치기를 한다.

❶ 1단계: '청청 맑아라' 손뼉치기를 익힌다.

- 이야기 속 맛있는 단물을 오래 먹으려면, 단물을 지키는 '지킴이'가 필요하대요. 샘물이 항상 맑고 맛있도록 노래를 부르며 박추쳐 볼까요?

㉠ **청청:** 손뼉 두 번
㉡ **맑아라:** 둘이서 마주 보고 손뼉 두 번
㉢ **청청:** ㉠과 동일
㉣ **맑아라:** ㉡과 동일
㉤ **흙탕물은:** 양손 물레 감듯
㉥ **나가고:** 양손바닥을 앞으로 하여 약간 아래로 두 차례 밀어낸다.
㉦ **새물은:** ㉤과 동일
㉧ **솟아라:** 양손을 위로 두 차례 가볍게 들어올린다.

청청 | 맑아라 | 흙탕물은 /새 물은 | 나가고 | 솟아라

❷ 2단계: 강사가 효자가 되어 '청청 맑아라' 손뼉을 치면서 산골 집까지 이동한다.

- 이번에는 효자 아들이 어머니 오래오래 사시라고 건강한 샘물을 갖다드릴 거예요. 산도 높고 호랑이도 있고 길이 험하니 끝까지 잘 가져가라고 박수로 응원해 줍시다. ♪청청 맑아라, 청청 맑아라, 흙탕물은 나가고 새물은 솟아라.
- 어르신, 건강하셔요! (강사 및 보조강사는 같은 방향으로 옆 어르신께 이동한다)
- 드디어 산골 집에 도착했네요. (허리에 찬 샘물 컷을 꺼내며) "어머니/아버님, 샘물 드세요!"

수업메모

- 보호시설 이용자들은 의자나 휠체어에 앉아 있거나 탁자를 앞에 둔 경우도 많아서 무릎 치기가 어렵다. 또한 참여자끼리 박수치기가 사실상 어려우므로, 짝을 이루어서 마주쳐야 하는 박수는 강사나 요양보호사 등 보조강사가 함께해 주어야 한다(아동용 박수는 무릎 치기가 들어가며 위 아래로 손을 뻗어 치는 범위가 넓다(4장 초등 아동 '단물고개' 참조).
- 어르신 수에 비해 보조강사가 적을 경우, 몇 사람 단위로 나누어 참여자들이 앉아 있는 뒤편 벽이나 의자 위편에 산골 집 그림을 붙여 놓고 일정방향으로 이동하는 방식으로 한다. 예를 들어, 어르신이 16명이고 강사 및 요양보호사가 4명이면 각각 1번, 5번, 9번, 13번 어르신부터 출발한다. 박수치기를 4회 하면 산골 집에 도착하고, 강사진은 허리에 차고 있던 샘물그릇 컷을 내밀며, 자신과 박수를 친 네 분 모두를 향하여 "어머니/아버님, 샘물 드세요!"라고 외친다.
- 단물을 설명하는 반복되는 구절은 큰 글씨로 프린트하여 책과 함께 제시하면 참여자들이 읽기에 참여하는 데에 도움이 된다.

②『허허 할아버지』

작 가 전지은 글 · 그림
출판사 사계절, 2013

책 소개

옛날에 무슨 일이 일어나든 늘 허허 웃어넘기는 허허 할아버지와, 무슨 일이 있어도 한숨을 내쉬고 걱정부터 하는 한숨 임금님이 있었다. 한숨 임금님은 할아버지를 시험해 보기 위하여 가락지 하나를 맡긴 뒤 신하를 뱃사공으로 변장시켜 할아버지가 가락지를 잃어버리도록 만든다. 그럼에도 여전히 허허 웃기만 하는 할아버지는 할머니를 위해 잡은 잉어 뱃속에서 기적적으로 가락지를 되찾게 된다. 나중에 그 사실을 알게 된 임금님은 웃는 사람은 하늘도 돕는다는 것을 깨닫고, 할아버지에게 정중히 사과하고 껄껄 임금님으로 바뀌게 된다.

읽기의 특징

- 가림 종이 사용하며 읽기
- 의성어 함께 읽기 격려하기
- 운율 살려 읽기

활동 웃으면 복이 와요

활동 대상 주 · 야간 보호센터 및 요양원 이용자

활동 목표

- 웃음놀이를 통해 우울한 감정을 조절하고 즐거운 마음을 갖는다.
- 웃음 카드를 꺼내고 붙이며 눈과 손의 협응력을 향상시킨다.

활동 자료

- 그림책, 웃음상자(융 지 바른 상자), 웃음카드, 미니 융판, 꾸벅이 인형

활동 방법

1. 제목 일부를 가린 채 할아버지 이름을 맞혀 본다.

- 여기 할아버지가 한 분 계시네요. 뭘 하고 계신가요?
- 사람들이 할아버지에게 이름을 붙여 주었대요. 어떤 이름일까요?
- 왜 허허 할아버지라고 불렀을까요?

2. 그림책을 감상한다.

❶ 웃음과 한숨 소리의 어감을 살려 읽는다.

- (다정하고 푸근한 느낌으로, 느리게) 허허~
- (숨을 크게 내쉬며, 힘없이) 후우↘

❷ 웃음과 한숨 소리에 다함께 참여하여 읽는다.

- 누가 시비를 걸어도 도리어 자기가 미안하다고 ∨ **허허**
- 바른말이라도 좀 할라치면 잔소리한다고 한숨을 ∨ **후우**

❸ 가림 종이로 한 면을 가리고 다음 장면을 예측해 본다.

- (가락지를 잃어버린 채 배에서 내리는 장면 가리고) 할아버지가 어때 보이나요?
- 할아버지는 어떻게 했을까요? *화내지. 뱃사공에게 따져! 물에 들어가서 찾아야지.*

❹ 그림을 보며 여러 가지 웃음소리를 표현해 본다.

- (마을잔치가 열리는 장면) 춤을 추고 있는 아이가 웃고 있어요. 어떻게 웃었을까요?
- 할아버지의 불룩 나온 배를 본 여자 아이는 어떻게 웃었을까요?

3. 웃음상자 안에 든 웃음카드와 꾸벅이 인형으로 '꾸벅 인사'놀이를 한다.

❶ 웃음상자를 소개한다.
- 웃음들이 살고 있는 '웃음상자'를 제가 가지고 왔어요.
- 이 안에는 웃음카드가 들어 있어요.

❷ '웃음상자'에서 웃음 단어를 뽑는다.
- (꾸벅이 인형이 "뽑아주셔서 감사합니다." 하고 인사한다.)

❸ 뽑은 웃음단어를 따란 그대로 웃어 본다.
- '하하하!'를 뽑으셨내요.
- '하하하!' 어떻게 웃는 건가요?
- 어떨 때 '하하하!' 웃으시나요?

❹ 단어를 보고 웃지 못하는 경우 진행자가 웃음단어대로 웃고 어르신이 웃으실 수 있도록 유도한다.
- '하하하!'는 이렇게 웃는 게 맞나요? 한번 저처럼 웃어보시겠어요?

❺ 자신이 뽑은 웃음단어를 융판에 붙인다.

❻ 꾸벅이의 인사를 받는다.
- "꾸벅이 인사올립니다. '하하하!' 웃어 주셔서 감사합니다."

❼ 융판에 붙어있는 웃음카드를 다시 한번 웃어 보고 웃음상자에 넣어 준다.

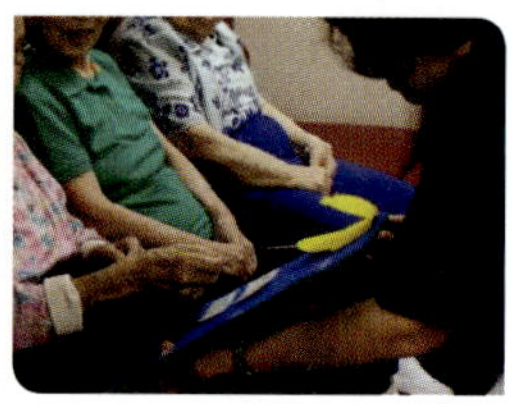

4. 활동을 회상하고 평가한다.
- 소리 내어 웃어 보았는데 해 보니 어땠나요?
- 웃으면 어떤 점이 좋은 것 같나요?
- 같이 웃고 싶은 사람이 있나요? 그 이유는 무엇인가요?

수업메모

• 수업시간이 여유가 있을 경우 웃음단어에 대한 경험을 이야기해 본다.

③『금도끼 은도끼』

작 가 이솝 원작, 엄혜숙 글, 이수진 그림
출판사 파랑새, 2014

■ 책 소개

가난한 나무꾼이 실수로 도끼를 강물에 빠뜨린다. 쇠도끼만을 제 것이라고 대답한 정직한 나무꾼에게 신령님은 금도끼, 은도끼까지 상으로 준다. 이 소문을 듣고 옆집 나무꾼은 쇠도끼를 일부러 연못에 빠뜨리고 금도끼를 제 것이라고 욕심을 부리다가 결국 쇠도끼마저 잃고 만다. 착한 나무꾼이 신령님과 만나는 장면의 배경은 밝게 표현되어 있는 반면, 욕심쟁이 나무꾼 장면은 어둡게 채색되어, 선과 악을 대조적으로 보여 주고 있다.

읽기의 특징

- 효과 음향을 소리와 동작으로 표현하며 읽기
- 책 속의 상황에 대해 적극적으로 상호작용하며 읽기

활동 이 도끼가 네 도끼냐?

■ 활동 대상 주 · 야간 보호센터 및 요양원 이용자

활동 목표

- 익숙한 전래동화를 회상하면서 기억력 감퇴를 완화시킨다.
- 지시에 따라 세 가지 도끼를 구분해 본다.
- 동일한 소리를 음 높이를 달리하여 내 본다.

활동 자료

- 그림책, 나무꾼 막대인형, 극놀이용 천('+'로 절개한 하늘색 망사 천), 도끼 교구(금, 은, 동)

활동 방법

1. 나무꾼 막대인형을 이용하여 '도끼'를 맞혀 본다.

- (나무꾼 인형을 들고) 안녕하세요. 저는 나무꾼인데요.
  아이고, 나무를 해야 되는데, 도끼를 잃어버렸어요.
  제 도끼 혹시 못 보셨나요? *못 봤어!*
- (나무꾼 인형을 들고) 하긴 연못에 빠뜨렸으니, 여기 있을 리가 없지. (나무꾼 인형 퇴장)
- 어르신들, 나무꾼이 도끼를 찾았을까요? 이야기 속으로 들어가 볼까요?

2. 그림책을 감상한다.

❶ 효과음향소리를 동작과 함께 연습한다.

- 지금부터 읽을 그림책에는 신령님이 나올 거예요.
  그런데 연못에서 나오기 때문에 물방울 소리가 함께 나요.
- (양손으로 위로 솟구치는 물거품을 표현하며) 신령이 나올 때는 뽀그르르(↗)
- (양손으로 아래로 들어간 물거품을 표현하며) 신령이 들어갈 때는 뽀그르르(↘)

❷ 등장인물의 성격과 상황을 반영하여 감정을 이입하며 읽는다.

- (눈을 휘둥그레 뜨고 탄식하며) "아이고, 저걸 어째? (더 큰 소리로) 큰일 났네."

❸ 동작을 곁들여가며 읽는다.

예 한 손으로 그림책을 들고, 다른 손으로 그림책을 비비며 신령님께 빈다.

❹ 신령님 등장과 퇴장 장면에서 효과음향과 동작을 첨가하여 읽는다.

3. 도끼 교구와 천을 이용하여 간단하게 극놀이를 한다.

❶ 도끼의 색을 구분하여 들어 본다.

- 금도끼 들어 보세요. 은도끼 들어 보세요.

❷ 강사와 보조강사가 소품 사용의 예를 보여 준다.

- (보조강사가 '+'모양으로 절개된 천을 양쪽에서 들고 주강사를 위에서 아래로 통과시킨다. 주강사가 금도끼를 들고 위로 솟구치며) 뽀그르르(⤴), 이 도끼가 네 도끼냐?

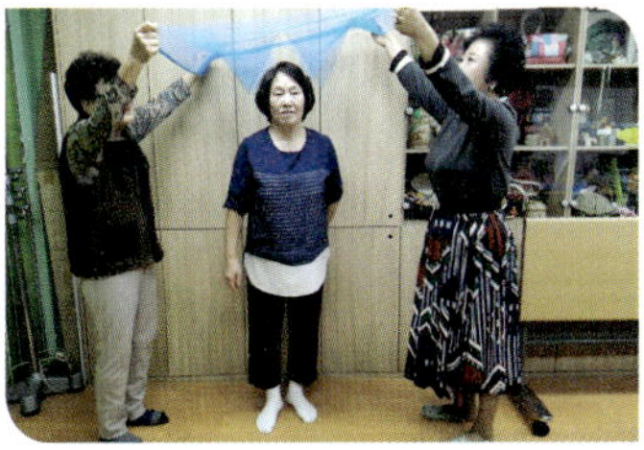
연못속 신령님

연못 밖으로 나온 신령님

❸ 주강사와 보조강사가 천으로 이동연못을 제시하고, 어르신들이 각각, 신령님과 나무꾼이 되는 극놀이를 한다.

4. 신령님과 나무꾼의 대사를 팀을 나누어 노래로 불러본다.

- 이번에는 신령님과 나무꾼의 이야기를 노래로 불러볼게요.
- ('♪옹달샘' 가락에 맞추어 개사하여, 도끼 교구와 함께)
  - ① 금도끼가 니(네) 도끼냐? / 아니, 아니, 아니요.
  - ② 은도끼가 니(네) 도끼냐? / 아니, 아니, 아니요.
  - ③ (①, ②와 동일한 가락으로) 쇠도끼가 니(네) 도끼냐? / 맞아, 맞아, 맞아요.
  - ④ 정직한 나무꾼/ 착하기도 하구나.
  - ⑤ 금도끼도, 은도끼도, 쇠도끼도 니(네) 도끼.

교구공방 금도끼, 은도끼, 쇠도끼

- **준비물:** 색지(금색, 은색, 회색, 검정색), 나무젓가락, 풀, 가위

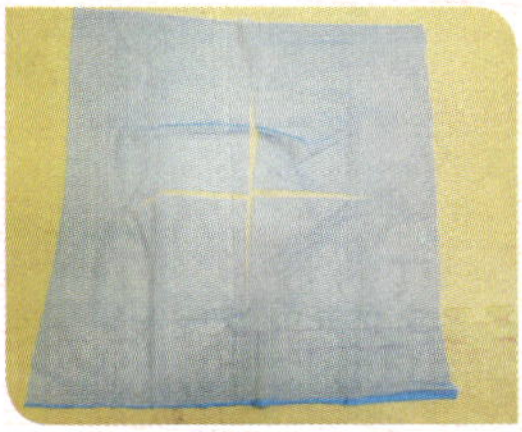
망사천

완성된 모습

④『호랑이 형님』

작 가 우현옥 글, 이미리 그림
출판사 봄볕(꿈꾸는 꼬리연), 2012

책 소개

가난한 선비가 숲속에서 나무를 하는데 갑자기 커다란 호랑이가 나타난다. 호랑이가 선비를 잡아먹으려고 하자 선비는 꾀를 내어 자신의 형님이 죽어서 호랑이가 되었다고 둘러댄다. 그 말을 믿은 호랑이는 가난한 어머니를 위해 날마다 산짐승을 잡아 마당에 놓고 가고, 급기야는 산삼을 찾아 헤매다 목숨을 잃고 만다. 선비는 호랑이의 효심에 크게 감동하여 호랑이의 넋을 기린다.

읽기의 특징(유형 II)

- 등장인물의 성격과 상황을 살려 실감나게 읽는다.
- 표정을 곁들여 읽기
  예 멀뚱한 표정으로
- 혼잣말 구별하여 읽기
- 감정을 과장되게 표현하기
  예 능청스럽게

활동 **효도밥상 차리기**

활동 대상 주 · 야간 보호센터 및 요양원 이용자

활동 목표

- 옛 이야기를 들으며 정서적 만족감을 갖는다.
- 그림을 떼고 붙이며 손과 눈의 협응력을 기른다.
- 좋아하는 음식을 찾아보며 색과 모양을 구별해 본다.

활동 자료

- 그림책, 음식 컷, 융판(또는 쟁반), 갈색 하드보드지(4절 1장), 보자기(누런색), 접착 보들이와 까끌이, 초록 색지(4절 1장)

활동 방법

1. 보자기를 활용하여 호랑이 알아맞히기를 한다.

- 이 동물이 누구인지 알아맞혀 보세요.
  산속에 살고, 덩치가 큰데 아주 빨라요. 동물의 왕이에요.
- (보자기로 만든 호랑이 꼬리를 감춘 채 있다가 보여 주며) 어흥! 너 잘 만났다.

2. 그림책을 감상한다.

❶ 시선과 소리의 크기, 제스처를 곁들여 혼잣말을 구별하여 읽는다.
- (시선을 사선으로 내리며 한손 주먹을 쥐고 작은 소리로 읊조리며) **'호랑이한테 물려가도 정신만 차리면 살 수 있어.'**

❷ 표정과 감정을 극적으로 표현하며 읽는다.
- 선비가 호랑이를 속이는 장면에서 멀뚱한 표정과 과장된 흐느낌을 활용한다.

❸ 그림을 부분적으로 가리고, 뒷 얘기를 추측해 보며 읽는다.
- 어머니가 호랑이에게 감동해서 무엇을 헤 주었을까요? *맛있는 거.*
- (가림 종이를 떼어 내며) 어머나, 이게 뭔가요? *밥상이네.*

3. 그림 컷으로 효도 밥상을 차려본다.

- 오늘 이 이야기 속에서 호랑이는 어머니를 위해 무슨 일을 했나요? *고기도 물어다 주고, 산삼을 캤어.*
- 어르신들이라면 어떤 효도밥상을 차리고 싶으신가요?
- (융판으로 음식 컷을 제시하며) 여기 어떤 음식이 있는지 한번 볼까요?
- (컷이 붙을 자리가 표시된 갈색 하드보드를 보여 주며) 여기에다 한 상을 차릴 거예요. 맛있는 것 한 가지씩 골라 주세요.

4. 효도 밥상을 보며 이야기 나눈다.

- (밥상이 다 채워지면) 어르신들이 골라 주신 음식으로 풍성한 밥상이 차려졌어요. 어떤 음식이 밥상에 올랐는지 다 같이 볼까요?
- (완성된 밥상 보드 판을 보며) 밥상이 다 차려지니 어떠세요? 어르신들, 맛있는 음식 드시고, 더욱 건강해지세요.

수업메모

- 한 상 안에 같은 음식을 또 붙여보고 싶은 참여자가 있을 수 있으므로, 음식그림은 여러 개를 준비한다.
- 초등 아동을 대상으로 할 때는, 부모님이나 조부모님께 효도밥상 차리기를 해 본다. 이 때 왜 그 음식을 골랐는지 물어보고 이야기를 나눈다.
- 아동을 대상으로 할 때, '우리가 할 수 있는 효도는 무엇이 있을까?' 등으로 확장활동을 전개할 수 있다.

⑤『**석수장이 아들**』

작 가	전래동요, 권문희 그림
출판사	창비, 2007

책 소개

석수장이 아들과 친구가 주고받는 말놀이로 충남 예산에서 불리던 전래동요이다. 돌의 질감을 살린 면지와 서로 지지 않으려 팽팽한 기 싸움을 하는 내용을 익살스럽게, 소박하게 담아낸 그림이 투박하면서도 재미있다. 마지막에 석수장이가 되겠다고 외치는 아들의 말과 그 옆에서 말없이 땀을 닦는 아버지의 모습에서, 단순한 말의 재미를 넘어선 묵직한 감동을 느낄 수 있다.

읽기의 특징(유형 Ⅰ/ 유형 Ⅳ)

- 본문대로 운율을 살려 읽기
- 줄거리에 살을 붙여 이야기 만들어 전달하기

활동 누가 더 힘이 셀까?

활동 대상 주 · 야간 보호센터 및 요양원 이용자

활동 목표

- 가사를 이용해 누가 더 힘이 센지 기억하며 인지능력을 향상시킨다.
- 책 꾸미기를 통해 눈과 손의 협응력을 키우고 소근육 기능을 유지한다.
- 연상되는 단어를 말해 봄으로써 언어표현능력을 일깨운다.

활동 자료

- 그림책, 전래동요 가사판, 그림컷(가사 내용), 책 만들기 재료(도안, 색연필, 풀, 병풍 책 바탕)

활동 방법

1. 표지의 제목과 그림을 탐색한다.

- 제목이 석수장이 아들이네요. 석수장이가 무엇인가요? *돌로 뭐 만드는 기술자.*
- 이 그림에서 아들이 누구일까요?
- 그럼 이 사람은 누구일까요? *아버지*

2. 그림책을 감상한다.

❶ 등장인물의 마음을 헤아려 가며 이야기 들려주듯 읽는다.

- 어느 날 석수장이 일을 하는 아버지가 일을 나갔어요.
  아들이 '저도 갈래요.' 하고 아버지를 따라나섰는데, 멀리서 동무 하나가 뛰어와서 한다는 말, "너두 너두 이담에 석수장이가 되겠수" 하고 놀리네요. 그러니 아들 기분이 어떻겠어요? *화나지. 안 좋지. 성질나지.*

❷ 그림 읽기를 하며 상호작용을 한다.

- 여기 사냥꾼의 모자와 허리띠에 있는 게 무엇인가요? *돈이네.*
- 왜 사냥꾼 복장에 이렇게 돈이 많이 붙어 있을까요? *부자인가 보지.*
- 옛날에 사냥은 어떤 사람들이 다녔나요? *한량들.*

❸ 뒷내용을 예측하며 읽는다.

- 해보다 더 힘이 센 것은 무엇일까요?

3. 대사 위주로 다시 한번 감상한다.

- 이번에는 여기 있는 대사만 죽 읽어 볼 거예요. 그런데 저 혼자 하면 힘드니까, 중간 중간 제가 여쭤보면 말씀해 주셔야 해요.

4. '누가 더 힘이 셀까?' 병풍책을 만든다.

- (완성된 해, 구름, 바람, 쥐와 칠하지 않은 고양이 도안을 보여 주며) 이제 그림색칠을 완성해서 책을 만들어 볼 거예요.

5. 병풍책을 전시하고 감상하며 이야기 나눈다.

- 여기 알록달록 병풍들이 있어요. 보니까 기분이 어떠세요? *이뻐, 좋아.*
- 누가 누구를 이기는지 병풍책을 보며 말해 볼까요?
- 이 책 누구에게 보여 주고 싶으세요? *손주 보여 줘야지.*

수업메모

- 위 수업의 책 만들기는 한 차시 안에 모두 마치기는 힘들며, 2개 정도만 색칠하고 그 다음 차시와 연계하거나, 사전에 소근육 기능 증진을 위한 색칠하기 시간에 채색을 마쳐두고 수업시간에는 붙여서 완성하는 방식을 취한다. 5개 중 4개를 완성된 상태로 배부하고, 해당시간에는 고양이만 칠해서 완성하는 방법도 있다.
- 또 다른 '꼬리에 꼬리를 무는' 형식의 동요, '원숭이 엉덩이는 빨개'를 그림 자료와 함께 불러 보고, 순서대로 놓아 보기를 할 수 있다.
- 아동 대상 수업에서는 1차적으로 그림책 감상을 하고, 2차에서는 팀을 나누어 본문 대사만 가지고 대화식 낭독을 한다. 그림책 감상을 할 때는 본문과 함께 그림도 탐색하고 내용에 대한 이야기를 나누며, 팀 역할을 바꾸어 가며 두 차례 한다. 이때 탁상용 달력이 유용하게 쓰인다.

2) 재미있는 옛 이야기

①『방귀시합』(낚싯줄동화)

한국전래동화
낚싯줄 동화/ 순수구연

이야기 들려의 특징(유형 Ⅳ)

- 구연자의 방식으로 이야기 만들어 가며 들려주기
- 교구의 효과를 부각시키기 위해 반복 조작하며 들려주기
- 의성어 부분 함께 말하기

활동 방귀시합

활동 대상 주 · 야간 보호센터 및 요양원 이용자

활동 목표

- 익살스러운 옛 이야기를 들으며 우울감을 해소하고 정서적 안정감을 갖는다.
- 반복되는 소리를 함께 내 봄으로써 발성에 대한 감각을 유지한다.
- 낚시줄 교구 조작을 통해 흥미를 유발하고 성취감을 느낀다.
- 손끝의 힘을 조절하고 눈과 손의 협응력을 키운다.
- 움직이는 물체를 좇아가는 시각적 능력을 유지한다.

활동 방법

1. **수수께끼로 방귀에 대해 알아본다.**
   - 이것은 어른도 할 수 있고 아기도 할 수 있어요.
   - 이것은 소리가 날 때도 있고, (냄새가 지독한 듯 손짓을 하며) 소리가 안 날 때도 있어요.
   - 엘리베이터나 이불 속에서 (방귀 뀌는 시늉) 이걸 뀌면 큰일 나요.
   - 소화가 안 될 때나 고구마 먹고, 뽕– 이걸 뀌면 냄새가 심하게 나요.

2. **낚싯줄동화를 감상한다.**
   ❶ 방귀 소리, '뽕', '뽕'을 함께 소리 내도록 격려한다.
   - 자, 여러분, 제가 '하나, 둘, 셋!' 하면 힘을 모아서 '뽕–' 해 주세요. 하나, 둘, 셋!

   ❷ 뒷이야기를 예측해 보면서 읽는다.
   - (아궁이 앞에 있는 딸을 가리키며) 자, '뽕–' 방귀를 뀌면 딸이 어떻게 될까요?

방귀 시합

전래동화 / 각색: 이송은

1. 옛날 어느 마을에 방귀를 아주 잘 뀌는 아주머니와 아저씨가 살고 있었어요.

아주머니는 아침이든 저녁이든 언제나 방귀를 뀌고 다녔지요.

봉~, 봉~

"윽! 냄새"

"어이쿠! 지독해."

사람들은 아주머니가 나타나면 서둘러 도망치곤 했어요.

"내 방귀가 얼마나 센지 한번 보시겠어요? 하나, 둘, 셋!"

뽕 ~~~~~~~~

그러자 이게 웬일인가요? 나무가 뿌리째 휙~ 날려가지 않겠어요?

1-1. 이번에는 아저씨도 가만있지 않았어요.

"허허, 그 정도는 방귀도 아니지."

붕~, 붕~

아저씨가 움직일 때마다 고약한 냄새가 풀풀 퍼져갔어요.

"으악! 숨을 쉴 수가 없어."

사람들은 걸음아 나 살려라 도망갔지요.

"어험, 내 방귀가 얼마나 센지 한번 보시겠어요? 하나, 둘, 셋!"

뿡 ~~~~~~~~~

글쎄, 초가집 한 채가 슝 날아가 버렸어요.

2. 하루는 아저씨가 아주머니 집을 찾아갔어요.

"이리 오너라. 이리 오너라. 안에 누구 없소?"

"누구세요? 어머니는 지금 안 계시는데 무슨 일이세요?"

방문을 열고 나온 건 그 집 딸이었어요.

"나로 말할 것 같으면, 방귀대장이지. 어머니와 방귀 시합을 하러 왔다."

"아, 그 허풍쟁이 아저씨구나. 방귀는 우리 엄마가 제일이거든요, 칫!"

딸은 방문을 쾅 닫고 부엌으로 가버렸어요.

"뭐, 뭐라고? 저, 저런!"

아저씨는 화가 머리끝까지 났어요.

2-1. "저런 버르장머리 없는 것 같으니라고!"

아저씨는 엉덩이에 힘을 잔뜩 주었어요.

"내 방귀 맛 좀 봐라. 하나, 둘, 셋!

뿡 ~~~~~~~~~

마침 아궁이 앞에 있던 딸은 눈 깜짝할 새 굴뚝 밖으로 휘익 날려갔어요.

3. 뒤늦게 소식을 듣고 달려온 아주머니는 펄펄 뛰었지요.

"아니, 어른도 없는 집에 와서 귀한 딸에게 무슨 짓이에요?"

"허참! 내 방귀가 최고인데 어린애가 말도 안 되는 소리를 하질 않나, 문을 쾅 닫고 들어가지를 않나."

둘은 다투다, 다투다 결국 방귀 시합으로 승부를 가리기로 했어요.

"흥, 각오하시지. 저 산 너머로 날려버릴 테니까."

"누가 할 소리? 누가 더 센지 어서 결판을 내자고."

드디어 시합이 시작되었어요.

뿌옹~

뿌웅 ~

뿌옹~

뿌웅 ~

두 사람의 방귀는 정말 막상막하였지요.

4. 어느새 해도 지고 벌써 저녁이 되었어요.

'아이고 힘들어! 소문대로 만만치 않군.'

'아니, 아줌마가 뭘 먹고 저렇게 힘이 센 거야? 지치지도 않네.'

"이제, 한 방으로 결판을 내자고요."

"그래, 해 봅시다."

결국 둘은 동시에 있는 힘을 다해 방귀를 날렸어요.

"하나, 둘, 셋!"

뿡~~~~~~, 뿡~~~~~~

그러자 이게 웬일인가요?

절굿공이가 슝 – 하늘로 치솟지 않겠어요.

두 방귀가 맞부딪쳐 엄청난 힘이 생긴 거지요.

5. 절굿공이는 한참 동안 휘리리릭~ 휘리리릭 하늘 높이 날려갔어요.

절굿공이가 멈춘 곳은 달나라였지요.

쿵! 계수나무 아래에서 졸고 있던 토끼는 깜짝 놀랐어요.

"어머머, 이게 뭐야? 절굿공이 아냐!"

그 후로 달나라 옥토끼는 쿵더쿵쿵더쿵 절구를 찧어 맛있는 떡을 해 먹게 되었대요.

※ 1–1, 2–1은 처음 1, 2번에 붙였던 컷을 떼고 다음 컷을 붙이는 장면이다.

3. 방귀시합을 한다.

- 냄새 없는 방귀 시합을 해 볼까요? 냄새 없는 방귀시합은 어떻게 할 수 있을까요?
  ① 입방귀: 입에서 나오는 바람으로 가벼운 물체를 기준선까지 보내기
  ② 풍선 방귀: 바람이 들어간 풍선 입구를 쥐고 있다가 놓기
  (교사가 풍선에 바람을 넣어 참여자에게 꼭지부분을 건네주면, '하나, 둘, 셋!' 신호와 함께 풍선을 놓아준다(양 팀이 거리를 두고 나란히 기준선을 향한다. 멀리 가는 팀이 이긴다).

4. 방귀에 대한 경험에 대해 이야기 나눈다.

- 여기는 우스개 이야기로 나왔지만 방귀를 절대 뀌면 안 될 때가 있지요.
  가령, 시부모님께 밥상을 들고 가다가 방귀를 '뽀 – 옹' 뀌면 어떻게 되나요? *집에 가야지.*
- 그런가 하면 방귀가 꼭 필요할 때가 있어요. 수술을 하고 나서 방귀가 안 나오면 어떡해요? *죽어. 그때는 꼭 나와야 돼.*

확장활동 1. 반달 박수

- 동요 '반달'을 부르며 손뼉치기(간단한 동작의 박수) 놀이를 즐긴다.
  - 이야기 속에 나온 계수나무와 토끼가 나오는 동요 '반달'이 있어요.
  - 노래 부르며 손뼉치기를 천천히 해 볼까요?
    ♪ 푸른 하늘 은하수

교구공방 '방귀시합' 낚싯줄 동화

- **준비물**: 배경판(하드보드지 6장: 하늘색 3장, 미색 1장, 남색 1장, 진남색 1장 / 한지), 그림 컷, 투명접착테이프, 접착 보슬이, 송곳, 낚싯줄
- **만드는 법**
  ① 배경판의 컷이 움직이는 동선 양쪽 끝에 송곳으로 구멍을 뚫는다.
  ② 낚싯줄의 양끝을 배경판의 구멍으로 통과하게 꿴 다음, 뒤에서 낚싯줄을 서로 묶어 매듭을 짓는다(※ 매듭 부분을 보슬이나 접착 융 조각으로 감싸면 손잡이가 되어 조작하기가 쉽다).
  ③ 배경판의 앞면에 위치한 ②의 낚싯줄에, 움직이고자 하는 컷을 투명테이프로 고정시킨다.

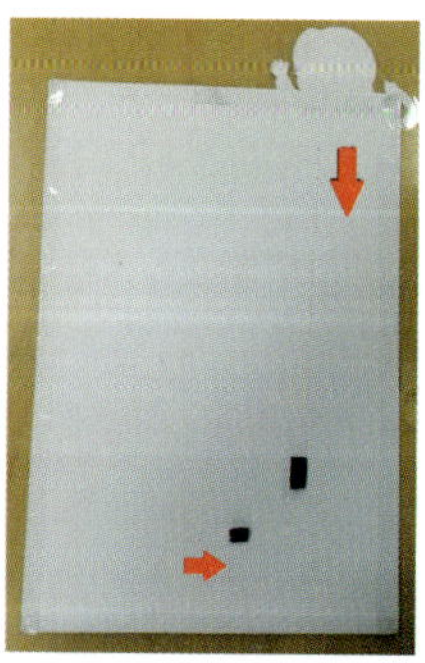

② 『흥부 놀부』

작 가 홍영우 글 · 그림
출판사 보리, 2014

책 소개

널리 알려진 우리 옛이야기로, 흥부는 착하게 살아 복을 받고, 놀부는 고약한 심보 때문에 벌을 받는다는 이야기이다.

어느 날 흥부는 다리가 부러진 제비 새끼를 정성껏 돌보아 준다. 이듬해 봄, 흥부는 제비가 물어다 준 박씨를 심어 박을 타게 되었는데, 이 박에서 쌀과 금은 보화 등이 쏟아져 큰 부자가 된다. 그 소식을 들은 놀부는 나쁜 방법으로 박씨를 얻어 박을 타게 되었으나, 부자는커녕 큰 벌을 받고 혼쭐이 나게 된다.

읽기의 특징

- 전래동화 특유의 구어체 느낌 살려 읽기
- 동작 곁들여 읽기

활동 슬근슬근 톱질하세

활동 대상 주 · 야간 보호센터 및 요양원 이용자

활동 목표

- 친숙한 옛 이야기를 통해 정서적 안정감을 갖고 사고력을 유지한다.
- 이야기 속 동작을 표현하며 몸의 균형감각을 유지한다.
- 신문지 막대로 조형을 하면서 놀이의 즐거움을 경험한다.
- 소원을 말하면서 언어 사용능력을 유지한다.

활동 자료

- 그림책, 신문지 막대(혹은, 스포츠타올 및 목욕수건), 도깨비 방망이 교구(가벼운 소재로 만든 것), 도깨비방망이교구(신문지 막대 또는 페트병으로 만든 교구)

활동 방법

1. **'도깨비 나라' 노래와 함께 건강박수를 한다**(부록 도해 참조).
   - '도깨비 나라' 노래에 맞추어 건강박수를 하였는데요. 오늘은 이 노래에 나오는 도깨비가 등장하는 이야기를 들려 드릴 거예요.

2. 그림책을 감상한다.
   ❶ 표지 그림을 탐색한다.
   - 이 새가 무슨 새인지 아시나요? *제비.*
   - 제비 입에 뭔가 있는데 이건 뭘까요? *박씨지.*

   ❷ 극적인 순간에 동작을 곁들여 읽는다.
   - 막대기로 구렁이를 (한 손으로 그림책의 구렁이 부분들 내리치는 시늉을 하며) 힘껏 때려서 내쫓았어.

   ❸ 의태어를 강조하여 동작에 참여하기를 격려하며 읽는다.
   - (큰 몸짓으로) "슬근슬근 톱질하세" / (작은 몸짓으로) "살근살근 톱질하세"

3. **신문지 막대(또는 스포츠 타올) 등 소품을 이용해 톱질 동작 놀이를 한다.**
   ❶ 그림책 속의 박 켜는 장면을 다시 감상한다.
   ❷ 톱질할 때 어떻게 해야 잘 되는지 시범을 보인다.
   ❸ 짝을 지어 톱질체조를 해 본다.
   - (앞뒤로 동작을 크게 하며) "슬근슬근 톱질이야"
     (앞뒤로 동작을 작게 하며) "살근살근 톱질하세"

4. 신문지 막대로 흥부 집을 지어 본다.

- 세 번째 박에서는 글쎄 고래 등 같은 기와집이 나왔대요.
- 우리 흥부에게 집을 지어 줘 볼까요?

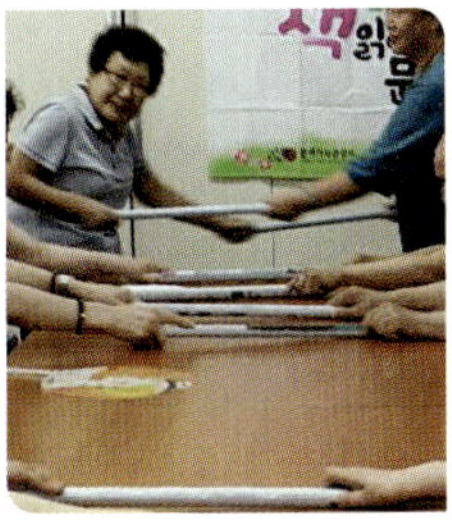
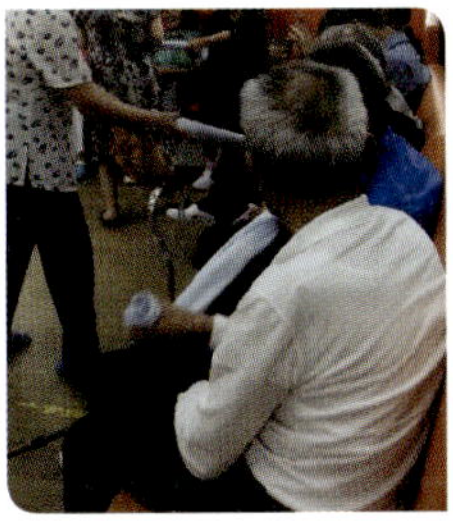

5. 소품(신문지 막대 또는 페트병으로 만든 방망이 교구)을 이용하여 도깨비 방망이 놀이를 한다.

- 어르신들의 소원이 무엇인지 방망이를 두드리면서 말해 보는 거예요. 박 속에서 뭐가 나올지 다 같이 응원해 볼까요?
- 슬근슬근 슬근 톱질하세, 살근살근 톱질하세
- (자기 차례에 방망이를 내리치며) '○○나와라 뚝딱'

수업메모

- 신문지 막대는 신축성이 없는 대신, 당기고 밀 때 어느 정도 움직일지 예상할 수 있어서 균형 잡기가 쉽다. 반면에 스포츠 타월이나 목욕수건 등 신축성이 있는 소재는 스트레칭 효과가 있으나, 힘을 주고 힘을 뺄 때 조절해야 한다. 참여자들의 상태를 관찰해 가며 속도를 조절한다.
- 일반 건강한 어르신이나 아동 대상 수업에서는, 박 속에서 나온 도깨비들이 놀부를 혼내주는 장면을 춤으로 표현한 '도깨비 난장 춤'놀이가 매우 흥미 있다. 1인당 두루마리 휴지를 양손에 적당한 길이로 들고 체조를 한다.

③『딸랑새』

작 가 서정오 글, 홍영우 그림
출판사 보리, 2008

책 소개

산속 외딴집에 사람으로 변신해 지나가는 사람들을 잡아먹는 호랑이가 살았다. 그러나 어리숙한 호랑이는 꾀 많은 소금장수에게 속아 호랑이 꼬리를 잡아먹고 사는 '딸랑새'가 진짜 있다고 믿게 된다. 겁을 먹은 호랑이는 방울을 단채 내빼고, 아는 척하고 나섰던 토끼는 얼떨결에 꼬리가 잘려 짧아지게 된다.

읽기의 특징

- 입말 특유의 리듬 살려 해설 읽기
- 혼잣말을 할 때 시선방향 달리하며 읽기

활동 딸랑새가 어디 숨어 있을까?

활동 대상 주 · 야간 보호센터 및 요양원 이용자

활동 목표

- 청각 자극에 귀를 기울이며 주의 집중을 해 본다.
- 물건이 없어도 있는 척 위장하는 놀이를 통해 표현 능력의 폭을 유지한다.
- 방울 옮기기를 하면서 손의 힘을 조절하고 눈과 손의 협응력을 유지한다.

활동 자료

- 그림책, 딸랑새 교구(방울, 리본 끈 15㎝), 절연테이프

활동 방법

1. 우리나라 옛이야기 제목을 맞혀 본다.

- 우리가 많이 들었던 이야기 중에 자주 등장하는 이 동물은 누구인지 맞혀보겠습니다.
- (사진 자료를 보여 주며) 은혜 갚은 ○○○. 팥죽 할머니와 ○○○, ○○○와 곶감! *호랑이*

2. 그림책을 감상한다.

❶ 표지의 제목과 그림을 탐색한다.
- 여기 호랑이 표정이 어떤가요? *놀랐어.*
- 제목이 딸랑새예요. 딸랑새가 무엇인지 이야기 속으로 들어가 보겠습니다.

❷ 그림을 관찰하며 읽는다.
- 이 할아버지 입안의 색깔 좀 보세요.
- 바지 뒤로 빠져 나온 게 뭐지요?

❸ 입말의 느낌을 살려 강세와 억양을 달리하고, 댓구를 이루듯 구성지게 해설을 처리한다.
- 호랑이는 호랑이대로 딸랑새 나올까 봐 잠을 못 자고(↘)/ 소금장수는 소금장수대로 호랑이 덤벼들까 봐 잠을 못 자고(⤻)

❹ 표정과 소리크기를 달리하여 긴장감을 높인다.
예 소금장수가 딸랑새를 설명할 때 대단한 것을 알려 준다는 듯한 표정을 짓는다.

3. '딸랑새가 어디 숨어 있을까?' 놀이를 한다.

❶ 방울교구의 생김새와 소리를 탐색한다.
- (방울을 흔들며) 이 소리를 잊지 마세요.

❷ 교사가 먼저 술래가 되어 시범을 보인다.
- 우리 모두 똑 같이 양손 주먹을 탁자 위에 올려 놓아 볼까요? 이러면 딸랑새 방울이 어디 있는지 아무도 몰라요. 이제 조심조심 옆으로 전달해

안대와 딸랑새

볼까요?

- (안대를 착용하며 '무궁화 꽃이 피었습니다' 가락으로) 딸랑새가 어디 숨어 있을까? 딸랑새가 어디 숨어 있을까?
- (참여자들이 조심히 방울을 옆으로 전달하도록 유도한다. 보조교사는 술래교사의 안대를 벗겨 주며) 딸랑새가 어디 숨어 있을까?
- (술래 교사가 두리번대다가 한 명을 가리키며) *저기!/ 아닌데.*

❸ 참여자 중 한 명이 술래가 되어 놀이를 이어간다.

4. 활동을 회상하며 이야기를 나눈다.

- 오늘 방울 숨기기 해 보셨는데 어떠셨어요? *재미있었어. 옛날에 야바우도 요리 조리 숨겼어.*

수업메모

- 술래 속이기에 성공했을 때 보호시설 어르신도 아이처럼 재미있어 하고 즐거워한다. '딸랑새가 어디 숨어 있을까?'라는 구절은 방울을 숨길 시간 주기, 안대를 벗기는 신호 등 여러 가지 기능을 할 수 있는 바, 회수와 속도는 현장에 맞게 조절한다.
- 아동 대상 수업에서는 모두들 서서 하는 '무궁화 꽃이 피었습니다'놀이에 접목한다. 술래의 대사를 '딸랑새가 어디 숨어 있을까?'로 정하고, 모든 참여자들이 똑같은 포즈를 취하며 방울을 숨긴다. 이런 연기를 잘 하는 아동을 칭찬을 해 주어 자연스럽게 팀원이 협동하는 놀이가 될 수 있게 한다.

④『신기한 붓』

작 가 권사우 글 · 그림, 홍쉰타오 원작,
출판사 사계절, 2012

책 소개

옛날 중국에 그림 그리기를 무척 좋아하는 마량이라는 아이가 살았다. 어느 날 꿈속에서 그리기만 하면 그림이 살아나는 신기한 붓을 선물받아, 가난하거나 도움을 필요로 하는 사람들을 도와주고 그 소식은 욕심 많은 원님한테도 전해진다. 하지만 원님은 지나친 욕심 때문에 결국 마량의 그림속 바다에 빠져 죽고 만다.

읽기의 특징(유형 II)

- 등장인물의 성격과 상황을 반영하여 입체적으로 읽기
- 뒷이야기 예측해 보며 읽기

〈성격 설정의 예〉
- 마량: 맑은 느낌의 어린 소년
- 원님: 탐욕스러운 느낌의 굵고 거친 중년 남성 소리
- 신령 할아버지: 울림이 있고, 느린 속도의 위엄 있는 말투의 할아버지
- 농부 할아버지: 노쇠하고 힘없는 할아버지

활동 쑥쑥, 신기한 붓

활동 대상 주 · 야간 보호센터 및 요양원 이용자

활동 목표

- 이야기를 주의 집중하여 들으며 사고력을 유지한다.
- 색칠하기를 통해 눈과 손의 협응력을 키운다.
- 족자 만들기를 통해 소 근육 기능을 향상하고 성취감을 갖는다.
- 소원을 말하며 자신의 정서 상태를 표현한다.

활동 자료

- 그림책, 도안(용, 닭, 꽃), 족자 색칠도구(붓펜, 색연필 또는 크레파스), 한지(16×29.6㎝), 색지(13×13.4㎝), 슬러시 빨대(1인당 2개), 마끈 50㎝, 풀

활동 방법

1. 책 표지를 탐색한다.

- (표지를 보여 주며) 여기 아이가 있습니다. 이 아이는 무엇을 하고 있을까요?
- 어떤 붓이 신기한 붓일까요?

2. 그림책을 감상한다.

❶ 그림을 탐색하며 주의집중을 한다.

- (책장을 넘기며) 이 아이가 땅에다 새를 그렸더니, 어떤 일이 벌어졌나요? *새가 날아오네. 떼로 날아와.*

❷ 등장인물의 성격과 상황을 살려 읽는다.

- (신령님은 힘 있고 권위 있게, 다른 할아버지는 노쇠한 느낌으로 읽는다)

❸ 뒷이야기를 예측해 본다.

- 하지만 원님이 그린 금덩이는, 어떻게 되었을까요?
- 하지만 원님이 그린 돈 나무는, 과연 무엇이 되었을까요?

3. 동화 내용에 대해 이야기 나눈다.

- 마량이 붓하고, 원님 붓 하고 붓은 같은 붓인데, 왜 차이가 났을까요?
- 마량이는 신기한 붓을 어떻게 사용했나요? *배고파하는 아이들을 위해서 먹을 것을 그렸지.*

4. 족자 만들기를 한다.

- (완성된 족자 견본을 보여 주며) 어르신들, 우리도 마량이처럼 멋진 그림을 그려

서 걸어둘 거예요.

① 도안을 선택하여 색칠을 한다.

② 한지의 양 끝에 굵은 빨대를 놓고 풀칠을 한 다음 빨대가 보이지 않게 돌려 붙인다.

③ 빨대에 끼워 묶어준다.(족자 완성)

④ 그림을 족자 한가운데 붙인다.

5. 활동을 회상하며 이야기 나눈다.

- 어르신들이 색칠도 하고 풀로 붙여서 멋진 족자가 완성되었어요. 기분이 어떠세요?
- 신기한 붓이 생긴다면 무엇을 그리고 싶으신가요? 무엇이 뚝딱 생겼으면 좋겠나요? *그야 건강이지.*

수업메모

- 족자에 마 끈을 통과시켜 끼우는 과정도, 참여자들이 매우 즐거워하고 몰입한다. 눈과 손의 협응력을 키우고, 본인이 해냈다는 성취감을 줄 수 있다.
- 색칠도구는 동화와의 연관성을 고려하면 '붓펜'이 가장 좋다. 그러나 보호시설 참여자들의 조작능력과 준비상의 어려움, 색감에 대한 자극 등을 고려해 색연필을 사용하는 게 무난하다. 아동대상 수업에서는 평소에 미술도구로 자주 접해 보지 못했던 '붓펜'만의 터치감을 맛보도록 하는 것이 바람직하다. 이때는 색은 동일하지만, 아이들마다 선과 점에 대한 표상이 다양하므로 이를 비교하며 감상해 보는 재미가 있다.

3) 생활

①『 아씨방 일곱 동무』

작 가 이영경 글 · 그림
출판사 비룡소, 1998

책 소개

고수필, 〈규중칠우쟁론기〉를 그림책으로 각색한 작품. 실, 바늘, 가위, 자, 골무, 인두, 다리미 등은 각기 바느질 할 때 자기가 최고라며 자랑을 한다. 일곱 동무들의 다투는 소리에 잠에서 깬 빨강 두건 아씨는, 물건이 아무리 잘난들 사람의 손이 없으면 제구실을 하겠냐고 호통을 친다. 그러나 마지막에는 아씨도 하나하나가 모두 소중하다는 것을 깨닫고, 잘난 척 한 것에 대해 사과한다. 그 후로 아씨와 일곱 동무들은 힘을 합쳐 더욱 신이 나서 일하게 된다.

읽기의 특징

- 등장인물의 특징을 살려 구연하기

〈성격 설정의 예〉

- 자부인: 문장의 끝을 길게 하며 고상한 척 하는 귀부인
- 가위: 툭툭 내뱉듯이
- 바늘각시: 새침한 느낌으로 톡 쏘는 듯한 느낌의 젊은 여성
- 홍실각시: 콧소리 말투로 얌전한 척 하는 숙녀
- 골무할미: 수다쟁이 할머니
- 인두낭자: 빠르고 뾰로통한 말투의 소녀
- 다리미 소저: 얌전하며 소심하게
- 빨강 두건 아씨: 대비마마처럼 위엄 있게

활동 반짇고리 일곱동무

■ 활동 대상 주 · 야간 보호센터 및 요양원 이용자

■ 활동 목표

- 옛 이야기를 통해 예전에 사용했던 물건을 회상함으로써 인지력을 유지시킨다.
- 상체근육을 사용하여 바느질 도구의 쓰임새를 몸으로 표현해 본다.
- 색칠하기를 통해 손과 눈의 협응력을 키운다.

■ 활동 자료

- 융판, 바느질 도구 사진 컷(또는 실물자료 - 자, 가위, 바늘, 실, 골무, 인두, 다리미)

■ 활동 방법

1. 제목에 대해 이야기 나눈다.

- 제목이 '아씨방 일곱동무'인데요. 어떤 아씨인지 한번 만나볼까요?
- (책을 세로로 하여 면지 속의 아씨모습을 보여 주며) 아씨가 무엇 하고 있는 것 같나요? *바느질하는구만.*
- (속표지의 그림을 보여 주며) 이게 무엇인가요? *함, 반짇고리*
- 이제 아씨방 일곱 동무가 누구인지 알아볼까요?

2. 그림책을 감상한다.

❶ 그림을 보여 주며 궁금증을 유발한다.

- (첫 장면을 펴서 방안의 물건을 가리키며) 어? 여기 바느질 하는 물건만 있고 아씨가 없네요. "아씨~"라고 한번 불러 볼까요? *아~씨*
- (다음 장면을 넘기며). 쉿! 아씨가 곤히 자고 있네요.

❷ 등장인물의 특징을 살려 입체적으로 구연한다.

❸ 그림 읽기를 곁들여 읽는다.

- (한쪽 눈을 뜬 장면을 가리키며) 그때 잠든 줄로만 알았던 아씨가 한쪽 눈을 떴어요.

❹ 마지막 부분은 천천히 여운 있게 읽는다.
- 그 뒤로 아씨와 일곱 동무는 더욱 신이 나서(∨) 일하게 되었답니다.

3. 그림책을 회상하며 작품 속 바느질 도구에 대해 이야기나눈다.
- 우리가 읽었던 『아씨방 일곱동무』에 어떤 바느질 도구가 나왔나요?
- 제일 먼저, 길이를 재려면 무엇이 필요한가요? *자*
- (융판에 바느질 도구 그림 컷을 하나씩 붙인다.)
- 인두는 어떻게 사용하나요? *동정을 잡고 요래요래 다려야지.*

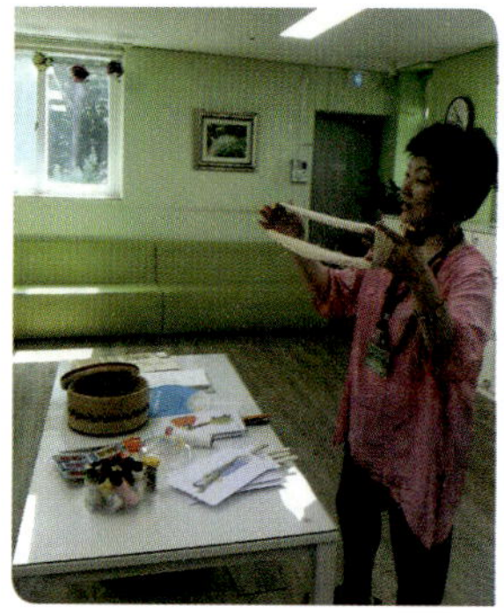
바느질 용품 실물제시

4. 바느질 도구의 쓰임새를 몸으로 표현해 본다.
- 지금부터 옷 한 벌을 만들어 볼까요?
- 먼저 치수를 재야겠지요. 자는 손을 길게 쭉~ 뻗어 볼게요 ♪죽죽 자부인

길쭉길쭉 자부인/ 싹둑싹둑 가위부인/따끔 따끔 바늘부인
술술 실부인/칙칙 인두부인/꽉꽉 다리미부인/꼭꼭 골무부인

길쭉길쭉 자부인

싹둑싹둑 가위부인

5. 바느질 일곱동무 막대인형을 만들어 본다.
- (도안과 색연필을 제시하며) 여기 아씨방 일곱동무가 있어요. 예쁘게 옷을 입혀 볼까요?
- (풀칠하는 시범을 보이며) 이번에는 반을 접어서 막대인형을 만들어 볼 거예요.

색칠하기

막대인형

확장 활동 '내가 최고지!' 막대인형놀이

- 교사의 지시에 따라 막대인형을 조작해 본다.
  - 자, 어르신들이 그린 각시들 누군지 잘 보세요. 제가 하는 설명을 잘 듣고, '맞다!' 싶을 때 들어 주세요.
  - 길쭉길쭉 자부인 길이 재는 자부인! *(인형을 들며) 내가 최고지!*
  - 싹둑싹둑 가위부인 옷감 자르는 가위 부인! *내가 최고지!*

수업메모

- 강사가 첫 장면을 읽어 주기 전에 빨강 두건을 쓰며 작품 속 인물인거처럼 이야기를 읽어 줄 수도 있다.

"저는 바느질 하는 빨간 두건 아씨에요. 그런데 저에게는 늘~ 함께하는 일곱동무가 있답니다. 오늘 제가 그 일곱동무를 소개 해 볼게요." - 중략-

"이렇게 해서 저와 우리 바느질 일곱동무는 사이좋게 지내게 되었답니다."

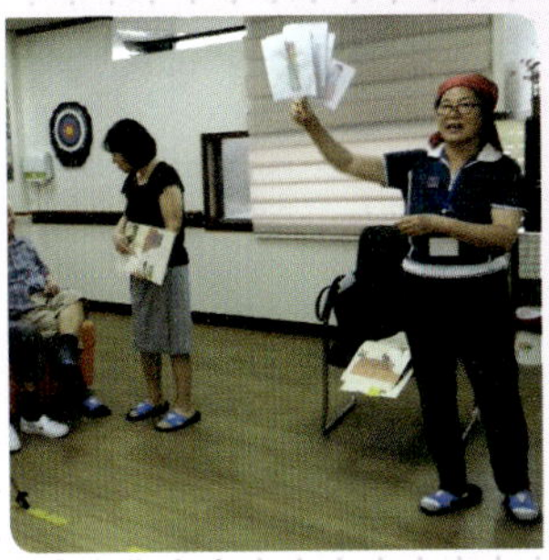

두건을 쓴 교사

② 『고릴라 할머니』

작 가 윤진현 글 · 그림
출판사 웅진주니어, 2012

책 소개

곱디고운 새 각시가 할머니로 조금씩 늙어가는 모습과 일상을 구체적으로 보여 준다. 새 각시는 가족들을 위해 밥하고, 빨래하고, 농사일과 소 키우고, 아이 낳고 키우느라 주름은 조글조글, 손은 거칠거칠, 피부는 거뭇거뭇, 허리는 구부정해진다. 가족들을 위해 일생을 바친 할머니의 모습을 고릴라에 비유하고 있으며 동글동글 아이의 터치같은 유쾌한 그림 뒤로 가슴 찡한 감동이 밀려온다.

읽기의 특징

- 뒤표지부터 읽기
- 본문 내용을 그림에서 찾아 가며 읽기
- 그림에 대한 상호작용하며 일기

활동 새 각시 시집 왔다네!

활동 대상 주 · 야간 보호센터 및 요양원 이용자

활동 목표

- 자신의 옛 경험을 되살려 이야기해 봄으로써 기억력 감퇴를 완화한다.
- 자신이 잘 알고 있는 일을 말과 동작으로 표현해 본다.
- 익숙한 민요가락을 개사한 노래를 즐겁게 부른다.

활동 자료

- 그림책, 새 각시 일거리 미션종이, 컵인형 준비물(새 각시 도안, 컵, 양면 테이프, 색연필, 색지)

활동 방법

1. 그림책을 감상한다.

❶ 뒤표지를 탐색한다.

- 여기 예쁜 양산 뒤에는 누가 있을까요?

❷ 앞표지를 탐색한다.

- 새 각시가 있는 줄 알았는데, 할머니가 있네요.
- 왜 제목이 고릴라 할머니일까요?

❸ 그림 읽기를 하며 이야기를 나눈다.

- 상에 둘러앉은 사람들은 누구일까요?
- 그런데 왜 밥상을 따로 차렸나요?

2. 책 내용을 소재로 이야기를 나눈다.

❶ 고릴라 할머니의 삶에 대해 이야기를 나눈다.

- 새 각시는 왜 고릴라 할머니가 되었을까요?

3. 새 각시 컵 인형을 만든다.

- (도안을 칠하고 색지를 배지로 대고 엎어놓은 컵에 붙인다.)

4. 컵 인형으로 새 각시에게 일 하는 법 알려주기 놀이를 한다.

❶ 팀별로 새 각시 일거리 중 하나를 뽑는다.

- 이 새 각시가 시집을 왔는데 모르는 게 너무 많다고 하네요. 어르신들이 좀 도와주세요. (쟁반

새각시 컵인형

에 받쳐들고) 새 각시가 어르신들에게 도움 받고자 하는 것을 여기에 가지고 왔습니다. 자 하나 뽑아 보세요.

〈새 각시 일거리〉

❷ 교사가 새각시가 되어 극놀이를 시작한다.

♪ 곱디고운 새 각시가 시집 왔다네. 연지 찍고 곤지 찍고 시집 왔다네.

- 안녕하세요? 옆집에 새로 시집온 새 각시예요. 제가 빨래할 줄을 모르는데 좀 가르쳐 주시겠어요?

5. 인사와 노래로 활동을 마무리한다.

- 비록 밖에서 일하고 고생하느라 얼굴은 그을고, 주름이 조글조글 고릴라 할머니라는 별명이 생겼지만, 이 고릴라 할머니나 이 각시나, 다 같이 예뻐 보입니다. 우리 다 같이 고릴라 할머니와 각시 모두에게 고생이 많다고 박수를 보내 볼까요? *짝짝짝*

수업메모

- 한 사람의 이야기가 길어지지 않도록 수업의 속도와 시간을 조절한다.
- [아동 대상수업]
  - 도입부에서 '고릴라 수수께끼'를 해도 재미있다.
    ① 동물이예요.
    ② 이름이 세 글자예요.
    ③ 침팬지와 닮았어요.
    ④ '고'자로 시작해요. 누구일까요? *고릴라*
    ⑤ (고릴라 사진을 보여 준 후) 왜 제목이 고릴라 할머니인지 책으로 한번 들어가 알아볼까요?

③『우렁각시』

작 가 한성옥 글·그림
출판사 보림출판사, 1998

책 소개

옛날 어떤 마을에 마음씨 착한 총각이 늦도록 장가를 못가고 있었다. 어느 날, 총각이 논에서 김을 매다가 말을 하는 우렁이를 만나게 되고 신기하게 여겨 집으로 데려와 물독에 넣어 둔다. 다음날부터 누군가가 청소를 하고 밥을 지어놓는 신기한 일이 벌어지고 결국, 물독에서 나온 우렁 각시가 한 일임을 알게 된다. 총각과 우렁 각시는 부부가 되어 행복하게 살게 되는데, 마음씨 나쁜 왕이 우연히 우렁각시를 발견하고는 각시를 빼앗을 계략을 펼친다. 첫 번째 내기 장기, 두 번째 내기 말 타기, 세 번째 내기 싸움 등 모든 관문을 우렁각시의 도움을 받아 이긴 총각은 우렁각시와 함께 오래 오래 행복하게 살았다.

읽기의 특징

- 줄거리는 살리되 각색을 하여 구연 식으로 읽기
- 반복되는 어휘 강조하고 변화 주며 읽기

활동 신랑각시 놀이

활동 대상 주 · 야간 보호센터 및 요양원 이용자

활동 목표

- 전래동화를 통해 과거를 회상해 보면서 사고력을 유지한다.
- 막대인형 극 놀이를 통해 언어 능력을 일깨운다.
- 민요박수를 치며 상체근육을 움직이고 균형감각을 유지한다.

활동 자료

- 그림책, 등장인물 도안(총각, 각시, 우렁이), 색연필, 나무젓가락, 풀

활동 방법

1. **'밀양아리랑' 박수를 쳐 본다**(부록 도해 참조).

- 오늘은 아주 재미있는 옛날 이야기책을 볼 텐데요. 신랑과 각시가 나와요. 연지 곤지 찍는 각시 아시죠?
  그래서 신랑 각시가 만나서 좋아하는 그런 박수 한번 배워 볼게요.
  어르신들, ♪날 좀 보소~ 날 좀 보소~ 이 노래 아세요?

- 그럼 저랑 같이 한번 해 볼게요. 너무 좋아서 박수 한 번 치고, 날 좀 보라고 손을 이렇게 올려 볼까요?

2. 그림책을 감상한다.

❶ 수수께끼로 동화의 제목을 알아본다.

- 이것은 딱딱한 집을 지고 다닙니다.
- 이것은 논에서 삽니다.
- 된장찌개에 많이 넣습니다. 무엇일까요? *우렁이지.*
- (책 표지를 보여 주며) 네, 오늘은 '우렁각시'를 볼 겁니다. *알아, 그거. 우렁이가 각시되는 거.*

- 네, 잘 아시네요. 그런데 이야기가 어르신들 아시는 것과 조금 다를 수도 있어요. 한번 들어 보실래요?

❷ 등장인물의 성격을 살려 입체적으로 구연한다.

➢ 〈성격 설정의 예〉

- 총각: 20대 청년
- 우렁이: 로봇 같은 느낌으로, 성대를 좁혀서 가늘게 내는 가성
- 각시: 상냥한 느낌의 20대 여성
- 왕: 심술궂은 느낌의, 굵고 낮은 톤의 중년 남성

❸ 상황에 맞게 감정을 살려 실감나게 읽는다.

- (한숨을 내 쉬듯) 이 농사지어서 누구랑 먹고 사~나.
- (눈을 휘둥그레 뜨며) 하지만 아무도 없고 논바닥에 주먹만 한 우렁이만 한 마리 있었어요.

❹ 반복되는 어휘는 강조하되, 변화를 주어 읽는다.

❺ 그림 속 등장인물의 표정에 대해 이야기 나눈다.

- 총각의 기분이 어떤 것 같나요? 왜 그럴까요? *혼자 사니까.*

❻ 다음 장면에 대해 예측해 본다.

❼ 해설이 길게 이어지는 경우는 지루해지기 쉬우므로 문장끝부분을 구어체로 하고 대화체를 첨가하는 등 각색을 하여 읽는다.

⇒ [각색] 부엌 물독에서 환한 빛이 솟아 나오더니 선녀처럼 고운 각시가 나오지 않겠어요(↗). '아니, 저, 저게 누구야?'

❽ 시선과 표정을 곁들여 극적 흥미를 돋운다.

- (혼잣말 부분에서 시선을 사선으로 내리깔고 낮은 톤으로 결의하며) 내일은 누군지 꼭 지켜봐야지.

❾ 한 문장 내에서도 속도에 변화를 주어 긴장감을 배가시킨다.

❿ 맨 마지막 부분은 이야기를 마무리하는 여운이 느껴지도록 천천히 읽는다.

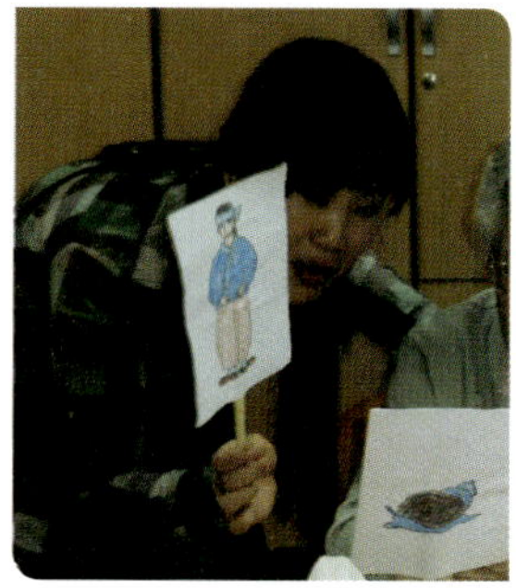

3. 등장인물 도안에 색칠을 하여 막대인형을 만든다.

- (도안과 색연필을 나눠 주며) 예쁜 각시 색칠해 볼까요?
- (종이를 반으로 접어 나무젓가락을 사이에 넣고 풀을 칠하고 건네며) 이번엔 앞뒤가 잘 붙으라고 꼭꼭 눌러 줄까요?

4. 막대인형으로 역할극을 꾸며본다.

- (강사가 '총각' 막대 인형 들고 다가가서) 아이고, 혼자 밥 먹고, 혼자 잠자는 것도 지겨워. 색시, 나랑 같이 삽시다.
- (색시 인형을 든 할머니가 인형을 들고) 안 돼. 영감한테 물어봐야 돼.

교구공방 우렁각시 막대인형

- **준비물:** 도안, 색연필, 풀, 나무젓가락
- **만드는 법:** 도안을 색연필로 칠하여, 종이를 반으로 접어 나무젓가락을 사이에 끼우고 풀로 전체를 맞붙인다.

완성된 막대인형 A, B 앞면

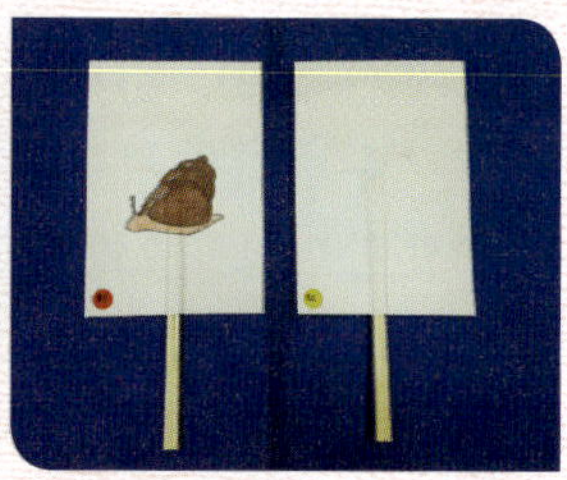

완성된 막대인형 A, B 뒷면

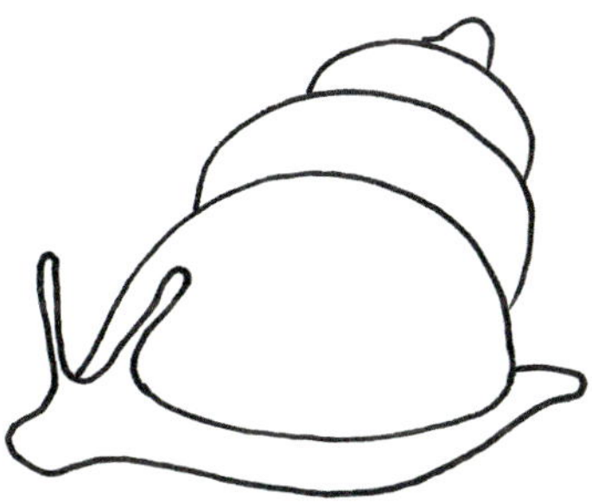

✲ 우렁각시 역할극 대본의 예

총 각: 이 농사지어서 누구랑 먹고 살지?
우 렁: 나랑 먹고 살지.
총 각: (두리번두리번) 어디서 나는 소리지? 어휴, 이 농사지어서 누구랑 먹고 살지?
우 렁: 나랑 먹고 살지.
총 각: 거참 이상한 일이네. 아무도 없는데….
해설(강사): 총각은 두리번두리번 거리다 주먹만 한 우렁이를 발견하고 우렁이를 집으로 가지고 가서 물 항아리에 넣어 두었어요. 그러던 어느 날, 총각이 부엌에서 자신의 저녁을 차려 주는 우렁 각시를 보게 되었어요. 우렁 각시가 물 항아리로 들어가려고 하는데….
총 각: 각시! 나랑 같이 삽시다.
우렁각시: 좋아요! (어르신들이 자유롭게 대답할 수 있다.)

※ 어르신들이 대답하는 것에 따라 강사가 대사를 추가하여 역할극 놀이를 한다.

수업메모

• 일반 노인여가시설에서 활동을 진행할 때는, 확장활동으로 우렁각시가 온다면 어떤 소원을 빌고 싶은지 말해 보기를 할 수도 있다.
• 강사와 어르신이 일대 일로 주고받는 극놀이에서 시작하나, 건강 상태가 양호한 참여자인 경우에는 역할놀이로 확장할 수도 있다.

④『세 엄마 이야기』

작 가	신혜원 글·그림
출판사	사계절, 2008

책 소개

도시에서 살던 젊은 엄마가 가족과 함께 밭이 딸린 시골집으로 이사를 간다. 엄마는 인절미를 먹을 생각에 콩을 심으려 하지만 농사일을 해 본 적이 없는지라 매번 난관에 부딪힌다. 그때마다 "엄마 도와줘~"를 외치고, 엄마의 엄마는 당장 달려온다. 신기한 것은 엄마의 엄마도 도움이 필요하면 엄마의 엄마의 엄마를 부른다는 것이다. 세 엄마와 가족들은 열심히 농사지은 콩으로 행복하게 메주를 만든다.

읽기의 특징

- 면지의 그림으로부터 읽기 시작하기
- 손가락으로 그림 따라가며 읽기
- 노래 곁들여 읽기
- 그림을 단서로 과거 경험에 관해 상호작용하기

활동 찰! 찰! 찰! 콩 마라카스

활동 대상 주 · 야간 보호센터 및 요양원 이용자

활동 목표

- 농사일에 대한 경험을 되살려 이야기 하며 사고력을 유지한다.
- 도리깨질 놀이를 통해 힘을 조절하며 상체를 움직인다.
- 화목한 가족의 모습을 통해 가족 간의 행복감을 맛본다.
- 콩 마라카스를 흔들어 보며 리듬감을 유지한다.

활동 자료

- 그림책, 도리깨 교구(교구공방 참조), 종이컵(인원수만큼), 나무젓가락(인원수만큼), 콩, 투명접착테이프, 스티커

활동 방법

1. 가요, "내 나이가 어때서"를 부르며 건강박수를 쳐 본다. (부록 도해 참조)
  - 오늘 함께 볼 이야기에는 나이를 떠나서 일을 많이 하는 사람들이 나온답니다.
  - 준비운동 삼아서 '내 나이가 어때서' 노래를 힘차게 불러 볼까요?

2. 그림책을 감상한다.

❶ 표지를 탐색한다.
- 여기 네 명이 있네요. 무엇을 하고 있나요? *자고 있네! 가족이야!*
- 제목이 세 엄마 이야기네요. 엄마가 모두 세 명이래요. 무슨 의미일까요?

❷ 면지 그림과 속표지 그림을 이어서 읽는다.
- (손가락으로 점선을 따라가며) 아파트 단지를 나와서 부릉부릉부릉 트럭 한 대가 달리고 있어요. '2424'라고 적혀 있네요. 어떤 차일까요?
- 달리고 달려서 (속표지를 넘기며) 산을 넘고 물을 건너(분홍꽃나무를 가리키며), ♪ 나의 살던 고향은 꽃피는 산골… 아담한 집에 도착했어요.

❸ 그림을 단서로 농사짓는 법에 대해 상호작용하며 읽는다.
- (숟가락은 휘어지고, 엄마는 앉아서 울고 있는 장면에서) 젊은 엄마가 숟가락으로 콩을 심다가 낭패를 봤네요. 뭐가 잘못되었죠? *호미로 파야지. 곡괭이. 고랑을*

파야 돼.

- 이 엄마 복장은 어떤가요? *아이고 치마가 웬말이래? 몸뻬 입어야제. 이 구두도 글렀어.*

❹ 반복되는 구절을 함께 외친다.

- 우리 다 같이 외쳐볼까요? "엄마! 도와줘!"

❺ 한 쪽 장면을 가린 채 읽는다.

- (엄마의 엄마가 소타고 달려오는 장면은 종이로 가린 채) "이러다간 한 달이 가도 밭을 못 만들겠어!" 그래서 어떻게 했을까요?
- (가림 종이를 떼며) "엄마, 도와줘!"

❻ 그림책 장면 속의 농기구의 쓰임새를 동작으로 따라하며 읽는다.

- **호미질은 어떻게 하나요? 우리도 호미질 한번 해 볼까요?**
- (도리깨를 가리키며) 이게 무엇인가요? 어떻게 사용하는지 보여 주시겠어요?

3. 도리깨 교구로 그림책 속의 콩을 털어 본다.

- (멍석에 콩을 널어놓고 터는 장면에서) 세 엄마의 가족들이 모두 콩 털기를 하고 있네요. 어르신들도 한번 도와주시겠어요?

4. 콩과 관련된 추억에 대해 이야기 나눈다.

- 어르신들은 콩 농사 지어보셨어요? 어떤 게 떠오르시나요?
- 콩으로 어떤 것을 만들 수 있나요?

5. 콩으로 컵 마라카스를 만든다.

- 자! 어르신들이 도리깨질을 도와 주셔서 (콩을 꺼내며) 이렇게 콩이 많이 나왔어요.
- 이 콩으로 악기를 만들어 볼까 해요.
- (테두리의 동그란 부분을 펴서 주며) 컵 안에 콩을 한 움큼 넣어 볼까요?

- (컵의 한쪽 가장자리에 나무젓가락 한 벌을 꽂은 뒤) 이제, 콩이 새 나오지 않게 컵의 입을 납작하게 붙일 거예요.
- (컵의 펴진 테두리 선에 투명접착테잎을 붙여 주며) 이제 꼭꼭 눌러 주세요.
- 예쁘게 꽃도 붙여드릴게요.

6. 노래에 맞춰 '콩 마라카스'를 연주한다.

- 자, '내 나이가 어때서'를 신나게 콩 마라카스 흔들면서 불러 볼까요?

수업메모

- 색마라카스 소리의 대, 소를 구별하기 위해 콩 외에 쌀로 컵 마라카스를 만들어 사용할 수 있다.
- 그림책 뒤 면지에 있는 메주 그림을 보고 이야기 나누기를 하여도 좋다.
- 도리깨, 키, 가마니 등 농사에 필요한 도구 사진을 준비하여 이야기를 확장할 수 있다.
- 도리깨 만들기(4장 초등 아동편 '세 엄마 이야기' 참조)

⑤『가자 가자 감나무』

작 가 편해문 글, 박향미 그림
출판사 창작과 비평사. 1998

책 소개

할머니, 할아버지들이 어렸을 때 부르던 노래를 실제 탐방으로 엮은 책이다. 전래동요 속에 우리말의 해학과 재미가 고스란히 잘 담겨져 있다.

삽화와 함께 노랫말을 싣고 유래, 해설을 곁들였다. 초등학생과 할아버지 할머니들이 부른 생생하고 재미있는 노래를 CD에 함께 담아 펴냈다.

읽기의 특징 (읽기 유형 Ⅰ / 읽기유형Ⅳ)

- 운율 살려 본문대로 읽기
- 줄거리에 살을 붙여 이야기 만들어 들려주기

활동 나무 나무 무슨 나무

활동 대상 주 · 야간 보호센터 및 요양원 이용자

활동 목표

- 전래동요를 함께 부르며 정서적 유대감을 갖는다.
- 나무의 특징을 몸으로 표현해 보면서 신체 표현 능력을 유지한다.
- 동요가사로 짧은 이야기를 해 보며 언어표현능력을 향상시킨다.

활동 자료

- 전래동요 가사판, 나무 병풍책 만들기 재료(색지, 나무사진, 동요가사 프린트, 풀, 색종이)

활동 방법

1. 나무에 관한 경험에 대해 이야기 나눈다.

- 어린 시절 집 마당이나 동네에 어떤 나무가 있었나요? *감나무.*
- 옛날에는 겨울 월동 준비를 어떻게 하셨나요? *장작, 나뭇단, 솔방울 줍기*

2. '나무노래' 가사를 동작으로 만들어 본다.

- '가자 가자' (앉은 채로) 팔을 씩씩하게 이렇게 움직여 볼까요? 감은 어떻게 따나요?
- '오자 오자'는 어떻게 할까요? 옻나무는 아까 간지럽다고 했죠. 온 몸 긁으면서, 그렇지요!
- 뽕나무는 어떻게 해요? 오! 그거 좋네요. 엉덩이를 한쪽으로 들고 방귀 뽕~

나무노래

가자 가자 감나무
오자 오자 옻나무
갓난 아기 자작나무
…(중략)…
깔고 앉자 구기자나무

3. 동요, '뽕나무, 대나무, 참나무'로 짧은 이야기 전달하기를 한다.

❶ 동요, '뽕나무, 대나무, 참나무'를 감상한다.

❷ 동요 내용을 짧은 이야기로 감상한다.

- 깊은 숲 속에 나무들이 모여 살았어요. 어느 날 뽕나무가 '뽀-옹' 하고 방귀를 뀌었어요.

❸ 짧은 이야기 전달하기를 한다.

- 이번에는 어르신들이랑 같이 한번 해 볼까요? 어느 날 뽕나무가 방구를 뽕- 뀌었어요. 아, 그랬더니 옆에 있던 대나무가 뭐라고 했어요? *대끼놈!*
- 맞아요. 그랬더니 옆에 있던 참나무가 점잖게 뭐라 그랬죠? *참아라 했지.*

4. 나무 병풍책을 만든다.

5. 활동을 마무리하고 평가한다.

- 나무 병풍 책을 보니까 기분이 어떠세요?
- 누구에게 보여 주고 싶으신가요?
- 다 같이 '가자 가자 감나무' 체조 다시 한번 해 볼까요?

수업메모

- 위 수업은 '나무 노래' 율동이 병풍책 만들기의 도입부분처럼 사용되었는데, 나무에 대한 사진자료를 충분히 준비하여 1, 2차시로 나누어 하면 더 좋다. 이렇게 '나무 노래'로만 한 차시를 구성할 때, '나무 이름(감나무) - 나무 사진 - 나무의 결실 및 부산물(곶감)'을 연결해 찾아보는 인지게임을 후속활동으로 할 수 있다.

⑥『숫자풀이』(전래동요)

읽기의 특징 (유형 I)

- 원문대로 운율 살려 읽기
- 팀을 나눠 주고받듯이 읽기
- 동작 곁들여 읽기

활동 숫자풀이

활동 대상 주 · 야간 보호센터 및 요양원 이용자

활동 목표

- 전래동요를 통해 유년시절을 회상할 기회를 갖고 사고력을 유지한다.
- 반복적으로 노래를 따라 부르면서 박자감각과 언어능력을 향상시킨다.

활동 자료

- 동요 가사 판, 책 만들기 재료(그림 컷, 책 바탕 틀), 풀, 끈

활동 방법

1. 어릴 적에 불렀던 노래를 연상해 본다.
   - 어린 시절에 불렀던 노래 중 생각나는 거 있으세요?
   - ♪ 아침바람 찬바람에 울고 가는 저 기러기

2. 전래 동요, '숫자풀이'를 함께 부른다.
   - 이제부터 재미있는 숫자풀이 노래를 해 보려고 해요.
   - 어르신들 모두 즐겁게 같이 불러 주세요.
   - (동요 가사판을 제시하며) ♪하나 하면 할머니가 지팡이를 짚는다고 잘잘잘

3. 전래 동요로 동작게임을 한다.

❶ 두 팀으로 나눠서 한 팀이 문제를 내면 다른 팀이 동작을 한다.

예 A팀이 '1. 하나. 할머니 그림' 카드를 들면 B팀이 '지팡이를 짚는다고 잘잘잘'이라고 동작과 함께 대답한다.

4. 숫자풀이 병풍 책을 만든다.

- 제가 부르는 노래를 잘 듣고, 거기에 맞는 그림을 찾아서 붙여 주세요.

♪ (가사 판에 있는 그림을 보여드리며) '하나' 하면 할머니!, '할머니 그림 붙여 주세요.

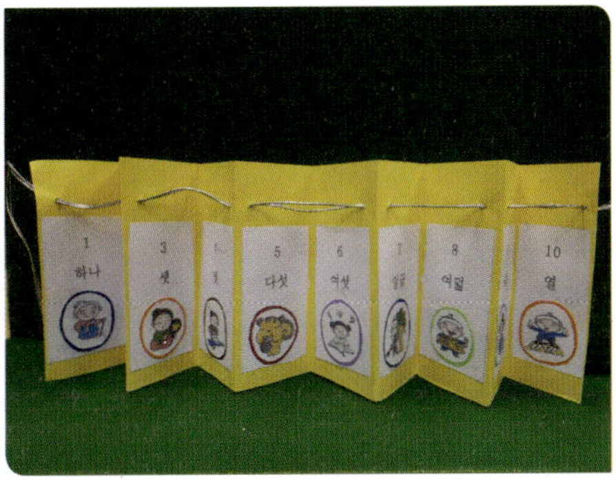

5. 병풍책을 보면서 다시 한 번 노래 부른다.

- 이쪽 팀이 먼저 앞부분을 불러 볼까요?

두 팀으로 나누어 앞부분과 뒷부분을 주거니 받거니 노래를 부른다.)

확장 활동 그림 짝 짓기

활동 목표

- 인물에 어울리는 물건을 구별해 봄으로써 인지기능을 향상시킨다.
- 장소에 어울리는 일을 구별해 봄으로써 인지기능을 향상시킨다.

활동 자료

- 동요 내용 그림 카드

활동 방법

1. 동요 가사에 등장하는 그림들을 찾아 알맞게 짝지어 본다.

❶ 인물에 어울리는 물건을 골라 본다.

- ('할머니', '여학생' 컷을 붙이며) 할머니 한 분과 여학생이 있어요. 여기 물건 두 개 중 할머니께 어울리는 물건과 여학생에게 어울리는 물건을 골라 사람 옆에 다 붙여 볼까요?

  예 지팡이, 수학책

❷ 직업과 어울리는 물건을 골라 본다.

- ('엿장수' 그림과 '두부장수' 컷을 세로로 붙이며) 이번에는 엿장수와 두부장수가 있어요. 어떤 물건을 파는지 짝지어 볼까요?

❸ 장소와 어울리는 물건을 골라 본다.

- ('냇가'와 '산 앞에 서 있는 일꾼'을 붙이며) 이번에는 장소에 맞는 일을 찾아보는 거예요.

  예 '빨래하기', '나무 베기'

수업메모

- 그림 짝 짓기 교구는 부분-전체 완성형으로 가는 게 바람직하다. 즉, '할머니'와 '지팡이' 그림 컷이 같은 크기가 아니라, 할머니 그림카드는 왼편에 할머니 그림만 있는 채로 코팅돼 있고, 우편은 여백으로 비어 있는 채 보들이가 붙어 있다('지팡이' 그림이 붙을 자리). 지팡이 그림카드의 전체 크기는 할머니 그림 카드의 1/2 크기가 된다. 여기에다 왼편으로 '1. 하나'라는 숫자카드를 붙이면 동요가사판으로도 활용이 가능해진다.

4) 사계절

① 봄 -『꽃이 핀다』

작 가 백지혜 글·그림
출판사 보림출판사, 2007

책 소개

우리 산과 들, 자연에서 찾을 수 있는 천연색깔과 전통채색 방법으로 만든 정보그림책이다. 열세 가지 색깔의 꽃과 열매, 잎 등이 시적인 글과 함께 섬세한 그림으로 담겨 있다. 빨강 바탕에 찔레꽃 한 송이가 도드라지게 피어 하얀 찔레꽃이 활짝 피어 있는 것을 발견하게 된다.

읽기의 특징

- 책날개부터 시작해서 읽기
- 제목 되뇌며 책장 넘기기
- 책 속의 정보 소개하며 읽기
- 여유 있는 속도로 또박또박 읽기

활동 꽃이 핀다!

활동 대상 주·야간 보호센터 및 요양원 이용자

활동 목표

- 계절에 따라 다양한 꽃이 피는 것을 회상하면서 사고력을 유지한다.

- 꽃이 피어나는 과정을 소리 내어 응원하며 언어표현력을 일깨운다.
- 꽃다발을 만들어 보면서 아름다움을 느껴 본다.
- 꽃을 물에 띄우고 붙이며 눈과 손의 협응력을 키운다.

활동 자료

- 그림책, 원반교구(또는, 꽃 수수께끼 판), A4 초록색지(인원수만큼), 색종이, 스티커(원형), 가위, 풀

활동 방법

1. 부분적으로 가려진 원반교구(혹은, 꽃 수수께끼 판)로 여러 가지 꽃을 탐색해 본다.
   - (원반교구를 돌리며) 이 꽃을 본 적 있으세요? 무슨 꽃일까요?

2. 그림책을 감상한다.
   ❶ 그림책 표지를 탐색한다.
   - 하얀 꽃잎이 하나, 둘, 셋, 넷, 다섯. 꽃잎 모양은 무슨 모양이지요? 무슨 꽃일까요?
   - (책날개를 벗기며) 꽃이 핀다, 꽃이 핀다, 하얀색 꽃이 핀다.

   ❷ 꽃 내용을 중심으로 그림책을 감상한다.
   - 꽃이 핀다, 꽃이 핀다, 빨강, 동백꽃 핀다.
   - (책에 있는 정보를 읽으며) 동백은 제주도나 따뜻한 남쪽 지방 바닷가에 많이 자라는 나무지요.

   ❸ 그림책의 내용을 회상한다.
   - 그림책에서 보았던 꽃들 중 어떤 꽃이 가장 마음에 드세요? '찔레꽃이다!', 손 한번 들어 보실까요?

3. 수조에 한지 꽃 띄우기를 한다.
   ❶ 접혀 있는 작은 한지 꽃을 소개하고 나눠드린다.
   - 이 꽃은 아직 피지 않았어요. 어떻게 하면 꽃이 필까요?

   ❷ 수조에다 먼저 한지 꽃 하나를 띄워 보여드린다.

   ❸ 어르신들이 하나씩 수조에다 띄워 볼 수 있도록 한다.
   - 잘 피라고 기원하며 말해 볼까요? *(양손을 합장하고) 꽃이 핀다, 꽃이 핀다.*

꽃 띄우기

4. 색지와 색종이로 꽃다발을 만든다.

❶ 어르신들께 꽃잎을 나눠드리고, 꽃잎 수술부분에 스티커를 붙이게 도와드린다.

- 시들지도 않고 계속 두고 보실 수 있는 꽃다발을 만들어 볼 거예요.

❷ 미리 가위로 잘라놓은 초록색지 꽃줄기에 꽃을 붙인다.

꽃다발

5. 활동을 회상하고 평가한다.

- 꽃이 물 위에서 천천히 피어날 때 어떤 마음이셨어요?
- 오늘 꽃다발을 보시니까 기분이 어떠세요?
- 오늘 만든 꽃다발을 누구에게 선물하고 싶으세요?
- (꽃다발을 흔들며) 꽃처럼 아름다운 어르신, 오래오래 건강하세요!

교구공방 '활짝 피는 꽃' 접기

• 준비물: 색종이, 가위, 풀, 색지, 꽃 그림

① 색종이를 반으로 접는다.

② 다시 반으로 접는다.

③ 삼등분할 부분을 어림한다.

④ 삼등분으로 접는다.

⑤ 뾰족한 부분을 둥글게 오린다.

⑥ 바탕을 육각형으로 하여 접는다.

⑦ 꽃잎을 오므린다.

⑧ 꽃 그림을 가운데에 붙인다.

수업메모

• 색종이 꽃은 미리 오려가서 참여자들은 풀칠만 하도록 준비한다.
• 책 읽기를 하고, 꽃다발 만들기를 하는 과정에서 꽃 관련된 노래를 함께 불러도 흥겹다.

② 봄 -『민들레는 민들레』

작 가 김장성 글, 오현경 그림

출판사 이야기꽃, 2014

책 소개

싹만 튼 민들레, 줄기만 올라온 민들레, 꽃이 핀 민들레, 다른 꽃들 사이에서 홀로 있는 민들레, 들판, 지붕 위, 돌담사이 등 어디서든 뿌리를 내리고 사는 민들레의 다양한 모습을 만날 수 있다. 언제 어디서, 어떤 모습이든 당당하게 살아가는 민들레의 모습을 통해 자기존중의 모습을 보여 주고 있다.

읽기의 특징(유형 Ⅰ)

- 대사를 주고받듯 읽기
- 노래 가락 넣어 읽기

활동 **민들레 박수 치기**

활동 대상 주 · 야간 보호센터 및 요양원 이용자

활동 목표

- 다양한 민들레 모습을 관찰하며 배경장소를 구분해 본다.
- 손뼉치기를 통해 혈액순환을 돕는다.

활동 자료

- 그림책, 민들레 사진

활동 방법

1. 여러 형태의 민들레 사진을 보고 무슨 꽃인지 맞혀 본다.

- (여러 형태의 민들레 사진을 제시하며) 이것이 무슨 꽃인지 아시나요?

2. 그림책을 감상한다.

❶ 뒤표지에서 민들레꽃을 찾아본다.

- (뒤표지를 보여 주며) 여기 민들레가 어디 있나요? *저기 창가에*
- (앞표지를 보여 주며) 여기는 노란 민들레, (홀씨를 가리키며) 이게 뭐예요?

❷ '민들레' 부분을 어르신들이 말할 수 있도록 격려하며 읽는다.

❸ 그림읽기를 하며 이야기를 나눈다.

- (그림을 가리키며) 민들레가 길가 가로수 밑 쇠판 틈새에도 폈네요. 여기 축대 틈에도 폈어요. 이 민들레 보니까 어떤 마음이 드세요? *아이고, 애 쓰네.*
- (기와지붕 위에 핀 민들레를 가리키며) 여기는 어디인가요? *기와지붕이네.*

3. 책 내용에 대해 이야기 나눈다.

- 책에서 여러 민들레를 만나 봤는데 어떤 민들레가 가장 기억에 남나요?

4. 노래하듯이 그림책을 다시 감상한다.

- ('옹달샘' 가락에 맞추어) ♪ 민들레는 민들레 언제든지 민들레, 싹이 터도 민들레, 잎이 나도 민들레, 꽃줄기가 올라와도 민들레는 민들레

5. 노래를 부르며 손뼉치기를 한다.

번호	가사	사진	동작설명
1	민들레는		혼자서 양손 3회 박수

2	민들레		양손 잼잼 3회
3	언제든지		1과 동일
4	민들레		2와 동일
5	싹이 터도 민들레	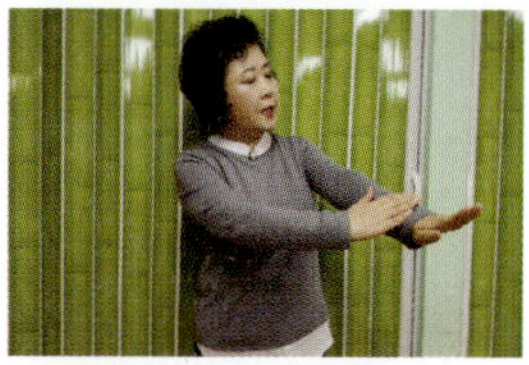	왼손 손목부위부터 가볍게 오른손으로 두드리며 위로 올린다
6	잎이 나도 민들레	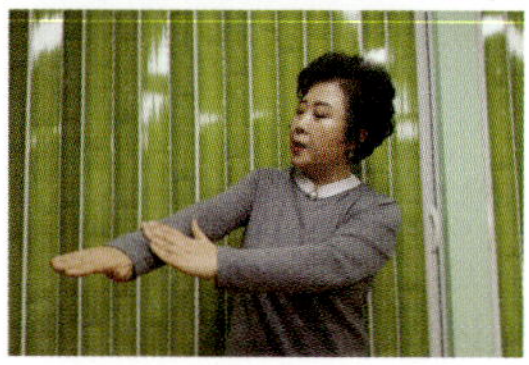	오른손 손목부위를 왼손으로 두드리며 위로 올린다.
7	꽃줄기가		양손을 마주 대며 성지
8	올라와도		합장한 손을 위로 솟구치며

6. 활동을 회상하고 마무리한다.
- 오늘 책도 보고 박수치기도 했는데 어떤 게 가장 기억에 남나요?

확장 활동 **1. 민들레 액자 만들기**

활동 목표
- 색칠하기를 통해 소근육 기능과 색감을 유지한다.

활동 자료
- 민들레 도안, 빨대, 물감, 민들레 액자 틀(8절 색도화지, 노끈 20㎝, 인원 수), 색연필

활동 방법
1. 민들레 도안에 색연필로 색칠한다.
2. 갈색물감을 한 방울 떨어뜨리고 빨대로 불어서 민들레 뿌리를 표상한다.
3. 준비된 종이액자에 민들레 그림을 끼운다.
4. 그림을 전시하고 감상한다.

확장 활동 **2. 팔방미인 민들레**

활동 목표
- 민들레를 통해 과거를 회상하며 사고력을 유지한다.

활동 자료
- 다양한 용도로 활용된 민들레 사진

예 민들레 나물, 민들레 차, 장아찌 등

활동 방법

1. 민들레의 쓰임새에 대해 알아본다.

- 민들레는 어디에 쓰이나요? *나물로 무쳐먹지. 장아찌로도 먹어.*

2. 다양한 민들레 사진을 보며 이야기를 나눈다.

- 알고 보니 민들레는 팔방미인이군요.

수업메모

- 뒤표지 그림을 제시할 때, 확대그림으로 보여 주는 게 좋다.
- 손뼉치기를 할 때, 상체 움직임이 불편한 어르신은 보조진행자가 마주 잡고 함께한다.

➢ 아동 대상수업

- 도입부분에서 사진이 아니라, '뒷면지 그림 탐색 – 앞 면지 탐색' 순으로 시작하면 더욱 흥미 있다.
- 다양한 민들레 사진을 코팅하여, 그 위에다 수성 사인펜으로 그 장면의 민들레에게 걸맞는 이름을 붙여보는, '민들레 별명 붙이기' 활동을 하면 재미있다.
- 초등 아동 및 여가 복지시설 이용 노인 수업에서는 박수의 난이도를 높인다.

민들레 별명 붙이기

[아동용 박수]

시작 1 | 시작 2 | 시작 3 | 끝 1 | 끝 2

난이도를 높인 박수 동작의 예

③ 여름 -『빨강부채 파랑부채』

작 가 동화가있는집 글, 민경숙 그림

출판사 국민서관, 2016

책 소개

어느 날 나무꾼이 요술부채 두 개를 줍는다. 빨강은 코가 늘어나고, 파랑은 줄어드는 신기한 부채였다. 나무꾼은 동네 김부잣집을 찾아가 몰래 코를 길게 했다가 다시 고쳐 주는 대가로 큰 부자가 된다. 부자가 된 나무꾼은 빈둥빈둥 놀기만 하다가, 하루는 재미로 빨강부채를 계속 부쳐서 코가 옥황상제가 사는 뜰에 이르고 기둥에 묶이게 된다. 뒤늦게 파랑부채를 부쳐 보지만 나무꾼의 몸은 공중으로 치솟기만 하더니, 결국 나무꾼은 곤두박질친다.

읽기의 특징

- 노래 곁들여 읽기
- 가림 종이 이용해 읽기
- 주변인물 목소리 변별하여 읽기

예 동네사람 A, B를 하나는 수다쟁이 아주머니, 다른 하나는 허풍쟁이 할아버지 느낌으로

활동 부채야! 주사위 놀이

활동 대상 주 · 야간 보호센터 및 요양원 이용자

활동 목표

- 색깔과 길이 구분을 통해 시각능력을 유지한다.
- 전래동요 가락을 함께 부르며 정서적 만족감을 얻는다.
- 전통놀이를 응용한 활동을 통해 옛 경험을 회상하고 사고력을 유지한다.
- 주사위를 잡고 던지는 놀이를 통해 소근육 · 대근육 운동 기능을 유지한다.

활동 자료

- 그림책, 가림 종이, 보드게임교구(주사위, 말판, 말), 태극선

활동 방법

1. 수수께끼를 통해 '부채'에 대해 맞혀 본다.
  - 이것은 옛날부터 있었고, 지금도 사용해요.
  - 여름에 더울 때 많이 사용해요. (손으로 얼굴에 부치는 흉내를 내며) 아휴 더워~ *부채.*

2. 그림책을 감상한다.

❶ 표지를 탐색하며 이야기를 나눈다.
  - 여기 부채 두 개가 있어요. 무슨, 무슨 색인가요? *빨강, 파랑*
  - 코 길이가 어떤가요? *길어. 방망이만 해.*

❷ 면지 그림을 보며 부채에 대해 묻고 답하는 노래를 익힌다.
  - 빨강 부채 부치니까 코가 어떻게 됐나요? *길어져.*
  - 파랑부채 부치니까 어떻게 됐나요? *짧아져.*
  - ('우리집에 왜 왔니' 가락으로) ♪빨강 부채 부치면 어떨까? 어떨까? 늘어난다 늘어난다 죽죽 죽죽죽

❸ 코가 늘어나고 줄어드는 장면에서 가림 종이를 이용해 읽는다.
  - (코의 뒷부분을 종이로 가린 채) 빨강부채 부치면 어떨까? 어떨까?
  - (코의 뒷부분을 종이로 가렸다가 떼어내며) 늘어난다 늘어난다 죽죽 죽죽죽

3. '부채야' 주사위 게임을 한다.

❶ 주사위의 그림과 게임 규칙에 대해 알아본다.

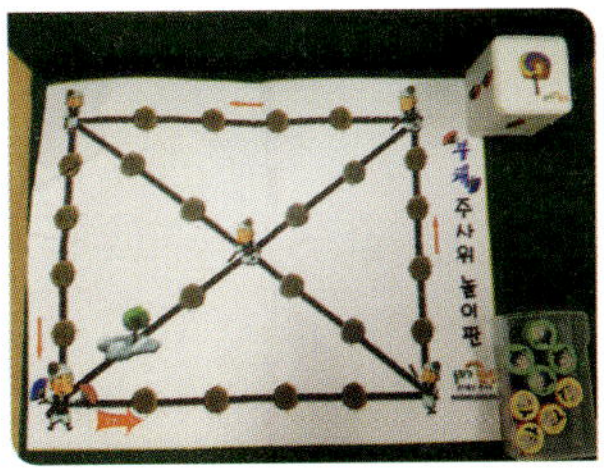

① 주사위의 그림 중 부채 수만큼 빨강은 전진, 파랑은 후진한다.

② 태극부채가 나오면 5칸 전진하고, 주사위를 한 번 더 던질 수 있다.

③ 구름 연못에 빠지면 그 말은 처음부터 다시 한다.

④ 말판의 부채돌이 그림이 있는 곳에 도착하면, 부채돌이가 가리키는 대로 가야한다.

❷ 참여자를 두 팀으로 나누고 놀이를 시작한다.
(교사와 보조교사가 팀의 리더가 되어 말판에 말 놓기 등 놀이를 진행한다.)

❸ 승부가 나면 진 팀이 이긴 팀에게 손부채를 부친다.

4. 활동을 돌아보며 이야기 나눈다.

- 오늘 부채 주사위놀이 해 보니까 어떠셨어요. *윷놀이랑 닮았어.*
- 윷놀이 많이 해 보셨어요?

확장 활동 1. 불어라 부채바람

활동 목표

- 입 바람 불기를 통해 폐활량을 유지한다.
- 부채를 부치며 손목의 힘을 유지한다.

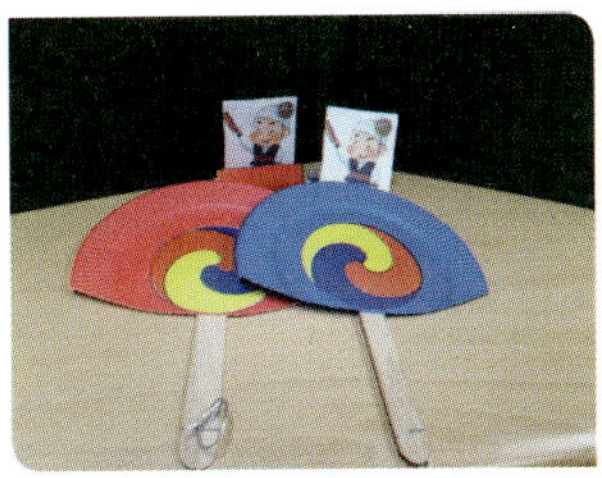

활동 자료

- 부채교구, 말(방울토마토 크기의 솜에 빨강·파랑스티커를 붙인 것 또는 부채돌이 그림을 붙인 말), 마스킹 테이프

활동 방법

1. 입으로 바람을 만들어 불어 본다.

2. 양 팀의 말을 기준선을 향해 불기 좋게 놓고 입바람을 분다.
3. 두 사람이 짝을 지어 부채를 이용하여 말 보내기 시합을 한다.

확장 활동 2. 죽죽 쑥쑥쑥

■ 활동 목표

- 교구를 조작하며 눈과 손의 협응력을 키운다.
- 자신의 힘으로 코를 길게 하거나 짧게 하며 성취감을 맛본다.

■ 활동 자료

- 막대인형 교구, 부채 교구

■ 활동 방법

1. 인형 조작법을 알아본다.
 - (막대인형은 한 손에 들고 다른 손으로 빨강 부채를 부치며) ♪빨강부채 부치면 어떨까? 어떨까?
 - (부채를 놓고 모루로 된 코부분을 앞에서 당기며) 늘어난다 늘어난다 죽죽 죽죽죽.

2. 지시에 따라 막대 인형을 조작해 본다.
 - 이제 제가 노래를 부르면, 인형을 들고 코를 앞에서 당기거나, 뒤로 감추거나 해 주세요.

수업메모

➤ 아동 대상수업

- 아동을 대상으로 수업할 때는 다음과 같은 규칙을 정해서 할 수 있다.
- 저학년일 경우, 게임에 사용하는 말을 1~2개로 시작한다.
- 주사위를 던질 때 "부채야!"라는 구호와 함께 외친다.
- 두 팀으로 나누어 손을 잡고 함께 늘어났다가 줄어드는 동작놀이도 재미있다. (길어졌다 짧아지는 놀이가 익숙해지면, '구름 연못!'이라는 규칙을 추가하여 중간 위치 쯤 안전지대로 들어가야 하는 구조를 설정한다.)

④ 가을 -『솔이의 추석이야기』

작 가 이억배 글 · 그림
출판사 길벗어린이, 1995

책 소개

추석을 준비하고 지내는 과정을 솔이네 가족을 중심으로 섬세하게 보여 준다. 추석빔 준비, 이발, 미용, 세탁, 장보기, 선물 사기, 제기 닦기, 밤 치기, 성묘하기 등 노인세대가 보면 공감할 만한 요소가 그림책 곳곳에 숨어 있다. 단순한 정보로 그치지 않고 집에 돌아갈 자녀들을 챙겨주기 위해 새벽녘에 일어나 부엌에서 준비하는 할머니, 파김치가 되어서 도시로 돌아오는 일가족의 풍경 등은 시대를 초월하여 한국인의 정서를 대변해 준다. 외국 여러 나라에 저작권이 수출되었다.

읽기의 특징

- 그림을 보며 이야기 나누며 읽기
- 노래 곁들여 읽기
- 면지의 색으로 시간적 배경 설정하기

활동 추석 준비 한 마당

활동 대상 주 · 야간 보호센터 및 요양원 이용자

활동 목표

- 추석명절을 기억하며 정서적 안정과 행복감을 갖는다.
- 노래 가사를 몸으로 표현하며 대근육을 사용해 본다.
- 추석 준비과정을 설명하며 회상능력을 자극하고 사고력을 유지한다.

활동 자료

- 그림책, 그림책 확대화면(또는 재래시장 사진), 동요 '달달 무슨 달' 음원

활동 방법

1. '추석' 하면 떠오르는 것에 대해 간단히 이야기 나눈다.

- 어르신들, 며칠 후면 어떤 명절날인가요? *추석*
- 네, 며칠 후면 추석인데 '추석'하면 무슨 생각이 떠오르나요? *일하던 거, 식구들 왁작거리던 거, 아이구 몸서리야.*
- 네, 팔월이라 한가위, 좋은 명절이기는 한데, 할 일이 참 많았었군요.

2. 동요 가사를 몸으로 표현해 본다.

- 오늘은 즐겁게 준비운동부터 하고 추석준비를 해 보려 합니다.
- (동요, '달달 무슨 달'을 틀며) 아시는 분은 함께 불러 볼까요?
- 추석에는 어떤 달이 뜨나요? *보름달*
- '쟁반'은 어떻게 나타내면 좋을까요?

달달 무슨 달

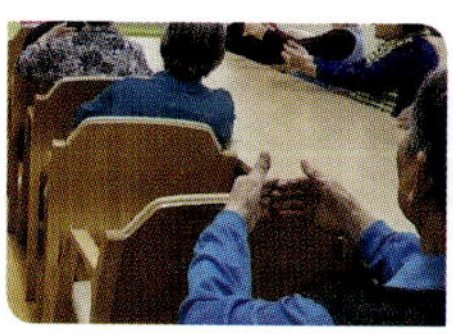
쟁반같이 둥근 달

어디어디 떴나

남산 위에 떴지

3. 그림책을 감상한다.

❶ 표지 그림을 탐색한다.

- 여기 이 사람들 누구인 것 같나요? *가족, 식구들이네.*
- '솔이의 추석이야기', 솔이네 집 추석은 어떤지 살펴보겠습니다.

❷ 면지의 색으로 배경을 설정하여 스토리텔링한다.

- (주황색 면지를 펼치며) 가을이 되자 울긋불긋 단풍이 들었어요. 그리고 모두가 기다리던 추석이 다가와요.

❸ 그림을 단서로 추석과 관련된 이야기를 나눈다.

- (속표지 그림을 보여 주며) 무엇을 하고 있나요? *옷 다리네.*
- 추석에는 옷 준비를 하나요? *추석빔 해야지. 명절인데.*
- (이발소 장면을 짚으며) 여기는 무엇을 하는 곳인가요? 머리 감고, 머리를 자르고 있네요. *이발소*
- 추석에는 이발도 해야 하나요? *암만, 조상님께 차례 지낼라면 깨끗하게 해야제.*
- (보름달이 뜬 장면에서) 정말 쟁반같이 둥근 달이네요. 사람들이 뭐하고 있나요? *소원 빌어.*

4. 추석에 준비해야 하는 것들을 노래가사로 만들어 본다.

❶ 그림(그림책 확대장면)으로 추석에 준비할 것들을 간추려 본다.

❷ 추석에 준비할 일들을 노래가사로 만들어 본다.

- ('달달 무슨 달' 가락으로) ♪ 팔월이라 한 가위, 추석 준비해야지. (동작과 함께) 이발부터 해야지. 깨끗하게 해야지.

5. 추석에 할 일들을 노래로 불러본다.

- 이제 우리 큰 소리로, '추석 준비 이렇게 하는 거야!' 노래로 가르쳐 줘 보겠습니다.
- (미용실 장면) ♪ 팔월이라 한 가위, 추석준비 해야지. *파마부터 해야지. 예쁘게 해야지.*

6. 가볍게 몸을 움직이고 마사지하며 마무리한다.

- 아유, 오늘 추석 준비하느라 수고 많으셨습니다. 명절 병 안 걸리게 손을 조물조물, 그리고 털어 볼까요? 팔도 토닥토닥.
- 오늘 어르신들이 해 주신 말씀, 젊은 사람들에게 꼭 전하도록 하겠습니다. 감사합니다.

⑤ 겨울 -『팥죽 할머니와 호랑이』

작 가 조대인 글, 최숙희 그림
출판사 보림, 1997

책 소개

옛날 깊은 산 속에서 할머니가 팥밭을 매고 있는데 갑자기 호랑이가 나타나 밭 매기 내기를 하자고 한다. 내기에서 이긴 호랑이가 할머니를 잡아먹으려 하자 할머니는 한 가지 제안을 한다. 가을이 되면 팥을 추수하게 되니 그때 가서 팥죽도 먹고 할머니도 잡아먹으라는 것이었다. 마침내 가을이 되어 호랑이가 나타나자 알밤, 자라, 개똥, 송곳, 절구, 멍석, 지게 등이 힘을 합쳐 호랑이를 물리치고 할머니를 구해 준다.

읽기의 특징

- 뒤표지 연결하여 보여 주기
- 함께 읽기를 격려하며 읽기
- 등장인물의 특징 살려 성격 설정하기

〈성격 설정의 예〉
- 팥죽 할머니: 쇠약하여 떨리는 말투의 할머니
- 호랑이: 굵고 힘있는 중년 남성
- 알밤: 톡톡 내뱉는 듯한 빠른 속도의 어린 남아
- 송곳: 찌르듯 높은 톤의 여아
- 지게: 낮고 느릿느릿한 소년

활동 뚝딱! 밭매기 놀이

활동 대상 주 · 야간 보호센터 및 요양원 이용자

활동 목표

- 전래동화를 통해 기억을 회상하고 사고력을 유지한다.
- 극놀이를 통해 흥미를 유발하고 언어능력을 증진시킨다.
- 풀 뽑기를 통해 눈과 손의 협응력을 키우고, 소근육의 기능을 유지한다.

활동 자료

- 책, 목걸이 형태의 그림(할머니, 호랑이, 알밤, 송곳, 자라, 개똥, 절구, 멍석, 지게), 초록색 융판, 펠트 풀 모형

활동 방법

1. 민요 '밀양아리랑' 박수를 치며 주의를 집중한다.

♪ 날 좀 보소, 날 좀 보소. 날 좀 보소(부록 도해 참조)

2. 그림책을 감상한다.

❶ '동지섣달'에 대해 이야기 나눈다.

- 방금 부른 노래 속에서 '동지섣달'이 나왔는데요. '동지'에 먹는 음식이 무엇인가요? *팥죽*

❷ 표지를 탐색하고 뒤표지를 연결하여 보여 준다.

- (뒤표지도 연결해 보여 주며) 어흥! 할멈, 배고픈데 잘 만났다.

❸ 속표지를 탐색한다.

- 여기 팥이 투두둑 떨어져 있는데 할머니는 왜 이렇게 울고 있는지 이야기 속으로 들어가 볼까요?

❹ 반복되는 어휘는 읽기를 격려하며 함께 읽는다.

- **팥밭 두 고랑을 매고는 애고,** (잠시 턱을 치켜들었다 내리는 등 참여를 격려하는 신호를 주며) **애고, 힘들어.**"

❺ 놀이할 때 아이들이 하는 말투로 읽는다.

❼ 의태어 부분에서는 몸짓을 곁들여 역동적으로 읽는다.

- (알밤이 굴러오는 장면에서는 손으로 나선형을 그린다.)

❽ 그림에 어울리는 의성어를 첨가해 흥미를 돋운다.
- (호랑이가 밤에 찾아오는 대목에서 늑대울음을 가볍게 한차례 낸다.)

❾ 그림 읽기를 곁들여 가며 읽는다.
- 아이고, 이거 호랑이 좀 봐요. 엉덩이가 얼마나 아팠던지 다리가 벌벌 떨리네.

3. 간단한 극놀이를 해 본다.

❶ 내용에 관한 질문을 통해 이야기 내용을 회상한다.
- 할머니가 제일 처음에 무엇을 하고 있었나요? *팥밭을 매고 있었지.*
- 할머니가 팥밭을 매고 있는데 누가 나타났나요? *호랑이가 나타났지.*

❷ 강사가 동화 속 할머니가 되며 역할극을 시작한다.
- [강사1] 네, 그럼 제가 할머니가 되어 볼 테니까 어르신들이 호랑이 해 주세요. (머리에 수건을 쓰고 팥밭 매는 시늉을 하며) 이 팥밭을 언제 다 맬까? 애고, 애고, 애고, 힘들어.
- [강사2] 그때 호랑이가 나타났어요. 호랑이가 어떻게 울어요? *어흥! 잡아먹자.*
- (참여자들 중 호랑이의 소리내기 표현이 적극적인 사람을 선택하여 강사와 일대일 대사 주고받기를 한다.)

팥죽할머니와 호랑이 극놀이 1

팥죽할머니와 호랑이 극놀이 2

4. 풀 뽑기 겨루기를 한다.

❶ 일 대 다수로 풀 뽑기 겨루기를 한다.
- (머릿수건을 쓴 강사가 할머니가 되고 참여자가 호랑이가 되어 밭매기 내기를 한다. 강사는 몸짓으로 밭을 매고 풀을 뽑는 시늉만 한다. 강사는 참여자들이 호랑이가 되어 움직임을 많이 할 수 있도록 격려한다.
- [강사1] (머릿수건을 쓴 채 나타나서 주저앉으며) 아이고 이 밭의 풀들을 언제 다 뽑을꼬? 영차, 영차,

- [강사2] (풀 교구를 붙인 융판을 들고, 의자에 앉아 있는 어르신들 앞으로 차례로 융판을 제시하며) 저기 저 의자까지 우리가 풀을 먼저 뽑으면 이기는 거예요.

❷ 일대 일로 풀 뽑기 겨루기를 한다.

- [강사1] (첫 판에 지고 나서 땅을 두드리며) 아이고 분해, 호랑이 한 명이랑 했으면 안 졌을 텐데, 한 번 더 해요. 이번엔 일대 일로 해요!
- [강사2] 좋습니다! 저기 탁자까지 걸어가실 수 있는 분, 손 들어 볼까요? (풀 하나가 남은 융판을 목표지점 탁자 위에 올려둔다.)

확장활동 이야기 릴레이

- 책의 주요장면 그림을 참여자들이 차례로 릴레이식으로 이어간다.

예 할머니가 팥밭 매는 장면→호랑이 등장→밭매기…

- 여기 그림 좀 보세요. 할머니가 무엇 하고 있는지 설명 좀 해 주시겠어요?

교구공방 풀

- **준비물**: 초록펠트, 엽전, 고무줄, 까끌이
- **만드는 법**

① 초록펠트를 폭 0.5㎝, 길이 15㎝ 정도로 여러 가닥 자른다.

② 펠트를 반으로 접어서 중앙 바닥에 엽전을 놓고 펠트로 감싸서 고무밴드로 제기처럼 묶는다.

③ 밑면에 까끌이를 붙인다.

풀

수업메모

- 이야기 릴레이식으로 이어가기는 이야기의 시작과 끝 장면에 강사의 설명과 음악을 첨가하여 소규모 공연형식이 될 수도 있다.
- 유아 및 초등을 대상으로 하는 수업에서는 강사가 할머니를 맡고 호랑이, 알밤, 자라, 송곳, 자라, 개똥, 절구, 멍석, 지게 등을 학습자가 맡게 하여 역할극을 하는 것이 전형적인 확장활동이 될 것이다.

5) 너른 마당

① 보자기동화 –『해님 달님』

이야기 소개

오누이만 집에 남겨 두고 일하러 간 엄마는 고갯길을 넘을 때 호랑이를 만나게 된다. 호랑이는 엄마가 품삯으로 받은 떡을 다 빼앗아 먹은 다음 엄마까지 잡아먹는다. 엄마로 위장한 호랑이는 오누이를 잡아먹으러 가지만, 오누이는 나무 위로 도망치고 뒤따라 올라온 호랑이를 피해 동아줄을 타고 하늘로 올라가 해님 달님이 된다. 한편 호랑이는 오누이를 잡아먹으려다가 수수밭에 떨어지고 만다.

이야기 들려주기의 특징(유형 Ⅳ)

- 보자기를 이용해서 구연자의 스타일대로 이야기 들려주기(보자기 동화)

활동 **재간둥이 보자기**

활동 대상 주 · 야간 보호센터 및 요양원 이용자

활동 목표

- 전래동화를 통해 옛 기억을 떠올리며 사고력을 유지한다.
- 보자기의 여러 가지 쓰임새를 유추해 보며 인지 기능을 향상시킨다.
- 보자기를 활용한 신체활동으로 근력과 집중력을 향상시킨다.

활동 자료

- 그림책, 보자기

활동 방법

1. 책을 보자기에 싸서 머리에 이고 있다가 보자기를 내려놓으며 이야기를 시작한다.
   - 어휴 여기 보자기에 싸가지고 온 게 뭘까요?
   - 보자기에 뭘 싸 보셨어요?
   - 책을 꺼내며 "전 오늘 책을 싸가지고 왔어요."

2. 보자기로 동화를 감상한다.
   ❶ 그림책 표지를 탐색한다.
   - 여기 한복을 입고 있는 건 누구일까요?
   - 호랑이가 왜 한복을 입고 머리에 보자기를 쓰고 있는 걸까요?
   - 왜 호랑이가 여기 문 밖에서 한복을 입고 문을 두드리고 있는지 이야기 속으로 들어가 볼까요?

   ❷ 보자기로 『해님달님』 이야기를 들려준다.
   - (주머니에 보자기의 끝만 보이게 한 다음) 이야기를 하려면 이게 필요한데 이것 좀 잡아당겨 주세요.
   - (강사와 참여자가 양쪽 끝을 당기며, 자연스럽게 줄다리기 모습을 연출한다.)

해님달님

한국 전래동화 / 이송은 각색

1. 옛날옛날 깊은 산 속에 외딴 집이 하나 있었어요.
   그 집에는 홀어머니와 오누이가 오순도순 살고 있었지요.

2. 하루는 엄마가 산 너머 잔칫집으로 일을 하러 가게 되었어요.
   "엄마가 맛있는 거 많이 가지고 올 테니, 아무에게나 문 열어주면 안 된다."
   "네, 엄마. 걱정 마세요."

3. 엄마는 부지런히 일했어요.
   빨래도 하고, 맷돌도 돌리고, 설거지도 했지요.

4. 잔치가 끝날 즈음, 엄마는 떡을 한 광주리 얻었어요.
   "아휴, 우리 애들이 떡을 보면 얼마나 좋아할까?"

날은 저물고 산 속은 컴컴했어요.
여기저기서 산 짐승소리도 들렸어요.
"아이고 빨리 가야지."
엄마가 막 고개를 넘을 때였어요.

5. "어흥! 떡 하나 주면 안 잡아먹지."
엄마는 얼른 떡 하나를 던져 주었어요.

6. "아휴, 아이들이 기다릴 텐데 빨리 가야지."
엄마가 두 번째 고개를 막 넘을 때였어요.
"어흥, 떡 하나 주면 안 잡아먹지"
글쎄 또 호랑이가 나타난 거예요.
결국 세 번째 고개에서 엄마까지 꿀꺽 삼켜버렸지요.

7. "흐흐흐, 이제 꼬마들까지 먹어 볼까?"
호랑이는 엄마 옷을 입고 오누이가 사는 오두막집을 찾아갔어요.
"얘들아, 엄마 왔다. 문 열어라."
"이건 우리 엄마 목소리가 아니에요."
"그건 고개를 넘어오다 찬바람에 목이 쉬어서 그렇지."
"그럼 손이라도 좀 보여 주세요."

8. 호랑이는 문구멍으로 털이 북슬북슬한 손을 쑤욱 내밀었어요.
"으악! 호랑이다."
오누이는 허겁지겁 뒷문으로 도망쳐서 나무 위로 올라갔어요.
한참을 기다리던 호랑이는 문을 벌컥 열었지요.
"어? 아이들이 어디로 갔지? 여기인가? 저기인가?"

9. 뒷마당을 두리번대던 호랑이는 둥그런 우물을 발견했어요.
그런데 우물 안에 오누이가 보이는 게 아니겠어요?
나무위에 걸터앉은 모습이 우물 속에 비친 거지요.
"얘들아, 거기 어떻게 들어갔니?"
"히히, 바보같이, 우린 여기 있는데 –"
"야아, 그걸 가르쳐 주면 어떡해?"

호랑이는 높은 나무 위의 오누이를 발견했어요.

"얘들아. 어떻게 올라갔니?"

지혜로운 오빠가 얼른 대답했지요.

"참기름 바르고 올라왔지."

10. "알았어. 나도 해 봐야지." 참기름을 바르고 올라가던 호랑이는 그만 주르르 미끄러지고 말았어요.

"큭큭큭, 멍청한 호랑이, 도끼로 찍고 오면 되는데."

이번에도 철없는 동생이 말해 주고 말았어요.

11. "쿵, 쿵"

호랑이는 나무를 도끼로 찍으며 한 걸음 한걸음 올라갔어요.

오누이는 너무 무서워 기도를 했지요.

"하느님 제발 저희를 살려주세요."

그러자 하늘에서 굵은 동아줄이 스르르 내려왔어요.

오누이는 동아줄을 잡고 하늘로 올라갔어요.

12. 그 모습을 본 호랑이도 기도를 했어요.

"하느님, 저한테도 동아줄을 내려주세요."

잠시 후 호랑이에게도 동아줄이 내려왔어요.

그런데 호랑이의 동아줄은 썩은 동아줄이었어요.

13. "으악! 호랑이 살려!"

호랑이는 그만 수수밭에 떨어져 죽고 말았어요.

14. 그 후로 수수는 빨개졌고, 하늘로 올라간 오누이는 해가 되고 달이 되어 지금도 우리를 비춰주고 있답니다.

※ 번호는 보자기 표상이 달라지는 장면 전환을 뜻함.

〈보자기 동화〉

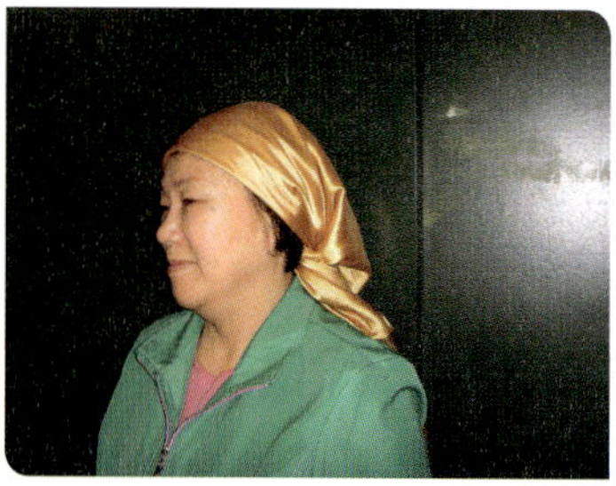

엄마가 일하러 가요

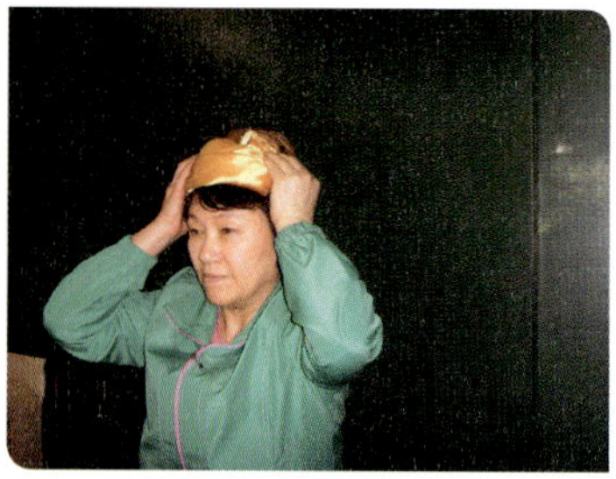

떡광주리 엄마

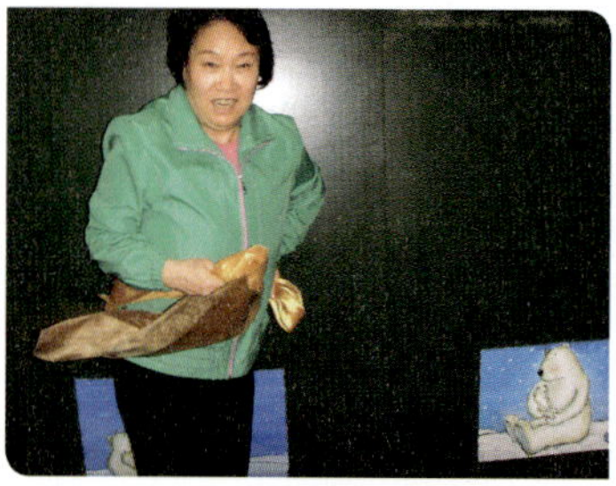

호랑이 꼬리

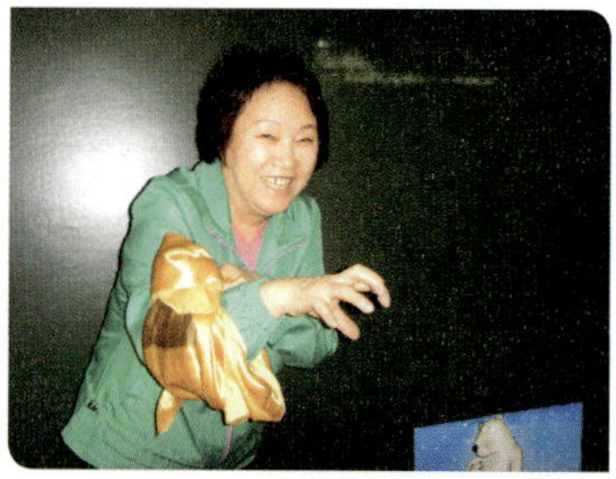

문고리

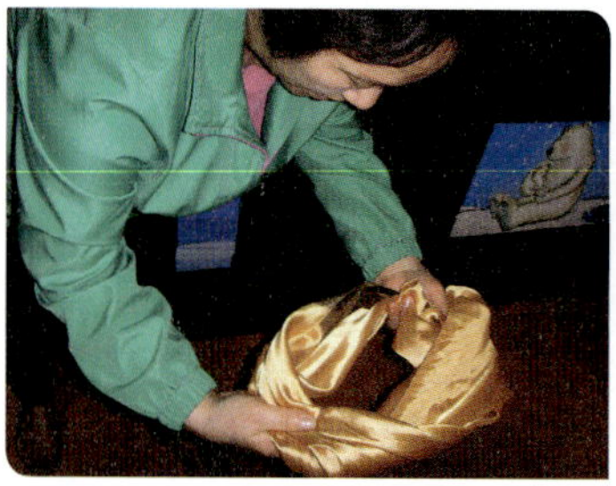

우물

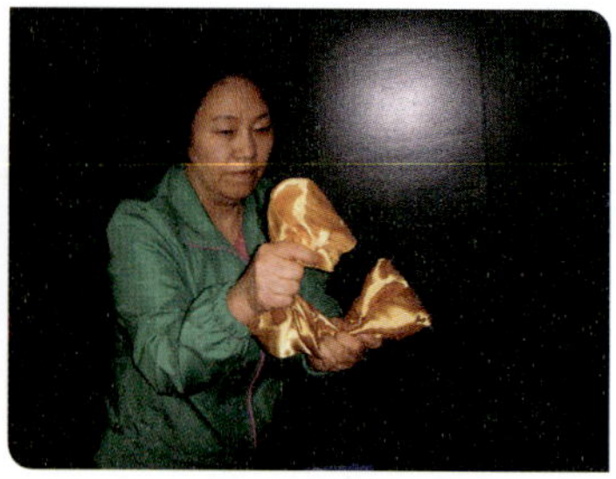

도끼

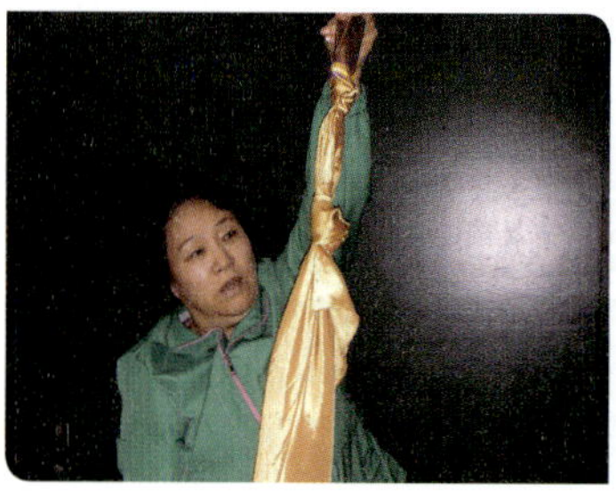

새동아줄

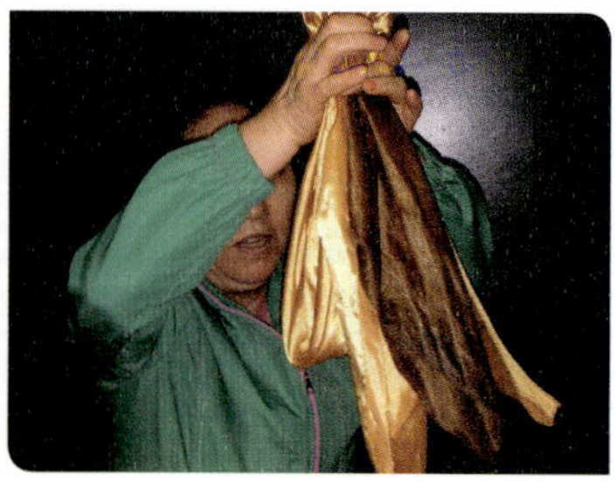

헌 동아줄

3. 보자기를 사용하는 모습을 보고 쓰임새를 유추해 본다.

- 조금 전에 보자기동화에서 보았던 것인데 이게 무엇인지 맞혀 보세요!
- (뒤에서 끝을 모아 쥐고) *어흥! 호랑이, 호랑이 꼬리*
- (보자기로 맷돌 돌리는 시늉을 하며) "얼른 갈아서 빈대떡을 부쳐야지." 이게 뭘까요? *맷돌*
- (보자기를 틀어서 머리 위에 얹고 떡 광주리 이는 시늉을 하며) "떡을 빨리 갖다 줘야지."
- (그림책을 보자기로 싸서 들쳐 메며) 그럼 이것은 무엇일까요? "학교 다녀오겠습니다." *책보*

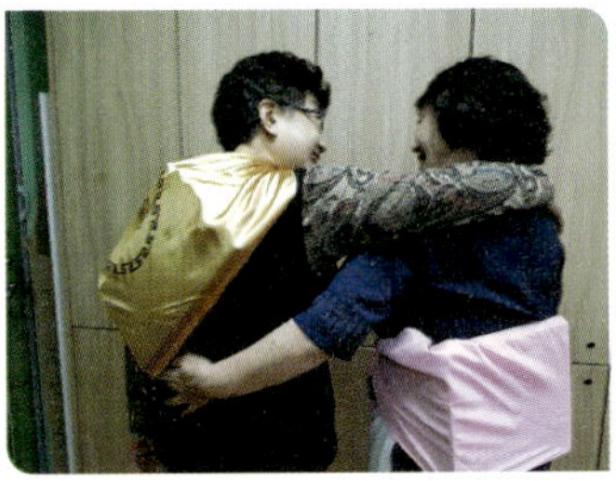

확장 활동 **떡하나 주면 안 잡아 먹지**

활동 자료

- 보자기, 콩주머니(참여자의 과반수), 호랑이그림이 붙은 10개들이 계란 판

활동 방법

1. 게임방법을 알아본다.

- 아까 호랑이가 한 고개 넘을 때마다 뭐라고 했었나요? *떡 하나 주면 안 잡아먹지.*
- 호랑이가 엄마를 잡아먹지 못하게 우리가 떡을 던져 줄 거예요. 콩 주머니를 쥐고 있다가 호랑이가 '떡 하나 주면 안 잡아먹지.' 하면 호랑이 입에다 '옛다' 하고 던져 주는 거예요. 우리 모두 힘을 합쳐 10개를 던져 주면 호랑이가 물러갈 거예요.

2. 콩주머니 던지기를 한다.

- (강사와 보조강사가 누런 보자기를 양쪽에 들고 엄마팀 어르신 앞에 서며) 어흥!

떡 하나 주면 안 잡아먹지. *옛다*

- (호랑이 그림이 붙은 계란판을 보여 주면서) 이제 호랑이 입안에 떡이 몇 개가 들어갔는지 보겠습니다. 하나씩 세어 볼까요? 하나, 둘, 셋, 넷, 다섯… 열! 더 이상 입 안에 들어갈 데가 없군요. 입이 꽉 차서 씹지도 못하겠네요. 엄마는 못 잡아먹겠습니다. 성공입니다!!!

수업메모

- 보자기로 콩주머니를 주고받을 시 참여자의 건강상태를 파악하여 던지고 받는 거리를 조절한다.
- 참여자의 건강상태에 따라 보자기의 개수를 늘려 보자기 탐색 놀이를 한다. 이 때 참여자 4~5명당 1명 정도씩 보조강사를 배정하여 상호작용을 하고 보자기를 당기다가 넘어지는 등 안전사고가 나지 않도록 유의한다.

아동 대상수업 확장활동

떡 하나 주면 안 잡아 먹지!

활동 자료

- 콩주머니, 소쿠리, 보자기, 호랑이 그림이 붙어 있는 구멍 난 상자

활동 방법

1. 해님과 달님 두 팀으로 나눈다.
2. 두 명씩 보자기를 잡고 마주 서서 옆 친구들에게 "떡하나 주면 안 잡아먹지!"라고 말하며 콩주머니 옮기기를 한다. (옮기기를 하다가 콩주머니를 떨어뜨리면 출발지점부터 다시 시작한다.)
3. 정해진 시간이 끝나면 맨 끝에 있는 호랑이 입(호랑이 그림이 붙어 있는 구멍 난 상자)에 콩주머니를 더 많이 넣은 팀이 이긴다.

② 실 놀이 – 줄 하나

작 가 김슬기 글 · 그림
출판사 현북스, 2013

책 소개

생쥐가 빨간 줄 하나를 주워 무얼 할까 고민하다 줄넘기를 하기로 한다. 하지만 줄이 짧아 귀에 걸리고 마는데, 그때 오리가 장난감 수레를 끌고 온다. 생쥐와 오리는 빨간 줄과 수레의 줄을 이어보지만 둘이서 줄넘기를 하기엔 여전히 줄이 짧다. 다가오는 동물들마다 자신이 가진 각기 다른 줄들을 모두 이어 결국 다 함께 줄넘기놀이를 신나게 할 수 있게 된다. 한바탕 놀고 난 후에 등장한 또 하나의 줄은, 모든 동물에게 주는 커다란 선물이다.

읽기의 특징

- 반복되는 구절 운율 살려 함께 읽기
- 뒷내용 예측해 보며 읽기

활동 줄, 줄, 줄 하나

활동 대상 주 · 야간 보호센터 및 요양원 이용자

활동 목표

- 줄을 사용하는 여러 가지 방법을 말과 동작으로 표현해 본다.
- 지난날의 생활경험을 이야기하며 기억력과 사고력을 유지한다.
- 실뜨기를 하며 소근육 기능을 향상시키고 상호 교류한다.
- 전체 구성원이 연결된 줄을 움직여 보며 소속감을 느껴본다.

활동 자료

- 그림책, 빨간 줄(길이60㎝, 인원수만큼), 신문지 1장, 색종이(8등분으로 길게 자른 것 1인당 8개), 풀

활동 방법

1. 줄의 다양한 용도에 대해 이야기를 나눈다.

- 여기 빨간 줄이 있습니다. 이 줄로 할 수 있는 것은 무엇이 있을까요?
  선물상자를 묶지. 고춧대를 묶을 수 있지! 옛날엔 커텐을 달 때 줄로 달았어!
- (책 대신, 신문지를 4번 정도 접어 끈으로 묶어 본 후) 그럼 다른 줄은 어떤 것이 있나요? *고무줄, 동아줄, 팽이줄, 새끼줄, 전깃줄, 빨랫줄*
- 옛날에 고무줄로 어떻게 노셨나요? *고무줄놀이! 남자애들이 고무줄을 끊었어.*
- 동아줄로는 무엇을 하셨나요? *두레박줄이지! 줄다리기 하지!*

2. 그림책을 감상한다.

❶ 표지의 그림을 탐색한다.
- 여기 조그만 생쥐가 빨간 줄을 가지고 있네요. 무슨 생각을 하고 있을까요?

❷ 묻고 답하듯이 읽는다.
- 이걸로 무얼 하면 좋을까요?

❸ 뒷이야기를 예측해 보며 읽는다.

❹ 반복되는 구절을 후렴처럼 리듬을 타며 읽는다.

3. 줄을 이용한 활동을 한다.

❶ 줄 돌려 보기, 팽이 치는 동작해 보기, 줄다리기 놀이, 줄넘기 놀이

❷ '이어 보자, 이어 보자, 줄을 길게 이어 보자' 노래 부르며 줄을 이어 본다.

❸ 줄을 이용해 다양한 동작으로 운동해 본다.
(이어진 줄을 함께 잡고 앞으로, 뒤로, 옆으로 운동을 한다.)

❹ 묶여진 줄을 풀어 본다.

❺ 실로 다양한 모양을 만들어 본다.

❻ 실뜨기 놀이를 한다.
(강사가 실뜨기 시작을 하고, 실뜨기 한 것을 옆 사람에게 전달하는 실뜨기릴레이를 한다.)

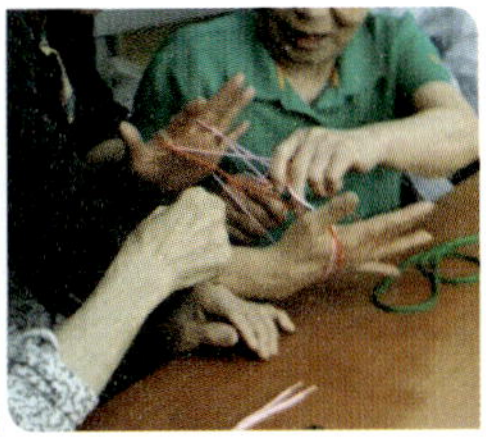

❼ 색종이 고리 장식 만들기를 한다.
- (여러 고리 줄을 긴 줄에 연결하여 커텐 창문 장식을 한다.)

4. 활동을 회상하고 평가한다.

- 오늘 줄로 했던 놀이 중 어떤 놀이가 좋았나요?
- 우리가 힘을 합쳐 종이고리로 커텐 장식을 해 보았는데 어떠셨나요?

수업메모

- 아동 대상 수업이나 일반 노인 수업에서는 '미시시피 길게 길게'와 '패션왕'놀이를 이어서 할 수 있다(두 팀으로 나누어 각자의 소지품을 꺼내어 최대한 길게 이어 보고, 늘여 놓은 소지품을 한 사람이 모두 착용한 후 팀원들이 작품명을 붙이고 사진을 찍는다).

③ 신문지야, 놀자!

활동 신문지야, 놀자!

활동 대상 주 · 야간 보호센터 및 요양원 이용자

활동 목표

- 신문지를 여러 가지 방법으로 조작함으로써 소근육을 발달시킨다.
- 신문지 변형놀이를 통해 흥미를 유발하고 사고력을 유지한다.
- 옛날 놀이에 대한 회상을 통해 기억회상능력을 유지한다.
- 놀잇감을 연이어 차거나, 치는 동작을 통해 근육조절 능력을 향상한다.

활동 자료

- 신문지

활동 방법

1. 수수께끼로 신문지에 대해 맞혀 본다.
   - 매일 아침에 집으로 배달됩니다.
   - 세상 돌아가는 이야기가 담겨 있어요.
   - 예전엔 정육점에서 고기를 사면 여기에 싸 주었지요. 그래서 벌겋게 핏물이 묻기도 했어요. *신문지*

2. 신문지 인형과 인사한다.
   - (즉석에서 신문지를 오려서 인형을 만들며) 오늘 어르신들 뵈러 온다니까 아가가 따라왔어요. 곧 나올 거예요.

     ♪아가야 나오너라. 달맞이 가자. 어르신들, '아가야~' 하고 불러 볼까요?
   - (신문에서 인형을 떼어내 움직이며) 할머니, 할아버지 안녕하세요? 오늘 저랑 신문지 나라 놀러갈 거예요. 재미있는 놀이 많이 가르쳐 주세요.

3. 신문지 변형 놀이를 한다.
   - (조간의 한쪽 펼침면을 반으로 접어 참여자들에게 나누어 주고) 오늘 아가가 재미있는 놀이를 가르쳐 달래네요. 노래를 부르며 해 볼까요?

- ♪즐겁게 춤을 추다가 신문지를 흔들어. 자, 신문지 한 번 흔들어 볼까요?
- ♪즐겁게 춤을 추다가 신문지를 찢어 봐. (접은 모서리가 위로 가게 해서 한 손으로 잡고 다른 손으로 길게 찢는다.)
- ♪즐겁게 춤을 추다가 치마를 만들어! (허리에다 갖다대며) "안녕하세요? 저는 오늘 예쁜 치마 입고 나들이 갈 거예요."
- (신문지를 턱에 갖다 대고 한 손으로 쓰다듬으며) 어머 이건 뭐예요? *수염*
- 네, 맞아요. 할아버지 한 분이 지나가다가 "에헴, 짧은 치마 입으면 감기 걸린다!" *그럼.*
- ♪즐겁게 춤을 추다가 먼지를 털어 봐! (손을 들어 먼지를 터는 흉내를 내자, 그 중 한 남자 어르신이 오른 손에 너풀거리는 신문지 뭉치를 들고) *바람이 분다! 바람이 불어!*
- (신문지 조각을 모아놓고 두 손을 호호 불며) 아이, 손 시려. *불이네.*
- 네, 그런데 아궁이에 불을 어떻게 때야 할지 모르겠어요. *요령이 있어야지.*
- ♪즐겁게 춤을 추다가 신문지를 뭉쳐 봐! 이제 신문지를 둥글게 뭉쳐서 공을 만들어요. 그리고 슛 골인! 하는 거예요.

4. 활동을 회상하고 정리한다.

- (신문지 인형을 돌아보며) 아가야, 잘 봤니?
- (신문지 인형을 손에 들고 아이 목소리로) 정말 재미있었어요. 치마, 수염, 슛골인, 다 재미있었어요. 이제 신문지로 잘 놀 수 있을 것 같아요. 할머니, 할아버지 감사합니다. 박수쳐드리고 싶어요.

신문지놀이 – 아이

신문지놀이 – 수염

신문지놀이 – 국수

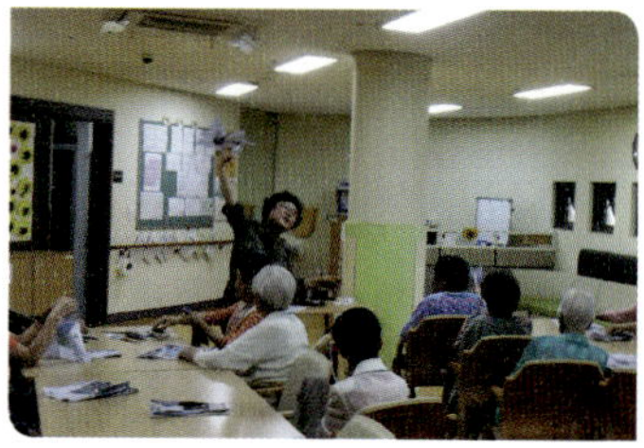

신문지놀이 – 먼지털이

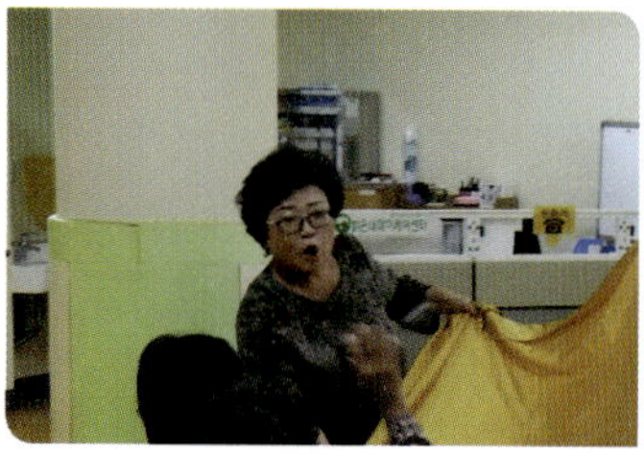

신문지놀이 – 슛골인

수업메모

- 신문지 찢기는 건강상태에 따라 찢기를 힘들어 하는 참여자도 있으므로 관찰과 도움이 필요하다.
- 서서 차는 제기는 낙상사고 발생의 우려가 있으므로, 유의한다. 신체상태에 따라 손제기차기를 하며 수세기를 병행한다.
- '신문지 공 슛 골인'은 강사와 보조강사 2인 1조가 되어 보자기를 들고 참여자의 신체상태에 따라 거리를 좁혀가며 던지기 성공률을 높인다.
- 신문지활동 후에는 손을 닦고 환기를 시키는 게 좋다.

[관련 그림책]

『신문지야, 놀자』 이송은 글, 서미경 그림, 국민서관, 2016

2장

건강한 노년에 만나는 문학의 풍요로움

1) 시와 노래: 운문으로 만나는 삶의 여유

① 동시 · 동요: 동심으로 떠나는 시간여행 –『달 따러 가자』

작 가 윤석중 글, 민정영 그림
출판사 비룡소, 2006

프로그램 목표

- 어린 시절 불렀던 동요와 동시를 통해 과거를 회상할 수 있다.
- 박수치기를 통해 혈액순환을 돕고 리듬감을 유지한다.
- 시어를 음미하며 동시를 낭송할 수 있다.

책 소개

윤석중(1911~2003)은 2003년 생을 마치기 전까지 1,200여 편의 동시·동요를 발표하였다. 이 책에는「퐁당퐁당」,「기찻길 옆」,「우산」등 오랜 시간 동안 많은 사람들에게 사랑을 받은 동요와 동시들이 실려 있다.

활동 1 퐁당퐁당 박수치기

퐁당퐁당

윤석중

퐁당퐁당 돌을 던지자
누나 몰래 돌을 던지자
냇물아 퍼져라
널리멀리 퍼져라
건너편에 앉아서
나물을 씻는
우리 누나 손등을
간질여 주어라

'퐁당퐁당 박수' 시연장면
('대활자본을 이용한 노인 독서 활성화' 워크숍, 2011. 9. 27. 국립중앙도서관)

읽기의 특징(유형 Ⅰ)

- 또박또박 박자를 맞추어 노래하기

활동 대상 노인복지관, 노인교실, 경로당 이용자

활동 목표

- 동시 내용을 동작으로 표현할 수 있다.
- 몸과 마음의 긴장을 푼다.

활동 자료

- 동시 판, '퐁당' 파문 사진(또는 그림)

활동 방법

1. **동그랗게 파문이 번져간 사진을 보여 주면서 인사를 한다.**

- 여기 연못에 작은 돌을 던졌어요. 그러면 어떤 소리가 날까요? *퐁당.*
- 오늘 먼저 모두들 잘 아시는 동요로 몸과 마음을 가볍게 풀어 보겠습니다.

2. 건강박수에 대한 설명을 곁들여 '퐁당퐁당' 가사로 율동에 대한 설명을 한다 (부록 도해 참조).

- 주먹을 이렇게 쥐면 이게 돌멩이에요. 아래 위로 바꿔서 콩콩 치면서 '퐁당' 그 다음에 동그랗게 파문이 퍼져나가듯이 손을 폅니다. '퐁당'
- 손가락 끝 박수, 이렇게 하면 시력이 좋아지고, 비염에 좋다고 하지요?

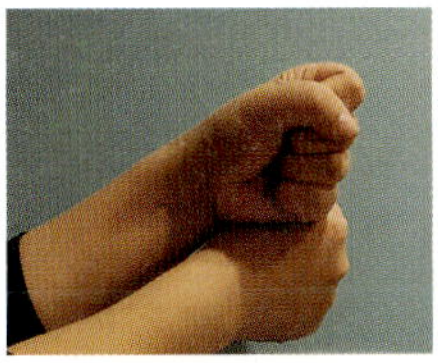
1. 퐁/(돌, 누, 돌): 주먹치기 1회

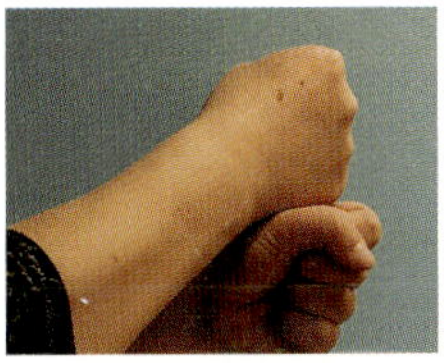
2. 당/(을, 나, 을): 손바꿔서 주먹치기 1회

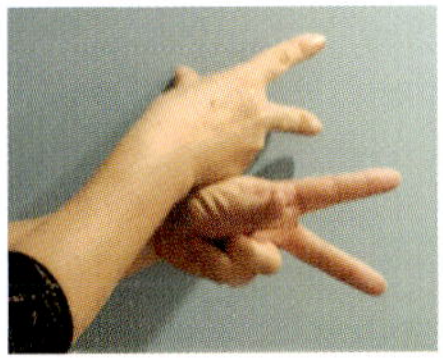
3. 퐁/(던지, 몰, 던지): 가위 1회

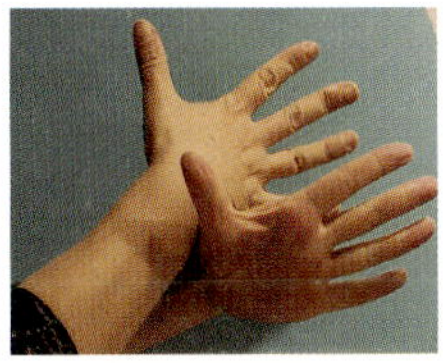
4. 당(자, 래, 자): 보 1회

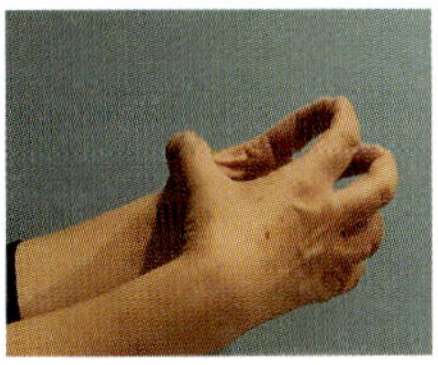
5. 건너편에 앉아서: 손끝박수 8회

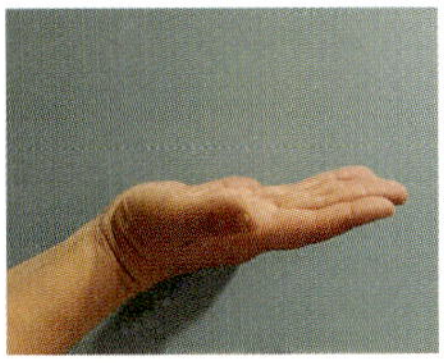
6. 나물을 씻는: 손날 박수 8회

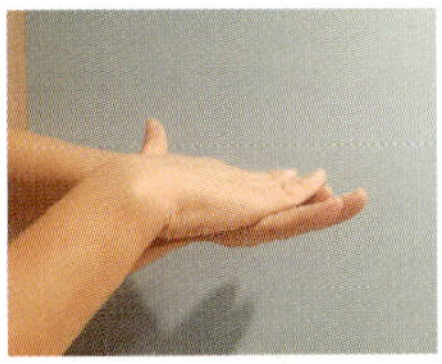
7. 우리 누나 손등을: 양손 번갈아가며 손등 박수 4회

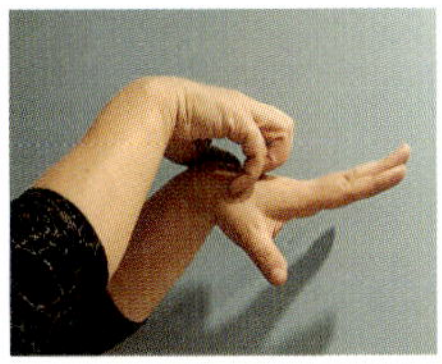
8. 간질여 주어라: 손등간질이기 8박자

4. '퐁당퐁당'을 천천히 노래부르면서 율동을 한다.

수업메모

- 잘 알려진 동요를 이용해 앉은 자세에서 상체의 소근육, 대근육을 사용해 볼 수 있다.
- 학부모를 대상으로 할 때는, '퐁당' 대신, '풍덩', '첨벙' 등을 이용해 레크레이션으로 확장할 수 있다.
- 돌을 퐁당 던졌을 때 퍼져나가는 파문의 모양을 '주먹-가위-보'로 표현하였고, 여러 가지 건강박수가 포함돼 있다.

※노인 독서 장려를 위한 '대활자본을 이용한 노인 독서 활성화' 사업은 2011년부터 한국도서관 협회 주관(문화체육관광부 주최)으로 시작되었다. 동화가있는집 연구소는 도서관 실무자를 위한 워크숍과 '대활자본을 이용한 노인 독서 프로그램 활성화를 위한 시범 사업(2011. 11. 29.)'의 프로그램 개발 및 진행을 맡았다.

활동 2 동시 수수께끼

읽기의 특징(유형 I)

- 묻고 답하듯이 상호작용하며 낭송하기
- 부분적으로 가리고 읽기

활동 대상 노인복지관, 노인교실, 경로당 이용자

활동 목표

- 동시를 수수께끼처럼 낭송할 수 있다.

활동 자료

- 동시 판, 가림 종이 4개

활동 방법

1. 동시 '다리'를 수수께끼처럼 소개한다.

- 이번에는 아주 재미있는 수수께끼를 내 볼테니까 맞혀 보세요. 네 발로 서있는 게 뭘까요? 그 위에 밥이나 반찬을 올려놓고 먹어요. *밥상*
- 세 발로 서 있는 건 뭘까요? 옛날에 나무나 짐을 나를 때 쓰던 물건인데요. *지게*
- 두 발로 서 있는 건 뭘까요? 높은 곳에 올라갈 때 사용해요. *사다리*
- 네, 사다리 맞습니다. 네 글자로 말할 때는 '사닥다리'라고도 하지요.
- 그럼 한 발로 서 있는 건 뭘까요? *허수아비, 학 다리, 지팡이, 신호등*
- 네, 한 발로 서 있는 게 많군요. 그런데 이것은 빨래를 널 때, 빨랫줄이 쳐지지 않도록 받쳐줘요. 이것은 무엇일까요?
- (기다란 머플러 천을 양쪽에서 들고 겉옷 두어 개를 걸친 다음) 아이고, 빨래가 축축 처지네요. 누가 바지랑대 해 보실 분 안 계세요?
- (할머니 한 분이 나와서 팔을 뻗쳐 준다.)

2. 윤석중의 '다리'를 낭송한다.

- 그런데, 방금 전에 낸 수수께끼로 동시를 쓰신 분이 있대요. 어디 한 번 볼까요?

3. 윤석중 시인에 대해 간단히 알아본다.

- 윤석중 선생님은 2003년에 아흔 셋에 돌아가셨는데 우리나라에서 가장 동시와 동요가사를 많이 지으신 분이에요. '기찻길옆', '나란히 나란히',' 앞으로 앞으로', 뭐, 손으로 다 꼽을 수도 없지요.

활동 3 동시책 만들기

활동 대상 노인복지관, 노인교실, 경로당 이용자

활동 목표

- 간단한 동시책을 만들 수 있다.
- 어린 시절 불렀던 동요와 동시를 통해 과거를 회상할 수 있다.

활동 자료

- 동시내용 프린트('퐁당퐁당', '다리' 등), 8절 크기 양면 색상지(참여자 수만큼), 풀, 가위, 스티커

활동 방법

1. 8절 도화지로 동시책(병풍책)의 기본 틀을 만든다.『유아 문학교육의 이론과 실제』p. 161참고

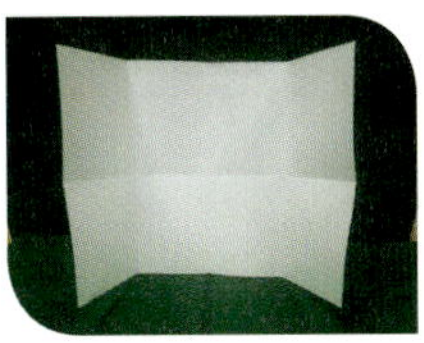
① 8절지를 8등분으로 접는다.

② 가로로 반으로 접어서 가운데 한 마디를 자른다.

③ 가운데 다이아몬드 부분이 '+' 자가 되게 모은다.

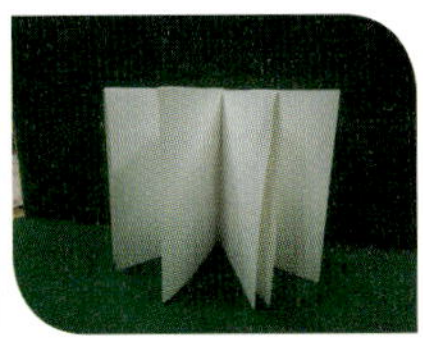
④ 한쪽으로 모아 세 펼침면으로 된 병풍책을 만든다.

2. '퐁당퐁당' 〉 '다리' 〉 '(본인이 좋아하는 동시나 동요)' 순으로 인쇄물을 붙이고 꾸민다.

3. 한 사람씩 돌아가며 동시책의 마지막 작품(자신이 좋아하는 작품)에 대해 소개한다.

4. 활동내용을 회상하고 느낌을 나눈다.
   - 오늘 오랜만에 시도 읽어보고 책도 만들어 봤는데 어떠셨어요? *좋아, 이뻐요. 어린 시절로 돌아간 것 같아요.*

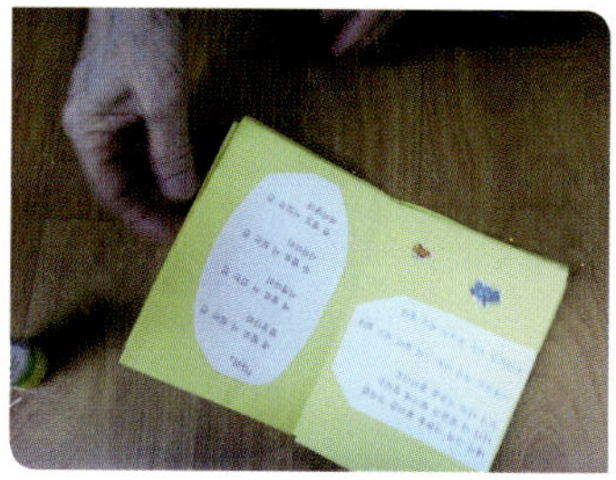

수업메모

- 동시, 동요 책 만들기는 참여자뿐만 아니라, 그것을 집으로 가져가 세대 간에 서로 이야기를 나눌 수 있는 매개체가 되는 효과가 있다.
- 『달 따러 가자』에 실린 '돌과 물(윤석중 작사, 전석환 작곡)'을 율동과 함께 불러 볼 수도 있다. 동작과 소리의 크기를 비례시키면 더욱 재미있다.
- 본 프로그램은 상황에 따라 1, 2, 3차시로 나눠서 진행할 수 있다.

돌과 물

윤석중 작사
전석환 작곡

② 시(詩) : 오래 가는 언어의 향기 -『어느 가슴엔들 시가 꽃피지 않으랴 1』

작 가 정끝별 해설, 권신아 그림
출판사 민음사, 2008

책 소개

2008년, 한국 현대시 100주년을 맞아 시인 100명이 추천한 애송시 100편을 엮은 책. 「조선일보」에 '한국 현대시 100년 시인 100명이 추천한 애송시 100편' 이라는 타이틀로 연재되었던 것이다. 김소월, 한용운부터 김수영과 기형도, 안현미와 김경주 같은 젊은 시인들까지 두루 담겨 있다.

활동 1 꽃, 꽃, 꽃

읽기의 특징(유형 Ⅰ)

• 시어를 음미하며 낭송하기

활동 대상 노인복지관, 노인교실, 경로당 이용자

활동 목표

• 젊은 시절에 접했던 시를 음미하며 낭송할 수 있다.
• 자신을 돌아보며 '꽃송이 책'을 만들 수 있다.

활동 자료

• 시집(또는 시판), 양면색종이(1인당 5~6매), 아이스크림 막대, 풀, 가위

활동 방법

1. **노래와 함께하는 건강박수로 워밍업을 한 후 이름 소개를 한다.**
   - 제 이름은ㅇㅇㅇ입니다.
     저는 이곳에 계신 어른신들의 성함도 참 궁금합니다.
     왜 궁금한지 여기 시 한 편을 볼까요?

2. **김춘수의 '꽃'을 감상한다.**

꽃

김춘수

내가 그의 이름을 불러 주기 전에는
그는 다만
…(중략)
너는 나에게 나는 너에게
잊혀 지지 않는 하나의 눈짓이 되고 싶다.

3. **시에 대한 느낌 나누기와 회상을 한다.**
   - 이 시를 들으니까 어떤 생각이 떠오르나요?
   - 이 시 중에서 어느 부분이 가장 마음에 와 닿으세요? 그 이유는 무엇인가요?
   - 어르신한테는 어떤 분이 꽃이신가요? *임, 임이지.*

4. **큰 소리로 다시 한번 낭송한다.**
   - (큰 글씨로 된 시판을 보여 주며) 마음을 담아서 큰 소리로 낭송해 볼까요?

5. **'진달래꽃'시를 감상하고 낭송한다.**
   - 이 책에 있는 시 중, 김소월의 '진달래꽃' 한편 더 볼까요'?

6. **색종이로 '나를 위한 꽃송이'를 만들어 본다.**
   - (완성된 샘플을 보여 주며) 여기 탐스러운 꽃 한 송이가 있어요. 지금부터 자신이 쓰고 싶은 내용을 골라서 꽃잎에다 적어 볼까요? 시인이나 제목을 쓰셔도 됩니다. 본인이 하시고 싶은 말씀이나 애송시 중 한 소절을 쓰셔도 좋겠습니다.

교구공방 꽃송이 만들기

- **준비물:** 색종이, 가위, 풀, 스틱
- **만드는 법**

① 색종이를 4등분으로 접는다.
색종이를 편 상태에서 대각선으로 큰 세모를 접는다.
대각선으로 접은 선을 2등분하여 서로 마주 보게 잡은 다음, 양쪽에 만들어진 4각 주머니를 접는다. (학 접을 때 많이 활용함)

② 위의 ①을 벌어진 쪽이 위로 향해서 하트 모양으로 오린다. (같은 모양을 3~4개 만든다.)

③ 하트 모양에 내용을 한 장씩 완성한다.
하트 모양 4~5개를 연결하여 붙인다.

④ 겉표지에 두꺼운 종이로 표지를 붙이고 하트 모양 넓은 쪽이 아래로 간 상태에서 스틱을 붙여 준다.

⑤ 활짝 펼쳐 본다.

① ② ③ ④ ⑤

수업메모

- 이 책에 실린 시들 중에서 자신이 좋아하는 시를 찾아서 감상을 나눌 수 있다.
- 꽃과 관련된 가요나 가곡 중 특히 노랫말이 아름다운 곡을 찾아 감상하거나 함께 불러도 좋다.

③ 가요: 노래로 만나는 삶의 애환 – '단장의 미아리 고개', 『한국가요사 2』

작 가 박찬호 글
출판사 미지북스, 2009

책 소개

한국의 가요 역사는 단순한 가요사가 아니다. 근현대 민중이 불러온 노래를 시대의 흐름과 함께 서술해 놓았으며 지난 100년 동안 대중가요계를 풍미한 수많은 노래들, 그리고 작곡가, 작사가, 가수, 연주자들이 등장한다. 그들의 잘 알려지지 않았던 생애와 음악 세계, 나아가 한국의 정치 사회적 격동에 대해서도 풍성하게 그려낸다. 제2권에서는 1945년부터 1980년까지의 우리나라 가요사를 다룬다.

활동 1 6 · 25 그때 그 시절

활동 대상 노인복지관, 노인교실, 경로당 이용자

활동 목표

- 노래에 얽힌 배경을 안다.
- 사진을 보며 그 시절의 삶을 회상하여 설명할 수 있다.
- 노래를 율동으로 표현할 수 있다.

활동 자료

- 책, 노래 가사 판, 6·25 한국전쟁 및 전후의 생활모습 사진

활동 방법

1. '단장(斷腸)'의 의미를 알아본다.

- 미아리 고개가 어디 있는지 아세요?
- 노래 제목이 왜 '단장의 미아리 고개'일까요?

2. 노래를 감상한다.

- '단장의 미아리 고개(반야월 작사, 이재호 작곡, 이해연 노래)' 모두들 아시죠? 오늘은 그 시절 노래를 다시 감상하고 같이 불러보시겠습니다.

3. 노래에 얽힌 뒷이야기를 알아본다.

- 6 · 25가 터진 이튿날, 김천의 처갓집으로 홀로 피난간 작사가 반야월은 미아리 고개에서 딸을 잃었대요.

4. 각자의 6·25 관련 경험을 회상하며 이야기를 나눈다.

- 노래 가사에 나오는 이런 일들이 그때 정말로 있었나요? *암만, 형편없었지.*
- 아, 네. 그런 고생스러운 세월들이 있어서 오늘날 우리들이 편하게 살 수 있는 것이군요.

5. 6·25 직후의 1950~60년대 풍경, 당시의 먹거리 사진들을 보며 이야기 나눈다.

- 전쟁 직후에 그때는 주로 어떤 것을 먹었나요?
- 빨래는 어떻게 했나요?

6. 1절 가사로 율동을 해 본다.

- 동족상잔의 아픈 기억이지만, 그 시기를 잊어서는 안 될 것 같습니다. 원래 노랫말은 굉장히 슬픈 내용이지만 오늘은 분위기를 바꿔서 율동을 배워 볼까요?
- '고개'는 어떻게 표현하면 좋을까요? 손을 모아서 산처럼 만들어 볼까요?

확장활동 1. 익숙한 그 시절 노래 부르기(예 『굳세어라 금순아』)

수업메모

- 이 책에 실린 『굳세어라 금순아』(강해인 작사, 박시춘 작곡, 현인 노래)의 노랫말을 연계해서 음미하고, 영화 '국제시장'을 관람해도 좋다.

④ 노래가 된 詩

시 중에는 노래의 가사가 되어 시와 노래가 동시에 널리 알려진 작품들이 있다. 멜로디라는 옷을 입고 시가 노래가 되면, 몇 가지 좋은 점이 있다. 먼저, 외우려 하지 않아도 절로 흥얼거리게 되어 시어들이 입에 붙는다. 게다가 솜씨 좋은 노래꾼들이 방송이나 음반을 통해 수시로 독자를 위해 시를 감상하게 해 준다. 노래가 된 시 몇 편을 감상해 보고 불러보자. 시를 우리 일상으로 데려올 수 있는 가장 좋은 방법이다.

활동 1 시를 노래로 즐기기

활동 대상 노인복지관, 노인교실, 경로당 이용자

활동 목표

- 노래가 된 시에는 어떤 작품이 있는 지 알 수 있다.
- 노래가 된 시를 감상하고 부르며 즐긴다.
- 시를 소재로 음반 만들기를 할 수 있다.

활동 자료

- 시집, 음원('산 너머 남촌에는', '엄마야 누나야', '향수'), 음반 시화판 재료(가사 프린트, 검정도화지, 풀, 가위, 색종이, 스티커 등)

활동 방법

1. 노래가 된 시를 함께 소리 내어 읽는다.
- 시 중에는 노래가 되어 가수나 성악가, 일반인들의 애창곡이 되기도 합니다. 어떤 시가 있는지 아시는지요? *부모, 하숙생, 개여울, 향수, 푸르른 날……*

2. 시가 된 노래를 감상한다.
- 박재란씨의 간드러진 목소리로 들어 보시겠습니다. '산 너머 남촌에는'
- 이 노래가 원래 시였다는 것을 아셨나요? 김동환 시인의 작품이었습니다.
- 이번에는 남성의 노래로 듣겠습니다. 정지용의 '향수', 원래 시였던 가사를 음미하면서 감상해 볼까요?

- 가사 중 어떤 부분이 마음에 와 닿으셨나요?

3. 시가 된 노래를 함께 불러본다.

- 이번에는 함께 노래를 불러 볼까요?

4. 노래가 된 시로 음반 시화판을 만든다.

- 또 다른 '노래가 된 시'들이 많이 있습니다. 이 중에서 마음에 드는 시를 골라 시화판을 만들어 볼까요?
- (검정도화지로 원형 음반 바탕을 만들고, 가사와 계절에 따라 쉽게 구할 수 있는 자연소재물 등으로 꾸미기를 한다.)

5. 벽면이나 이젤 등을 이용해 전시하고 느낌을 공유한다.

- 오늘 노래가 된 시들을 듣고, 부르고, 음반 꾸미기도 해 보았는데 어떠셨어요?
- 오늘 가장 가슴에 와 닿은 시는 어떤 것이었나요? 그 이유는 무엇인가요?

수업메모

• 『어느 가슴엔들 시가 꽃피지 않으랴 애송시100』, 『한국 가요사』 등의 책과 연계해서 활동할 수 있다.

• 노래가 된 시의 예

*김소월시
- 진달래꽃 – 마야
- 실버들 – 희 자매
- 부모
- 못잊어 – 페티 김
- 개여울 – 정미조
- 진달레 꽃
- 엄마야 누나야

*김동환 시
- 산 너머 남촌에는 – 박재란

*고은 시
- 가을편지 – 김민기
- 세노야 – 양희은
- 작은배 – 조동진

*박인환 시
- 세월이가면 – 박인희

*박종화 시
- 고려청자 – 삼태기

*정지용 시
- 향수 – 박인수, 이동원

*윤동주 시
- 편지 – 인지환
- 서시 – 이명희

*김남조 시
- 그대 있음에 – 송창식

*정호승 시
- 우리가 어느 별에서 – 안치환
- 부치지 않은 노래 – 김광석
- 이별노래 – 이동원
- 수선화에게 – 안치환

*서정주 시
- 푸르른 날 – 송창식

*박혜수 시
- 바다에 누워 – 높은음자리

*박두진 시
- 꽃구름 속에 – 이흥렬 곡

*이은상 시
- 가고파 – 김동진 곡

*김동명 시
- 내 마음은 호수요

*한경혜 시
- 10월의 어느 멋진 날에

*이원수 시
- 고향의 봄 – 홍난파 곡

*윤석중 시
- 퐁당퐁당

*목일신 시
- 누기누기 잠지나

*권오순 시
- 구슬 비

*최선애 시
- 오빠생각

2) 전래동화: 익살과 해학이 묻어나는 이야기

①『호랑이와 곶감』(낱장 동화)

작 가 동화가있는집 각색, 홍미량 그림

이야기 들려주기의 특징(유형 Ⅳ)

- 그림 가리키며 읽기
- 구연자의 해석과 개성을 살려 들려주기
- 장면과 장면을 연결할 때 상호작용 첨가하기
- 등장인물의 성격을 적절히 설정하고 상황을 살려 읽기

〈성격 설정의 예〉

- 호랑이: 어리숙한 느낌의 굵은 중년 남성
- 아이: 어린 유아
- 엄마: 젊은 여성
- 도둑: 거칠고 빠른 속도의 청년

활동 1 감, 감, 무슨 감

활동 대상 노인복지관, 노인교실, 경로당 이용자

활동 목표

- 친숙한 옛이야기 속의 유머를 즐긴다.
- 유머 퀴즈를 풀며 스트레스를 해소한다.

활동 자료

- 낱장동화 자료, 유머 퀴즈대본, 주황색 색종이(인원수만큼), 노끈

활동 방법

1. 무서운 것에 대한 궁금증을 유발하며 주의 집중을 한다.
   - 오늘 굉장히 무서운 것이 이야기 속에 나온대요. 무엇일까요?
   - 이것은 크기가 아기 주먹만 하대요.
   - 이것은 아주 말랑말랑하고 달아요.
   - 어떤 것인지 이야기 속으로 들어가 볼까요?

2. 낱장동화를 감상한다.

1. 옛날 깊은 산 속에 호랑이 한 마리가 살았어요.
"아이고, 배고파. 뭐, 먹을 만한 게 없을까?"
"호, 호랑이다! 도망가자!"
산 속 동물들은 호랑이 발자국만 보고도 벌벌 떨었지요.
"모두들 어디로 숨었지?"
날은 어두워지고 하는 수 없이 호랑이는 먹을 것을 찾아 먼 곳까지 내려갔어요.

2. "옳거니, 저기 집 한 채가 있군."
외딴집을 발견한 호랑이는 어슬렁어슬렁 마당으로 들어섰어요.
순간, "으앙 으앙" 어린 아이 울음소리가 들려왔어요.
방문에는 아가와 엄마의 그림자까지 훤히 비쳐졌어요.
"흐흐흐 저기로구나!"

3. 호랑이는 입맛을 쩝쩝 다시며 문 고리 쪽으로 슬그머니 다가갔지요.
그때 엄마가 다그치는 소리가 들려왔어요.
"아가 뚝! 자꾸 울면 호랑이가 어흥! 하고 물어가요. 울지 마, 뚝!"
'암, 내가 세상에서 제일 무섭지. 이제 울음을 그치겠군.'
그런데 이게 웬일인가요?
아이는 더 크게 "으앙 으앙" 울어대지 않겠어요?
'아니, 호랑이가 물어간대도 말을 안 들어?'
호랑이가 '어흥' 하며 방으로 들어가려고 할 때였어요.

4 "자, 곶감이다! 이제 뚝!"
그러자 아이는 언제 그랬냐는 듯 울음을 뚝 그쳤어요.
'어라, 곶감이라는 소리를 듣고 저놈이 울음을 뚝 그치네. 세상에 이 호랑이님보다 무서운 게 있다니! 곶감은 대체 누구야?'

5. 호랑이는 덜컥 겁이 나서 부들부들 떨며 뒷걸음질을 치다가 외양간으로 들어갔어요.
바로 그때, 마침 소도둑이 담을 넘고 있었어요.
'히히, 오늘은 저 살찐 송아지를 꼭 데려가야지.'
소도둑은 신이 나서 털썩 호랑이 위에 올라탔어요.
어둠 속에서 웅크리고 있던 호랑이를 송아지로 잘못 본 거지요.

6. 순간, 호랑이는 가슴이 철렁 했어요.
'아이고, 곶감이다! 무서운 곶감이 왔구나!'
한편, 도둑도 자신이 올라탄 게 호랑이인줄은 꿈에도 몰랐어요.
"무슨 송아지가 이렇게 털이 풍성하지? 암튼 이랴!"
도둑은 호랑이의 털을 힘껏 움켜쥐었어요.

7 '아이고, 곶감 녀석이 날 잡아먹으려나 보다. 도망가자!'
호랑이는 화들짝 놀라 날 뛰었어요.
'이, 이런, 떨어지겠어!'
도둑은 떨어지지 않으려고 목덜미 털을 더 꽉 움켜잡았지요.
'으악! 호랑이 살려!'
호랑이는 죽을 힘을 다해 산으로 내달렸어요.
휘영청 달빛에 호랑이 줄무늬가 드러났어요.
'이게 뭐야? 호, 호, 호랑이잖아!'
도둑은 와들와들 떨리는 손으로 호랑이 털을 더욱 세개 잡았어요.

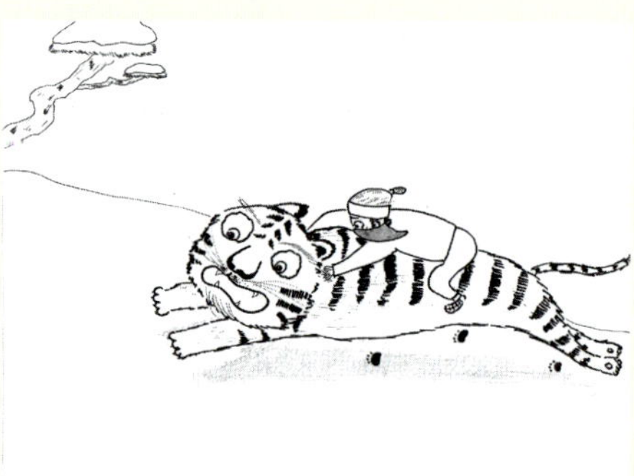

8 '으윽! 과연, 곶감이란 놈은 대단하구나. 호랑이 살려!'
호랑이는 발버둥을 치고, 그럴수록 도둑은 떨어지지 않으려고 죽기 살기로 매달렸지요.
호랑이가 바람처럼 달리는 통에, 등에 달라붙어 있던 도둑은 눈이 팽팽 돌 지경이었어요.
그때 저 만치서 나무 한 그루가 보였어요.
'저거다!'

9. 도둑은 재빨리 휙 손을 뻗어 나무에 대롱대롱 매달렸어요.
"휴, 살았다! 이제야 호랑이를 따돌렸네,"
소도둑은 어둠 속으로 꼭꼭 숨었어요.
한편, 호랑이는 한참을 혼자 달리다 문득 등이 허전함을 깨달았어요.
"휴, 살았다! 드디어 곶감을 쫓아냈어. 헉헉"
호랑이는 터덜터덜 산속 깊숙이 들어가 꼭꼭 숨었어요.
그 뒤로 호랑이는 곶감이 무서워서 다시는 마을 근처에 얼씬도 하지 않고 산 속에서만 살았대요.

3. 유머퀴즈를 푼다.

- 오늘 집채만 한 호랑이가 아기 주먹만 한 곶감한테 진 이야기를 들었는데요,
- 이처럼 반전이 있고 흥미진진한 퀴즈, 한번 해 보겠습니다.

① 감은 감인데 먹지 못하는 감은? / 정답: 영감, 옷감, 대감, 상감
② 고추장, 간장, 된장을 만들다 잘못하여 버렸다. 무슨 장일까? / 정답: 젠장
③ 아홉 명의 자식을 세자로 줄이면? / 정답: 아이구
④ 임꺽정이 타고 다니는 차가 무엇일까? / 정답: 으라차차차!
⑤ 보내기 싫으면? / 정답: 가위나 바위를 낸다.
⑥ 떡 중에 가장 빨리 먹는 떡은? / 정답: 헐레벌떡
⑦ 이상한 사람들이 모이는 곳은? / 정답: 치과
⑧ 누구나 즐겁게 웃으며 읽는 글은? / 정답: 싱글 벙글
⑨ 물고기 중에서 가장 학벌이 좋은 물고기는? / 정답: 고등어
⑩ 세상에서 제일 큰 코는? / 정답: 멕시코

4. 색종이로 공 접기를 이용해 곶감을 만든다.

- (공 형태가 완성되면, 공 윗부분을 벌어지지 않게 접착테이프를 붙이고 노끈을 종이 사이로 통과시키는 방법으로 여러 개의 공을 줄에 묶어, 곶감 말리는 풍경을 연출한다.)

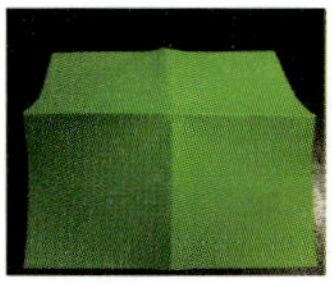
①

②

③

④

⑤

⑥

⑦

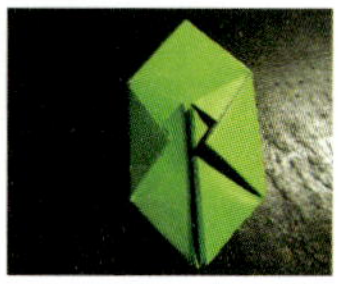
⑧

⑨

⑩

5. 활동을 회상하고 평가한다.

- '호랑이와 곶감' 같은 이야기는 왜 만들어졌을까요? *웃자고 만들었지, 뻔하면 재미 없잖아.*

수업메모

- 작품 속 호랑이는 어리숙한 성격이 어울리며, 지나치게 무섭게 구연하지 않는다.
- 낱장 그림 뒷면에 있는 대본을 읽어 주는 경우, 자칫 청중의 시선을 놓칠 우려가 있다. 수시로 앞면의 그림도 보고, 청중과 눈을 맞추며 동화를 들려줄 필요가 있다.

②「오시오 자시오 가시오」-『가자 가자 감나무』

작 가 편해문 글, 박향미 그림

출판사 창작과 비평사, 1998

책 소개

(실제편 1장 '가자 가자 감나무' 참조)

이야기 들려주기의 특징(유형 Ⅳ)

- 구연자의 해석을 곁들여 이야기 들려주기
- 표정을 곁들여 능청스럽게 읽기
- 동작 곁들여 읽기

  예 '오시오' 해서 왔고, '자시오'해서 자셨고, '가시오' 해서 갔는데…
- 성격 설정의 예
  - 양반: 능청스럽고 느린 말투의 남성(상대적으로 가늘게)
  - 잣장수: 어리숙한 말투의 남성(상대적으로 굵게)

활동 같지만 달라요!

활동 대상 노인복지관, 노인교실, 경로당 이용자

활동 목표

- 발음은 같지만 뜻이 다른 말이 나오는 익살스러운 이야기를 이해할 수 있다.
- 말놀이를 즐기며 극놀이를 할 수 있다.

활동 자료

- 동화자료(각색한 원고), 융판, 그림 컷(잣, 옷, 갓, 잣장수, 양반)

활동 방법

1. 잣에 대한 수수께끼를 맞혀 본다.
   - 나는 나무에서 열립니다.
   - 나는 작지만 아주 고소합니다.
   - 나를 사용해 막걸리로 만들기도 합니다.
   - 나는 향기가 아주 좋아서 수정과나 식혜 먹을 때 동동 띄워 먹습니다. *잣!*
2. 융판 동화를 감상한다.
   ❶ 입말로 자연스럽게 구연한다.
   ❷ 동작을 곁들여 들려준다.
   - (오라는 손짓을 하며) '오시오' 해서 왔고, (손으로 먹는 시늉을 하며) '자시오' 해서 자셨고, (가라는 손짓을 하며) '가시오' 해서 갔는데 뭐 잘못된 거 있소?

[동화원고]

오시오 자시오 가시오

한국 전래동화/이송은 각색

옛날 한 선비가 장날에 장터 구경을 갔어요.
여기 저기 기웃거리다 보니 어느새 '꼬르륵' 배가 고팠지요.
그때 어디선가 솔솔 고소한 냄새가 풍겨오는 게 아니겠어요?
'흠흠, 이게 무슨 냄새야?'
코를 킁킁대며 따라가 보니 그곳은 바로 잣을 파는 곳이었어요.
잣은 보기에도 참 먹음직스러웠지요.
'윤기가 자르르 흐르는 게 거참 맛있게도 생겼네.'
먹고는 싶고, 돈은 없고 한참을 궁리하던 양반은 별안간 무릎을 탁! 쳤어요.
양반은 문턱에 서서 잣 장수에게 자신의 옷을 가리키며 물었어요.
"이게 무엇이오?"
"옷이오."
양반은 가게 안으로 냉큼 들어갔어요.
그리고는 수북이 쌓인 잣을 가리키며 또 물었어요.
"이게 무엇이오?"

"잣이오."
그러자 양반은 허겁지겁 잣을 한 움큼 입안으로 털어 넣지 않겠어요?
잣을 실컷 먹고 난 양반은 허리를 쭉 폈어요.
그리고는 머리 위의 갓을 가리키며 또 물었어요.
"이게 무엇이오?"
"갓이오."
그러자 양반은 기다렸다는 듯 밖으로 훠이 훠이 나가버렸어요.
"아니, 여보시오, 잣을 먹었으면 돈을 내고 가야지. 그냥 가는 법이 어디 있소?"
순간, 양반은 몸을 휙 돌리더니 이렇게 말하는 것이었어요.
"잘 들어 보시오. 당신이 '오시오.' 해서 왔고, '자시오.' 해서 자셨고, '가시오.'해서 갔는데 뭐 잘못 된 거 있소?"
잣 장수는 너무도 기가 막혀 멀뚱멀뚱 보고만 있었대요.

3. 2~3명이 한 조가 되어 역할을 나누어 극놀이를 한다.

- 이제 역할을 맡아 극놀이를 해 볼 텐데요. 먼저 제가 양반해 볼 테니 잣 장수 해 보실 분 계세요?

4. 활동을 회상하고 평가한다.

- 오늘 '오시오 자시오 가시오' 동화를 들어 보니 어땠어요?
- 말놀이가 나오는 전래동화나 전래동요를 또 아는 게 있으신가요?

수업메모

- 역할극놀이의 경우, 처음에는 참여자가 대사에 부담이 없는 '잣 장수'역을 맡고, 교사는 해설과 양반 역을 겸하다가, 다음에는 해설만, 그 다음에는 관람만 하는 방식으로, 서서히 교사의 비중을 줄이고 참여자의 비중을 높인다. 이때 융판과 물건 그림 컷은 배경소품으로 사용되며, 역할을 나타내기 위해 두 인물에 막대를 붙여 막대인형으로 사용할 수도 있다. (한 손 사용이 자유롭지 못하게 되는 점은 있으나, 그 역할로 들어가 말하는 데 도움을 준다).
- 초등 2~3학년 이상 아동을 대상으로 하는 경우, 동음이의어 찾기 퀴즈로 도입을 할 수 있다.
  - 지금부터 제가 하는 말을 잘 들어 보시고, 제 말 속에 어떤 비밀이 숨어 있는지 찾아보세요. "오늘 여기까지 오는데 다리를 몇 개나 건넜는지, 다리가 너무 아파요. 게다가 어제 밤 따러 갔다가 밤에 왔거든요. 이러다가 아무래도 병 날 것 같아서 병에다 따끈한 생강차 챙겨왔어요."
  - 같은 말이 어떤 게 나왔었나요? *다리, 밤, 병*
  - 이처럼 얼핏 들으면 소리는 비슷한데, 뜻이 완전히 달라지는 이야기를 만나 볼 거예요.

③『신통방통 세 가지 말』

작 가 김경희 글·그림
출판사 웅진주니어, 2012

책 소개

옛날, 숯장수가 숯을 팔고 집으로 돌아오는 길에 다친 까치, 배고파하는 고양이, 추위에 떨고 있는 거지 노인을 도와준다. 노인은 보답으로 신통방통한 세 가지 말을 알려주고, 이 세 가지 말 덕분에 숯장수는 목숨도 구하고, 선물도 받고, 집에 든 도둑도 물리친다. 읽기 좋게 잘 써진 글과 그림 하나하나에 담겨져 있는 해학적인 요소는 독자에게 줄곧 즐거움과 재미를 안겨 준다. 앞 면지부터 뒤 면지까지 사이사이 숨어 있는 그림 수수께끼를 찾아보는 재미가 있다.

읽기의 특징

- 제목 가리고 읽기
- 그림 가리고 읽기
- 구어체의 구수한 억양과 리듬 살려 읽기
- 동작 곁들여 읽기

활동 흔들흔들, 신통방통!

활동 대상 노인복지관, 노인교실, 경로당 이용자

활동 목표

- 함께 소리 내어 읽고 움직이면서 우리 옛이야기의 흥겨움을 느끼고 표현할 수 있다.

활동 자료

- 그림책, 신통방통 세 가지 말 그림 장면 컷, 숫자 푯말(1, 2, 3)

활동 방법

1. 그림책 표지를 탐색한다.
   - (제목을 가린 채) 여기 누가 보이나요?
   - 할아버지의 손가락 세 개가 무엇을 뜻하는 걸까요?

2. 그림책을 감상한다.

❶ 면지를 탐색한다.
- 여기 할아버지가 어디를 보고 있네요. 언제 적 이야기일까요?

❷ 전래동화 특유의 입말을 살려서 운율감 있게 읽는다.

❸ 펼침면의 한쪽 면을 가리고 읽는다.
(숯장수가 한 고개, 두 고개 넘어가는 부분을 읽을 때, 세 고개 넘어 등장하는 거지 노인 그림은 가린 채 읽는다.)

❹ 세 가지 신통방통한 말을 동작을 곁들여 음률감이 있게 함께 읽는다.

❺ 앞 장면으로 다시 돌아가 읽는다.
- 도둑은 언제부터 숯장수를 따라왔던 것일까요?

❻ 뒤 면지를 탐색한다.
- (뒤 면지를 보여 주며) 산신령님이 또 착한 사람을 발견했대요. 이 사람이 누구일까요?

2. '신통방통 세 가지 말'을 몸으로 표현한다.

- 이야기 속에 나왔던 세 가지 동작을 다시 한 번 볼까요?

3. **세 팀으로 나누어 숫자 푯말에 해당하는 신통방통 세 가지 말을 동작으로 표현한다.**
   - (팀원들 간에 동작이 일치하지 않으면 그 팀이 벌점을 받게 된다.)

4. **활동을 회상하고 평가한다.**
   - 함께 소리 내어 읽고 움직일 때 기분이 어땠어요?
   - 팀으로 동작표현하기를 할 때, 어떤 부분이 가장 재미있었나요?

수업메모

- 팀별 동작 표현하기를 할 때, 푯말 제시하는 속도를 빨리 하면 긴장감을 높일 수 있다.

④『요건 내 떡』

작 가 동화가있는집 글, 김상인 그림
출판사 국민서관, 2016

책 소개

옛날 어느 마을에 떡을 무척 좋아하는 할아버지와 할머니가 살고 있었다. 어느 날 옆집에서 백일 떡을 갖고 오면서 문제가 생긴다. 서로 자기 떡이라고 우기던 두 사람은 마침내 말 안하기 내기를 해서 이기는 사람이 떡을 모두 갖기로 한다. 그런데 하필 그날 도둑이 들어, 값진 것들을 모두 빼앗길 위험에 처하게 된다. 참지 못한 할머니는 '도둑이야!' 소리 지르고, 할아버지는 기다렸다는 듯 냉큼 '요건 내 떡!'이라고 외친다.

읽기의 특징(유형 II)

- 운율 살려 읽기
- 대화식으로 주고받듯 읽기
- 등장인물의 성격을 적합하게 설정하고, 상황을 반영하여 입체적으로 읽기(읽기 유형 II)

〈성격 설정의 예〉
- 할머니: 고집스러운 수다쟁이 할머니
- 할아버지: 고집스럽고, 철없는 할아버지
- 예쁜이: 고운 목소리의 소녀
- 도둑: 굵고 낮은 톤의 중년 남성

활동 요건 무슨 떡?

활동 대상 노인복지관, 노인교실, 경로당 이용자

활동 목표

- 계절 따라 먹는 떡이 있음을 회상하며 사고력을 유지한다.
- 떡에 대한 간단한 문답을 함께 주고받으며 다른 사람과 상호작용을 한다.
- 그림 컷 떼어 붙이기를 통해 눈과 손의 협응력을 키운다.

활동 자료

- 떡 그림 컷, 계절 사진, 떡 글자 카드, 융판

활동 방법

1. 책 표지를 탐색한다.
   - 할아버지, 할머니 두 분의 기분이 어때 보이나요? 사이가 안 좋아
   - 왜 안 좋은지 책 속으로 들어가 볼까요?

2. 그림책을 감상한다.

❶ 등장인물의 성격을 살려 구수하고 익살스럽게 읽는다.

❷ 중요한 부분에 강세를 두어 읽는다.
- 옛날 어느 마을에 떡을 무척 좋아하는 할아버지와 할머니가 살고 있었어요. 할아버지와 할머니는 틈만 나면 떡 먹을 궁리를 했지요.

❸ 구절 마디마다 높낮이를 달리하여 억양에 변화를 준다.
- "아랫마을 순이 결혼은 한 달쯤 남았고(↘) 뒷집 영감 환갑은 아마() 두 달 뒤일 걸요?(↗)"

❹ 전래동요처럼 운율을 살려 주고받듯이 읽는다.
- **설날 떡국** – *가래떡*
- **봄날 고운 진달래** – *화전*
- **더운 여름** – *술떡*
- **가을이라 추석** – *송편*

❺ 그림책 속의 사물에 대해 상호작용한다.
- 설날에 먹는 것은? *떡국*
- 떡국은 무슨 떡으로 만드나요? *가래떡*
- 가래떡은 어떻게 생겼나요? *길게, 길게 생겼지*
- 여기 베개 속에서 나온 건 뭐지요? *비녀, 금비녀*
- 인절미는 어떻게 만드나요?
- 떡 치는 건 어떻게 하나요? *이어차 이어차 이렇게 하지.*

3. 동화 내용에 대해 이야기 나눈다.
- 옛날에 떡은 어떨 때 잡수셨어요?
- 할아버지가 도둑은 안 잡고 "요건, 내 떡"이라고 했는데, 할아버지에게 뭐라고 말하고 싶으세요? *욕심이 너무 많아. 철이 없네.*
- 아이들 돌이나 생일에 수수경단은 왜 해 먹나요?

4. '요건 무슨 떡?' 찾기 놀이를 한다.
- (떡 사진 컷과 글자카드를 융판에 부착해 제시하며)
- 슥 슥 썰어서 설날 떡국을 만드는 떡은 무슨 떡? *가래떡*
- 가래떡 어디 있는지 찾아서 붙여 주세요.
- 추석에 먹는 떡은? *송편*
- 송편을 찾아볼까요?

5. 자신이 좋아하는 떡에 대해 이야기 나눈다.
- (여러 가지 떡 사진을 보여 주며) 이 중에서 어떤 먹을 드시고 싶으세요?
- 그 떡이 좋은 이유는 무엇인가요?

계절떡

떡종합

요건 내떡 떡 고르기

확장 활동 **'요건 내 떡' 주사위게임**

활동 목표

- 주사위 놀이에 즐겁게 참여한다.
- 주사위에 그려진 인물을 구별하며 형태인지 시각 능력을 유지한다.
- 차례를 지켜 게임을 하며 그림에 따라 점수가 달라짐을 경험하다.

활동 자료

- 인물주사위(할머니, 할아버지, 예쁜이 각 2장면), 융판, 떡 그림 컷, 떡 쟁반 2개(2㎝ 정도의 약간 턱이 있는 그릇)

활동 방법

1. 가위 바위 보로 떡그릇을 정한다(할머니, 할아버지).

2. 규칙을 알아본다.

- 주사위를 던져 자기편 그림이 나오면 떡 그림을 1개 가져간다.
- 상대편 그림이 나오면 아무 것도 가져가지 못한다.
- 예쁜이 그림이 나오면 2개를 가져간다.
  - 이야기에서 옆집 예쁜이가 떡을 한보따리 갖다 주었지요? 주사위에서 예쁜이가 톡 나오면, 좋구나! 두 개를 가져가는 거예요.
- 6개의 그림으로 떡그릇을 먼저 채우면 이긴다.
  - 어르신, 이 그릇을 다 채우면 이기는 거예요. '요건 내떡!' 외치시는 거예요.

요건 내떡 주사위 게임 준비물

3. '요건 내 떡' 주사위놀이를 회상하며 이야기 나눈다.

- 주사위를 던져 보니까 기분이 어떠세요?
- 어느 떡이 제일 마음에 드세요?

3) 수필, 그리고 짧은 산문: 두런두런, 살아가는 이야기

①「엄마의 뒷모습」–『연탄길 1』

작 가 이철환 지음
출판사 생명의말씀사, 2016

책 소개

작가가 노량진 입시학원에서 아이들을 가르치며 만난, 어려운 환경 속에서도 꿈을 잃지 않고 노력하며 살아가는 이웃의 감동적인 이야기를 따뜻한 시각으로 담고 있다. 『연탄길 1, 2, 3』은 일본, 중국, 대만 등에 수출되어 외국에서도 널리 읽히고 있다. '엄마의 뒷모습'은 『연탄길 1』의 37편의 글 중, 첫 이야기이다.

읽기의 특징

- 릴레이로 또박또박 낭독하기(읽기유형 I)
- 그림 보며 이야기 만들어 전달하기

활동 엄마, 그리고 가족…

활동 대상 노인복지관, 노인교실, 경로당 이용자

활동 목표

- 실화에 바탕을 둔 이야기를 공감하며 들을 수 있다.
- 여러 명이 릴레이로 낭독할 수 있다.
- 어머니의 헌신과 가족의 의미에 대해 이야기 나눌 수 있다.

활동 자료

- 책, 읽기자료(그림에 맞추어 본문을 간추려 재구성한 것), 장난감 마이크, 그림 장면 5~6개(책에 실린 주요 내용을 낱장 삽화로 그린 것), 하트 꽃 북아트 재료(A4색지 2자, 색종이, 가위, 풀)

활동 방법

1. '연탄'과 관련해 이야기 나눈다.

- '연탄' 하면 무엇이 떠오르나요? *연탄가스, 겨울에 자다가 일어나서 연탄불 갈던 거…*
- '연탄길'은 어떤 길일까요? *미끄러지지 말라고 겨울에 연탄재를 많이 뿌렸지.*

2. '엄마의 뒷모습' 그림을 보며 이야기를 나눈다.

- (뒷모습만 보이는 그림을 보여 주며) 이분은 어떤 사람일까요?
- 왜 이렇게 돌아 앉아 있는 걸까요?
- 오늘은 실제 있었던 이야기를 글로 담은 책을 소개해 드리려고 해요.
- 왜 이 사람이 돌아앉아 있는지 책을 통해 알아볼까요?

3. '엄마의 뒷모습'을 삽화를 곁들여 감상한다.

(본문에서 발췌한 글을 삽화를 곁들여 들려준다. 뒷모습 그림으로 먼저 도입한다. 어머니 대사부분은 소박한 아주머니 톤으로, 종현이의 대사는 북받치는 감정을 억누르는 청소년의 느낌으로, 앙드레 말로의 금언은 또박 또박 낭송하듯이 읽는다.)

- (그림 1) 어느 추운 겨울이었다……
- (그림 1) 그날도 엄마는 지나가는 사람들과 등을 돌리고……
- (그림 6) "오랫동안 꿈을 그리는 사람은……"

4. 감상한 소감을 나눈다.

- '엄마의 뒷모습' 듣고 나니까 어떤 생각이 드세요? *우리 때는 다 그랬어. 다 고생했어.*
- (마이크 모형을 건네며) 종현이나 종현이 엄마가 눈앞에 있다면 뭐라고 얘기해 주고 싶으신가요? *고생 끝에 낙이 오네. 그간 고생 많았어요. 내 인생도 풀어놓으면 소*

설 한 바닥이야.

5. 작품을 나누어 릴레이식으로 낭독한다.

- (순서와 분량을 정하고, 배경음악을 약하게 틀고 책머리의 '연탄' – 본문으로 이어 간다.)
- (책, 또는 확대한 책의 본문을 나누어 주며) 이제 이 글을 우리 모두가 돌아가며 읽어 보겠습니다.

6. 자신의 이름을 넣어 꽃 책을 만든다.

- 여기에서는 한 어머니의 얘기를 만났지만, 지난 세월, 누구나 고비를 넘기고 오늘에 이르렀지요. 오늘은 나를 위한 꽃 책을 한번 만들어 보겠습니다. 이름만 쓰셔도 되고, '풀꽃'이란 시에 본인의 이름을 넣으셔도 좋겠습니다.

엄마의 뒷모습 주요장면 삽화

꽃책 팝업북

수업메모

- 낭독은 읽는 사람과 듣는 사람의 감정을 교류시켜 주고 감동을 배가시키는 힘이 있다. 유려하거나, 담백하거나, 힘 있거나, 잔잔하거나, 작가의 문체를 그대로 만날 수 있는 매력이 있다. 길지 않은 길이의 산문을 낭독하다 보면, 본인과 타인의 육성을 만나게 되고 각자의 존재를 재발견하게 된다. 또한 나레이터나 성우가 된 듯한 만족감이 있고, 공동의 퍼포먼스 하나를 완성한 성취감이 있다. 읽기 좋은 작품의 예로, 피천득의 '인연'을 들 수 있다.

②「빨간 드레스」-『마음을 열어 주는 101가지 이야기 2』

마음을 열어 주는 101가지 이야기 1

작 가 잭 캔필드 · 마크 빅터 한센 글, 류시화 옮김
출판사 이레, 1996

책 소개

『마음을 열어 주는 101가지 이야기』 시리즈는 삶에 관한 일상 속에서의 성찰을 담고 있다. 2권은 마음 자세와, 배움과 가르침, 진정한 삶을 산 사람들, 자신의 꿈을 이루는 일, 지혜 등 다섯 장으로 구성돼 있다. 그중 '빨간 드레스'는 임종을 앞둔 어머니가 딸에게 자신의 삶을 되돌아보며, 여성으로서 희생을 덕목으로 알고 산 자신의 삶에 대한 회한과 딸에게 당부하는 말들을 '빨간 드레스'라는 상징으로 표현하고 있다.

읽기의 특징

- '역할 내 교사(teacher-in-role)' 기법을 활용하여 읽기
  '역할 내 교사'란 연극놀이의 한 기법으로 교사가 활동 중, 교사 외의 한 역할을 맡는 것을 말한다. 역할로 들어갔다가 빠져나오는 신호로, 모자나 스카프 등 간단한 소품을 이용하는 경우가 많다.
- 주요한 부분 발췌하여 읽기

활동 내 삶의 빨간 드레스

활동 대상 노인복지관, 노인교실, 경로당 이용자

활동 목표

- 내 삶에서 꼭 해 보고 싶은 것을 여러 사람 앞에서 발표할 수 있다.
- 이야기 속 인물에게 친구처럼 조언해 줄 수 있다.

활동 자료

- 책, 빨간드레스 모형(펠트천), 빨간 색지, 봉투 속에 든 편지, 빨간 스카프

활동 방법

1. 대형 '빨간 드레스' 모형을 보며 이야기 나눈다.

- 이게 무엇인가요?
- 이건 어떨 때 입으면 좋을까요?
- 그런데 이 빨간 드레스에는 사연이 있대요. 사연이 무엇인지 들어 보겠습니다.

2. '빨간 드레스'를 강사의 시연으로 감상한다.

- (강사가 빨간 스카프를 어깨에 두르며 일어서며) 안녕하세요? 저는 오늘 빨간 드레스에 담긴 사연을 전하려고 합니다. (펠트로 된 드레스 모형을 가리키며) 저희 어머니께 이거랑 똑 같은 빨간 드레스가 있었어요. 그런데 저희 어머니는 빨간 드레스를 한 번도 입어 보지 못하고 돌아가셨어요. 여기 편지가 있군요.
- (발췌한 본문 글이 적혀져 있는 편지지를 책갈피 속에서 꺼내며) **난 그 옷을 한 번도 입은 적이 없단다.**
- 어머니께서 돌아가실 때, 여러 어머님들께 알리라고 부탁하셔서 전해드렸습니다. 늘 건강하십시오. (인사하며 빨간 스카프를 벗고 다시 강사로 돌아온다.)

3. 이루지 못한 소망에 대해 이야기 나눈다.

❶ 글 속의 주인공에게 건네고 싶은 말을 해 본다.
- 조금 전에 빨간 드레스를 걸어두고 한 번도 입어 보지 못하고 돌아가신, 빨간 드레스의 주인이 앞에 있다면 어떤 말을 해 주고 싶으세요?

❷ 자신이 과거에 이루지 못한 소망에 대해 이야기 나눈다.
- 어르신들도 혹시 과거에 꼭 하고 싶었는데, 못 해서 아쉬운 것 있으신가요?

4. 앞으로 이루고 싶은 소망을 빨간 드레스 모양의 활동지에 적어 본다.

- 지금부터 앞으로 꼭 이루고 싶은 것, 하고 싶은 것을 빨간 드레스 모양 종이에다 적어 볼까요? (예 금년 내로, 이번 달에 하고 싶은 것 등)

5. 나무모양 보드 판에 빨간 드레스모양 쪽지를 걸고 차례로 소망을 이야기하고 나눈다.

- 이제 빨간 드레스를 소망 나무에다 걸어 볼까요?

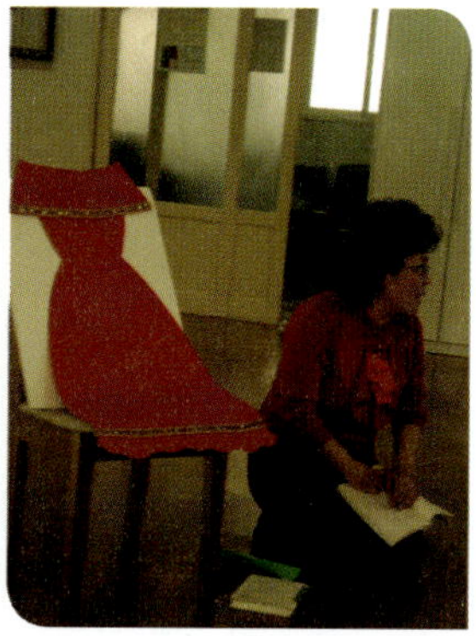

확장 활동 시 낭송하기

- 로버트 프로스트(Robert Frost)의 '가지 않은 길(The Road Not Taken)'

수업메모

- 60, 70대일 경우에는 '가고 싶은 곳', '먹고 싶은 것', '하고 싶은 것' 등을 적극 참여하나 작성하나, 80대 후반부터 90대에 이르는 분들은, '아무 것도 바랄 게 없다', '자다가 죽는 것' 등 의견을 말하는 경우도 많다. 이때도 당황하지 말고, 부드럽게 수용한다. '내가 이루고 싶은 게 뭘까?'라고 한번쯤 생각해 보는 그 자체도 의미가 있다.
- 중심이 되는 단락이나 문장을 돌아가면서 낭독할 수도 있다.
- 너무 심각해지지 않고 밝은 분위기로 가려면, '해바라기'의 노래, "어서 말을 해"와 같이 용기가 없어서 망설이는 사람에게 어서 고백을 하라고 부추기는 내용의 노래를 함께 감상하고 불러도 좋다.

4) 소설: 지난 세월의 앨범

①『그 많던 싱아는 누가 다 먹었을까?』

작 가	박완서 지음
출판사	웅진지식하우스, 2005

읽기의 특징

- 낭독, 입체적 구연, 이야기 만들어 읽기 등을 복합적으로 적용하기

활동 라디오 소설극장

활동 대상 노인복지관, 노인교실, 경로당 이용자

활동 목표

- 소설을 통해서 과거의 경험을 이야기할 수 있다.
- 리듬악기와 소리나는 일상용품을 활용하여 음향효과를 만들 수 있다.
- 소설의 내용을 토대로 라디오극의 대본을 구성하고 실연해 본다.

활동 자료

- 소설의 요약 발췌본, 다양한 리듬악기, 소리나는 일상용품(플라스틱병, 냄비, 양은 도시락 등), 전지, 매직, 녹음기, 스피커.

활동 방법

1. 작가 박완서와 그의 작품에 대해 알아본다.

- 박완서라는 작가와 작품에 대해서 잠깐 알아볼까요?

2. 라디오 소설극장에 필요한 소리를 탐색한다.

- 오늘 우리가 소설극장이라는 라디오 드라마를 만들어 볼 건데, 라디오 방송에서는 무엇이 중요할까요? *소리, 음향이지.*

❶ 악기와 일상용품으로 다양한 소리를 탐색한다.

- 한 명씩 돌아가면서 소리를 내고 다른 사람들은 그 소리를 듣고 떠오르는 것을 이야기해 보세요.

예 비닐 봉투를 흔들고 비빈다: 바람소리, 발자국 소리

3. 장소를 소리로 표현한다.

- 그 장소에서 나는 소리가 어떤 것들이 있을지 상상해 보고, 악기와 물건들을 이용해서 소리를 내 주세요.
- 목소리도 사용할 수 있습니다.

예 전쟁: 탬버린으로 헬리콥터, 목소리로 폭탄 날아가는 소리 '피우우웅', 냄비뚜껑이나 양은 도시락을 숟가락으로 두드리며 기관총 소리 '따다다'

4. 소설의 한 장면을 라디오극 형식으로 감상한다.

- 박완서의 소설 『그 많던 싱아는 누가 다 먹었을까』 중의 한 부분을 라디오극 형식으로 들려드리겠습니다.

[라디오극 대본]

해설: 라디오 소설극장 그 많던 싱아는 누가 다먹었을까
제1화 야시장
방학이 다섯 손가락 안으로 임박하고 나서 엄마는 나를 데리고 야시장으로 나갔다.

시장 사람들: 요강이요(그릇 수저로 두드리기) 칼사세요. (수저부비는 소리)
둘이 먹다가 하나 죽어도 모르는 호박엿이요. (가위소리-집게)

완서: 엄마 엿이요.

엄마: 밤에 무슨 엿이니? 빨리 와.

상인: 시잡가는 새색시 볼 처럼 빛 고운 비단이요. 빛깔 한번 잘 나왔네.(천 펼치는 소리)

완서: 우아 예쁘다.

엄마: 이 집은 비싸. 이리와.

포목점 주인: 여기 이 땡땡이 가라가 최신식인데 딸내미 내리닫이 한 벌 해주쇼.

엄마: 얼마요?

주인: 오십전이요.

엄마: 얘 가자!

주인: 아이참! 오십전인데 손님한텐 40전에 준다고요.

엄마: 삼십전.

주인: 에이 삼십오전에 가져가쇼. 개시니까.

엄마: 얘 가자!

완서: 엄마 아까 그 집으로 가자 그 빨간…

엄마: 조용히 해.

주인: 여기 가져가쇼. 내가 개시니까 손해 보고 파는 줄 아쇼.

엄마: 여기 삼십전이요.(동전 던지는 소리)

완서: 엄마 아까 그 빨간 색.

엄마: 시끄러워. 빨리와.

엔딩곡/ 출연자 소개

5. 라디오 소설극장을 만든다.

❶ 전체 소설의 이야기 흐름을 함께 공유한다.

- (작가의 개인적인 경험보다 참여자 대부분이 공감할 수 있는 일반적인 내용으로 소설의 부분부분을 발췌하여 간략히 내용을 소개한다.

❷ 발췌된 부분에 드러난 옛 삶의 모습을 사진을 통해 알아보고 이야기 나눈다.

❸ 공유된 기억을 바탕으로 효과음과 대사를 정리하여 대본을 만든다.

- 각 팀이 정한 장소와 관련된 소설의 단락을 아까 교사들이 시연했던 것처럼 라디오극으로 만들어 볼 거예요. 그 시절을 떠올리며 효과음과 상황에 맞는 대사를 만들어서 대본을 정리해 볼까요?

✲ 대본 예시 #1. 전쟁

등장인물: 해설, 조종사, 인민군, 포로들, 아빠, 엄마, 아기

해설: 최악의 소식이 왔다. 낮게 뜬 헬리콥터에서 마이크를 대고 피난을 독려하는 소리가 어우러져 조그만 병원을 들썩들썩 흔드는 것 같았다. 한편, 빛고을 광주에서는 피난이 한창이었다.

(음향효과 – 인민군 총소리)

조종사: 대피. 대피하세요. 안전한 곳으로 피하세요.

(음향효과 – 헬리콥터 소리)

해설: 그 난리 중에 부자나 공부를 많이 한 청년들은 포로로 끌려갔다.

포로들: 아이고, 아퍼, 못 걷겠어.

인민군: 동무들, 바로 못 걷겠소?

아버지: 형님 이 신발을 신고 가십시오.

아기: 응애응애

엄마: 우지마라. 우지마라.

(음향효과 – 낮게 지나가는 비행기 소리, 폭탄 떨어지는 소리)

다같이: 엎드려~~

(엔딩곡 – 단장의 미아리 고개)

✻ 대본 예시 #2. 학교 가는 날

등장인물: 엄마, 교장선생님, 담임선생님, 아이1, 2, 3, 4, 5

(음향효과 - 개구리 우는 소리)

엄마: 얘야! 빨리와라. 오늘 입학식이야.

아이 1: 입학식이 뭐야?

엄마: 학교 처음 가는 날이야.

아이 1: 얘들아 빨리가자.

아이들: 그래. 같이가자.

(음향효과 - 발자국소리, 입학식장 소음)

담임: 입학식이 곧 시작될 예정입니다. 학생 여러분 운동장으로 모여 주세요.

모두: 빨리가자.

아이 2: 아이 난 싫어.

담임: 아아 마이크 시험중. 교장 선생님 말씀이 있겠습니다.

교장: 아아. 여러분 우리 학교에 오신걸 진심으로 환영합니다. 똥이 마려운 학생은 저 뒤 변소를 써 주세요. 담임 선생님 교실로 안내해 주세요.

담임: 일학년 일반 따라오세요.

아이들: 변소가 뭐야?

아이3: 똥뚜간이야. 그것도 몰라?

담임: 여기가 교실입니다. 출석 부를게요.

아이 4: 선생님 저 노래 잘해요.

아이 5: 저는 유희를 잘해요.

담임: 그래 그럼 한번 해 볼래? 뭐를 잘하니?

아이 4: 학교종이요. (학교종 노래를 부른다)

아이 5: 오줌 마려워요.

아이 2: 저두요.

담임: 그래 빨리가자. 참어! 조금만…

(음향효과 - 시원하게 물이 흐르는 소리)

아이 5: 선생님 쌌어요.

아이 2: 저두요

아이들: 얼레리꼴레리 오줌 쌌대요.

❹ 대본의 상황과 등장인물의 성격을 설명한다.

- 시대: 1930년 후반 서울
- 장소: 현저동 서민층 집

❺ 역할을 나누어서 연습한다.

- 누가 어떤 역할을 할 것인지, 어떤 소리를 내어 줄 것인지 정하고 연습을 해 보겠습니다.

❻ 오프닝과 엔딩을 정한다.

- 모두 시작할 때 "라디오 소설극장 제ㅇㅇ화"라고 전체 제목을 말하기로 정하겠습니다. 그리고 마지막에는 등장인물 소개를 하고 노래나 음악으로 끝을 맺도록 하겠습니다.

❼ 이야기 순서에 맞게 한 팀씩 녹음을 한다.

❽ 처음부터 끝까지 녹음한 내용을 함께 감상한다.

6. 느낀 점을 나눈다.

- 녹음한 것을 들어 보니 어떠한가요?
- 오늘 소설로 지난 세월을 만나보았는데 어떤 장면이 가장 인상에 남으시나요?

수업메모

- 각 장면의 상황을 발전시켜 나갈 때, 책에 나와 있는 내용대로 할 수도 있지만, 각 참여자의 회상이 잘 이루어진다면 자연스럽게 참여자 개인의 경험을 극으로 발전시킬 수도 있다. 하지만, 참여자가 거부감을 가지는 상황이 있다면, 그 부분을 제외하고 다른 상황으로 대체할 수도 있을 것이다.
- 대사는 짧고 정서적인 것이 좋다.
- 효과음을 도구가 아닌 신체를 활용해 만드는 것도 재미있다.

5) 정보책: 미래를 예비하며 오늘을 사는 지혜

①『아름다운 노후를 위한 정신건강』

작 가 조맹제 지음
출판사 서울대학교출판부, 2007

책 소개

서울대학교 노화고령사회연구소와 서울대학교 출판부에서 마련한『제3기 인생 길라잡이』시리즈 중 3권으로, 노년기와 정신건강, 노년기 우울증과 치매, 의식혼란과 약물 남용 등을 설명하고 있다.

활동 9988 건강 지킴이 수첩 만들기

활동 대상 노인복지관, 노인교실, 경로당 이용자

활동 목표

- 치매를 예방하는 방법을 예를 들어 설명할 수 있다.
- 휴대하고 다닐 수 있는 건강정보 소책자를 만들 수 있다.

활동 자료

- 건강에 관한 정보 책(조맹제 저, 『아름다운 노후를 위한 정신건강』), 수첩 만들기 재료(한지, 색지, 풀, 가위, 필기도구)

활동 방법

1. 동요 '고향의 봄' 노래를 부르며 건강박수를 친다.

- 박수를 치면 혈액순환에 도움이 되는 거 아시죠?
  옛날을 회상하시면서 '고향의 봄' 노래에 맞춰 즐겁게 박수를 쳐 볼게요.~
  ♪ 나의 살던 고향은~

2. 건강정보 책의 주요한 부분을 함께 읽는다.

- 사람은 신체적으로 이상이 생기면 몸 안에 잠재해 있던 치매 증상이 나타난다고 해요. 그렇기 때문에 우리는 항상 건강을 유지하도록 평소에 노력을 해야 하는데요. 어르신들께서 알고 있는 방법은 어떤 것이 있나요? *잘 자야 돼. 잘 먹어야 돼. 스트레스 안 받아야 돼요.*
- 그럼 우리 모두 치매를 예방하고, 건강한 생활을 위해 실천할 수 있는 것에는 어떤 것들이 있는지 전문가가 쓴 책을 통해 한번 알아보도록 하겠습니다. ('치매예방' 부분을 발췌해서 읽는다.)

3. 건강정보 수첩을 만든다.

- 치매를 예방하면서 99세까지 88하게 건강을 유지할 수 있도록 건강지킴이 수첩을 만들어 보겠습니다.

4. 활동을 정리하며 평가한다.

- 치매 예방 수칙 중에 가장 기억에 남는 부분은 어떤 것인가요?
- 이 수첩을 앞으로 어떻게 활용할 계획이신가요?
- 앞으로 언제나 건강지킴이 수첩 갖고 다니시면서, 99세까지 88하게 건강하시기 바랍니다.

수업메모

- 노인 건강관련 도서 중에는 한방 전문의들이 집필한 서적도 다수 있다. 참여자들의 이해도와 관심사를 감안하여 내용을 선택하고, 함께 읽은 후 소책자를 만들어도 좋다.
- 건강십훈 (建康十訓)

  ① 소육다채(少肉多菜) – 고기는 적게 먹고 채소는 많이 먹는다.

  ② 소식다작(少食多嚼) – 과식을 피하고 많이 씹는다.

  (중략)

  ⑩ 소분다소(少憤多笑) – 분함을 참고 명랑하게 생활한다.

  (참고자료: 이정호 · 정명수 · 신선우, 『한방과 노인건강』, p. 100)

확장활동 촉감 지압 매트 걷기(부록 사진 참조)

2부

노인에 의한 문학활동

3장

유아: 삶의 첫 문학 나들이

1) 감각으로 만나는 그림책

①「세모야 어디 가니?」-『뜨레풀 책놀이 1』

작 가 이송은 글 · 전효훈 그림
출판사 동심, 2008

책 소개

아기 세모가 유쾌한 여행을 떠난다. 장소가 바뀔 때마다 세모 개수가 하나씩 늘어나 나비, 물고기, 비행기, 집이 된다. 마지막에 잠이 들 때는 세모 두 개만으로 별, 네모가 되어 또 다른 변신을 한다. 꼴라쥬 기법의 그림과 더불어 수 세기, 조형, 동요 부르기를 자연스럽게 할 수 있다.

읽기의 특징

- 융판 교구를 활용한 읽기
- 상황에 맞게 소리 크기 조절하기
- 동요 곁들여 읽기

활동 세모로 만들어요

활동 대상 만 2~5세

활동 목표

- 세모를 이용하여 여러 가지 모양을 만들어 본다.
- 하나부터 다섯까지 수를 셀 수 있다.
- 동요를 즐겁게 불러 본다.

활동 자료

- 그림책, 부록 CD, 교사용 및 유아용 융판자료(바탕판, 작은 세모 펠트 5개, 큰 세모 펠트 1개)

활동 방법

1. 융판 컷 자료를 이용하여 세모의 특징과 이름에 담긴 뜻을 알아본다.

- 안녕? 난 세모야. 내 이름이 왜 세모인지 아니?
  요렇게 뾰족 뾰족한 게 하나, 둘, 셋! 세 개 있어. 그래서 내 이름이 세모야.

2. 융판 동화를 감상한다.

- 세모가 여기 저기 여행을 떠난대요. 우리 세모에게 "세모야 어디 가니?" 물어볼까?
  (모두 다 같이) *세모야, 어디 가니?*

3. 그림책으로 동화를 다시 감상한다.

4. 세모 컷을 이용해 여러 가지 모양들을 만들어 본다.

❶ 책 속에 나와 있는 모양대로 만들어 본다.

- (개별용 세모교구를 나눠 준 후) 책에 나왔던 것들을 우리도 만들어 볼까?
- 눈이 있는 아기 세모 찾아볼까?
- 노란 나비 만들어 볼까?

❷ 세모를 이용해 자유로이 여러 모양을 만들어 본다.

- 이번엔 세모로 나만의 재미있는 모양을 만들어 볼까?

5. 활동을 회상하고 평가한다.

- 세모로 여러 가지 모양을 만들었는데 무엇이 가장 재미있었니?

수업메모

• 확장활동으로 색동밴드를 이용한 '세모야, 어디 가니?' 공연을 할 수 있다. 부모 참여 수업 등 이벤트에 적합하다.

②「보들보들 까끌까끌」-『뜨레풀 책놀이 1』

작 가	이송은 글, 최나연 그림
출판사	동심, 2008

책 소개

강아지 공공이가 어디서 자면 좋을지 찾아다니며 다양한 촉감을 만난다. 울퉁불퉁, 가끌까끌, 매끈매끈…… 결국 찾아낸 곳은 엄마가 덮어 주는 보들보들한 이불이다. 촉감책으로서는 드물게 간단한 줄거리가 함께한다.

읽기의 특징(유형 II)

- 원문대로 읽되, 등장인물의 성격을 살려 입체적으로 읽기
- 매 페이지마다 촉감 소재를 만져 보도록 하며 읽기
- 노래로 마지막 페이지를 소개하기

활동 촉감놀이해요

활동 대상 만 1~3세

활동 목표

- 여러 가지 물건 표면의 다양한 느낌을 손으로 경험한다.
- 촉감에 따른 단어를 말해 본다.

• 손끝에 와 닿는 느낌을 구별할 수 있다.

활동 자료

• 그림책, 그림책 부록 CD, 다양한 촉감 소재, 강아지 인형(열쇠고리 용)

활동 방법

1. 손유희를 하면서 몸의 감촉을 탐색한다.
   - '거미가 줄을 타고 올라갑니다~'

2. 작은 강아지 마스코트와 촉감 소재를 이용해 촉감탐색을 한다.
   - 아 졸려, 어디서 자면 어떨까?
   - (강아지 인형에다 까끌까끌한 소재를 덮어 주며) 아이 따가워. 우리 친구들도 한번 만져볼까?

3. 그림책(촉감책)을 감상한다.
   - 여기는 어떨까? 한번 만져 볼까?
   - 아, 울퉁불퉁하다.

4. '보들보들 까끌까끌'(부록CD 12번 트랙) 노래를 부르며 그림책을 다시 한 번 감상한다.

5. 생활 속의 촉감 소재를 탐색해 본다.
   - 우리 교실에 있는 물건은 어떤지 한번 만져 볼까?
   - (발 매트, 수세미, 목욕타월 등 생활용품을 꺼내며) 이번엔 집에서 쓰는 물건들이 나왔어. 한번 만져볼까?

6. 활동을 정리하고 손을 이용해 촉감 단어로 인사한다.
   - 오늘 여러 가지 만지느라고 손이 수고했지요?
   - (손들을 비벼 주며) 보들보들 손등도 수고했어요.
   - (손톱을 만져 주며) 매끈매끈 손톱도 수고했어요.
   - (주먹을 쥐고) 울퉁불퉁 주먹도 수고 했어요.

확장 활동 1. 촉감책 만들기

활동 자료

- 펠트(B5의 절반 정도 크기 6매), 고리, 다양한 촉감 소재, 글루건(또는 실과 바늘), 양면테이프

활동 방법

1. 한 주 전부터 안내에 따라 미리 촉감 소재를 모은다.
2. 일차로 영아가 탐색한 후 양면테이프로 살짝 붙인 다음, 추후에 글루건이나 바느질로 단단하게 붙인다.

확장 활동 2. 촉감매트 걷기

③「뚱땅 목수아저씨」-『뜨레풀 책놀이 1』

작 가 동화가있는집 글, 이혜영 그림
출판사 동심, 2008

책 소개

뚱땅 목수아저씨는 얼렁뚱땅 집을 만들어 주는 유쾌한 아저씨이다. 하나, 하나, 집이 갖춰야 할 공간을 아이의 말을 통해 알려 주며, 결국 집이란 사랑하는 가족이 있어야 완성된다는 메시지를 담고 있다. 플랩북 형식이며 부록 CD에 흥겨운 주제가가 수록돼 있다.

읽기의 특징(유형 II)

- 등장 인물의 목소리를 입체적으로 설정하기
- '짠'이라는 글자를 소리 내어 읽을 때 플랩을 열어 젖혀 확인시키며 읽기
- 주제가의 한 소절을 율동과 함께 부르며 읽기
- 한 페이지가 끝나면 '집을 지어요. 얼렁 뚱땅!'을 율동과 함께 부르고 다음 장면을 펼친다.

활동 우리 집이에요

활동 대상 만 2~3세

활동 목표

- 실내공간에서 나는 다양한 소리에 귀 기울여 본다.
- 집안 여러 공간의 기능을 놀이 속에서 경험한다.
- 집은 사랑하는 가족들이 사는 곳임을 안다.

활동 자료

- 그림책, 부록CD, 색동띠, 그림책 장면확대 자료

활동 방법

1. 그림책 부록 CD에 들어있는 음향(15번~20번까지 트랙)을 듣고 무슨 소리인지 알아맞혀 본다.
   - 이 소리는 무슨 소리일까? 어디서 나는 소리일까?
   - 이 모든 장소가 모여 있는 곳은 어디일까?
2. 부록 CD에 수록된 '뚱땅 목수 아저씨' 노래에 맞춰 율동을 따라해 본다.
   - (표지를 보여 주며) 이 아저씨는 뭐든지 얼렁뚱땅 만드는 뚱땅 목수 아저씨에요.
   - 오늘은 뚱땅 목수 아저씨가 만든 집 구경 갈 건데 노래를 부르며 갈 거예요.

   ♪뚱땅뚱땅 얼렁뚱땅 뚱땅아저씨, 집을 지어요 얼렁~ 뚱땅!

뚱땅 목수아저씨

백남희 작사, 작곡

3. 그림책을 감상한다.
   - 잠깐만 기다려! ♪집을 지어요. 얼렁 뚱땅!
   - (플랩을 열며) 짠!
4. 음향을 듣고 그에 맞는 확대 그림과 연결해 보면서 기능을 다시 알아본다.
   - "콰르르 – " 이거는 어디에서 나는 소리인지 그림에서 찾아볼까?
   - 여기서는 뭐하지요?
5. 그림책에 소개된 장소(방, 창문, 화장실, 부엌, 거실)를 확대해서 벽면에 붙여놓고 상상놀이를 한다.
   - (전래동요 '어디까지 왔나?' 가락을 개사해서) 어디까지 왔나?

확장 활동 우리 집(혹은 어린이집, 유치원 도서관 등 현장)에서는 어떤 소리가 날까?

2) 나, 너, 우리

① 다섯손가락 이야기(손가락인형동화)

이야기 들려주기의 특징

- 손가락인형 조작하며 들려주기
- 등장인물의 목소리 구분하여 구연하기

엄지는 아빠, 검지는 엄마, 중지는 오빠, 약지는 언니, 새끼손가락은 아기로 목소리설정을 하면 구연하기 쉽다. 가운데 손가락은 젊은 청년느낌으로 엄지보다 빠른 속도, 높은 톤으로 하고, 손바닥은 낮고 중후한 소리로 한다.

활동 누가 최고지?

활동 대상 유아

활동 목표

- 동화를 즐겁게 감상한다.
- 손가락마다 잘하는 일이 따로 있음을 안다.

활동 자료

- '다섯 손가락' 손가락동화 교구, 상자(교구 담는 용도)

활동 방법

1. '엄지 어디 있소' 손유희로 손가락 이름을 알아본다.
   - 오늘은 손가락들이 나와 인사를 할 거예요
   - (뒤로 두 손을 모으고) ♪엄지 어디 있소? 엄지 어디 있소?
   - (오른 손 엄지를 차례로 앞으로 하며) ♪여기 나와 있소. 여기 나와 있소.
   - (엄지를 한 손씩 차례로 구부리며) ♪안녕하오, 오늘? 재미있소, 오늘.

- (양손을 차례로 등 뒤로 보내며)♪ 들어갑니다, 들어갑니다.

2. 손가락 인형 동화를 감상한다.

❶ 손가락인형 교구의 장갑부분을 보여 주며 주의집중을 한다.
- (상자에서 목장갑의 손목 부분부터 먼저 내 보이며) 이게 무엇일까요? 장갑
- 오늘은 이 장갑이 변신을 할 거예요.

❷ 엄지부터 손가락을 하나씩 제시하며 동화를 들려준다.
- (교구 장갑의 손등 부분을 보여 주며) 다섯 개의 손가락이 옹기종기 살고 있었어요.
- (교구의 엄지를 치켜세우고, 다른 손으로는 교구의 엄지 외 손가락들과 손바닥을 감싸며) 어느 날 엄지가 잘난 척을 했어요.

다섯 손가락 이야기

구전동화 / 이송은 각색

다섯 개의 손가락이 옹기종기 살고 있었어요.
어느 날 엄지가 잘난 척을 했어요.
"'아빠' 할 때도 나, '최고!' 할 때도 나, 엄지가 최고야."
그러자 검지도 지지 않고 말했지요.
"무슨 소리? 요기조기 가리킬 때도 나, '저 – 비행기' 할 때도 나, 검지가 제일 쓸모가 있지."
이번엔 가운데 손가락이 나섰어요.
"우리 중에서 누가 제일 크지? 바로 나. 그러니까 중지가 대장이라고."
그때 옆에 있던 넷째 손가락이 코웃음을 쳤어요.
"흥, 일만 잘하면 다인가? 귀한 보석 반지는 어느 손에 끼더라? 바로 나지."
새끼손가락도 가만있지 않았어요.
"콧구멍을 후빌 때도 나, 귓구멍을 후빌 때도 나, 소중한 약속을 할 때도 나지. 그러니까 내가 최고야."
그때 손바닥이 점잖게 소리쳤어요.
"허허, 모두들 잘난 척을 하는구나. 너희들 모두 어디에 붙어 있지? 나 없이 한 발짝이라도 움직일 수 있냐?"

"죄송합니다."

"죄송합니다."

"죄송합니다."

"죄송합니다."

"죄송합니다."

손가락들은 모두 부끄러워하며 손바닥에게 절을 했어요.

그래서 지금도 손가락들은 앞으로만 구부러진대요.

뒤로는 구부러지지 않는대요.

3. 동화내용에 대해 이야기 나눈다.

- 다섯 손가락들은 처음에 왜 잘난 척을 했을까요? *자기가 최고라고 생각했어요.*
- 다섯 손가락들은 왜 나중에 손바닥에게 죄송하다고 했을까요? *손바닥이 없으면 안 된다는 걸 알았어요.*

4. 다섯 가지 목소리로 인사해 본다.

- (엄지는 아빠, 검지는 엄마, 중지는 오빠, 약지는 언니, 새끼손가락은 아기로 목소리로 인사한다.)
- 이번에는 손가락을 따라서 인사해 볼까요?
- (엄지를 움직이며) 여러분, 아빠 목소리로 인사해 볼까요? "안녕하세요?"

수업메모

- 손가락 인형 교구를 제시할 때 손가락을 하나씩만 보여 주고, 다른 손으로 손바닥 부분을 마지막까지 가려 주는 게 중요하다.
- 손가락의 명칭은 여러 가지가 있으나 간략하게 부르는 어휘로는 '엄지, 검지, 중지(中指), 약지(藥指), 소지(小指)'가 가장 일반적이다.
- 복지시설 어르신 대상으로 수업할 때는, 건강상태에 따라 손가락 인형을 조작하며 다섯 목소리로 인사해 보기를 할 수 있다.

② 통통 무슨 통(순수구연/막대동화)

읽기의 특징

- 등장인물의 특징과 상황을 살려 입체적으로 구연하기
- 휴지 갑 동화로 들려주기

활동 통통 무슨 통

활동 대상 유아

활동 목표

- '나'의 특별함에 관심을 가진다.
- 여러 가지 '통'의 특징을 알 수 있다.
- '통' 노래를 즐겁게 부른다.

활동 자료

- 동화 자료(순수구연/휴지 갑동화), 여러 가지 통, 통 이름 카드, 융판, 펼침 동화 샘플

활동 방법

1. 여러 가지 통을 탐색하며 '통'의 의미를 알아본다.
   - (물통, 쓰레기통, 반찬통 등 몇 개의 통을 보여 주며) 이 물건들은 무엇이니? 어떨 때 사용하니?
   - 이름에 똑같이 들어가는 글자는 무엇이니?
   - '통'이 무슨 뜻일까?

2. 동화를 감상한다(순수 구연 혹은 휴지 갑동화).

통통 무슨 통

각색 이송은

민정이네 동네에 오래된 우체통이 하나 있었어요.

비가 주룩주룩 내리던 어느 날이었어요.

'난 왜 맨날 꼼짝없이 서서 비를 맞아야 하는 거지? 정말 싫어.'

"할머니 – 할머니"

우체통은 통 나라 마법사를 불렀어요.

"우체통아, 무슨 일이냐?"

"저를 어디든지 갈 수 있고 사람들이 좋아하는 통으로 만들어 주세요, 네?"

"어디든지 갈 수 있고, 사람들이 좋아하는 통이라, 변해라, 변해라, 통통통!"

펑! 우체통은 파란 필통으로 변했어요.

"와, 조그맣고 날씬해서 어디든지 갈 수 있어"

필통은 '윤소희'라고 적힌 가방 속으로 쏙 들어가 잠이 들었어요.

얼마나 시간이 지났을까요?

"아야, 아야야!"

필통이 눈을 떠 보니 글쎄 소희 오빠가 망치 대신 필통으로 못을 박고 있지 않겠어요?

"필통 살려, 필통 살려~ 할머니, 제발 절 아이들이 만지지 않는 통으로 만들어 주세요, 네?"

"아이들이 만지지 않는 통이라? 옳거니! 변해라, 변해라, 통통통!"

펑! 이번엔 쌀통으로 변했어요.

"와! 밥은 어른들이 하니까 이젠 아이들이 만질 염려는 없겠다."

쌀통이 팔려간 집은 갓 결혼한 새댁 네 집이었어요.

한동안은 정말 조용하고 편안했지요.

그런데 어느 날, 쌀통은 갑자기 옆구리가 근질근질, 어깨가 스멀스멀, 이상한 느낌이 들었어요.

'어, 왜 이렇게 간지럽지?'

눈을 크게 뜨고 속을 들여다보던 쌀통은 '악 – ' 비명을 질렀어요.

꼬물꼬물 쌀벌레들이 가득하지 뭐예요?

새댁이 밥을 너무 안 해 먹어서 벌레가 생긴 거지요.

"할머니, 할머니 –, 절 벌레가 들어오지 못하는 꽉 막힌 통으로 만들어 주세요."

"꽉 막힌 통이라, 꽉 막힌 통이라, 옳거니! 변해라, 변해라, 통통통!"

펑! 이번엔 통조림 깡통으로 변했어요.

"와! 꽉 막힌 철갑 옷에 복숭아 그림도 붙었네. ♪통 통 통자로 끝나는 말은? 우체통, 필통, 쌀통, 깡통, 깡통이 최고야. 깡통!"

깡통은 진열대 위에서 한껏 뽐을 냈어요.

다음날, 깡통은 한 청년에게 팔려 배낭 속으로 들어갔어요.

'이제 난 어디로 가는 걸까? 어, 새소리도 들리네.

잠시 후 배낭이 스르르 열렸어요.

"아, 눈부셔!"

그런데 이게 웬일인가요?

눈을 제대로 뜨기도 전에 깡통은 저 만치 버려졌어요.

청년이 또르르 휙!! 복숭아만 꺼내먹고 깡통을 아무렇게나 버린 거지요.

깡통은 이리 저리 밟히다 녹까지 슬었어요.

"할머니~ 할머니~ 제발 절 녹슬지 않고 사람들이 버리지 않는 통으로 만들어 주세요. 제발요."

"자꾸 이랬다저랬다 하면 못 써! 녹슬지 않고 버려지지 않는 통이라~, 그런 통이라면 딱 하나 있긴 한데, 마음에 들지 모르겠구나. 변해라, 변해라 통통통!"

펑! 연기가 걷히자 깡통은 다시 우체통으로 변했어요.

"와! 빨갛게 칠해져 녹슬지 않고, 종이만 들어오니 벌레 걱정 없고. 사람들이 기다리는 소식을 전해 주고, 우체통이 이렇게 좋은 줄 왜 진작 몰랐지?"

그 후로 민정이네 동네 우체통은 늘 웃는 모습으로 그 자리에 서 있었답니다.

3. 동화를 회상하며 이야기를 나눈다.

- 동화 속 우체통은 어떤 통으로 변신했었지?
- 우체통이 다시 돌아왔을 때 어떤 마음이었을까?
- 우체통만이 가진 특별함은 무엇이었니?

4. 여러 가지 통 사진과 통 이름 카드를 융판에 붙이고, '통' 노래를 부르며 정리한다.('리 리 리 자로 끝나는 말은' 가락에 맞춰)

- 통 이름 카드를 융판에 붙인 후 이 중에서 여섯 개를 골라 노래를 불러 볼까?

♪ 통통 통자로 끝나는 말은, 우체통, 필통, 쌀통, 깡통, 물통 저 - 금통!

5. 활동을 평가하고 마무리한다.

- 오늘 소개된 통들은 어떤 것들이 있었니?
- 그중 가장 마음에 드는 통은 무엇이니? 이유는 무엇이니?

교구공방 휴지 갑 동화 만들기

- **준비물**: 동일한 크기의 휴지 갑 2개, 양면 색상지 3장(4절지, 같은 색), 양면테이프, 셀로판테이프, 헌 그림책
- **만드는 법**

① 휴지 갑의 길이를 3등분한 폭 너비만큼 색상지를 자른다.

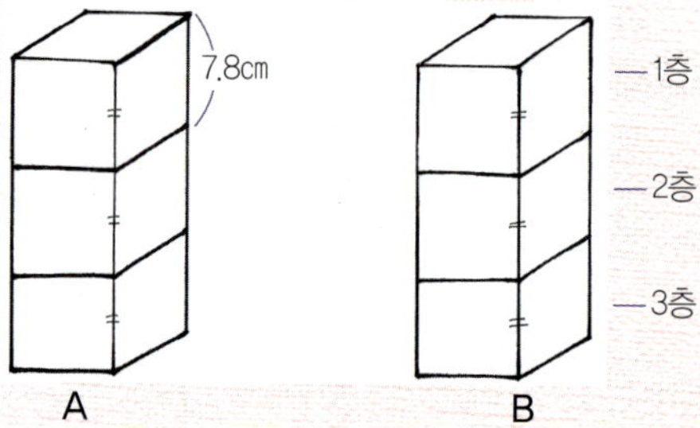

② 휴지 갑에 볼펜 등으로 3등분으로 나누어 휴지 갑의 4면에 선을 그려 넣는다.

③ 자른 색상지를 양면테이프로 4개씩 길게 이어 3줄을 만든다.

④ A 휴지 갑에는 1, 3층 모서리 같은 위치에 양면테이프를 붙이고 같은 방향으로 감는다. 띠의 끝은 풀리지 않게 셀로판테이프로 살짝 붙여 둔다.

⑤ B 휴지 갑에는 2층 모서리에 붙이되 A 휴지 갑과 반대 방향으로 감는다. 띠의 끝은 풀리지 않게 셀로판테이프로 살짝 붙여 둔다.

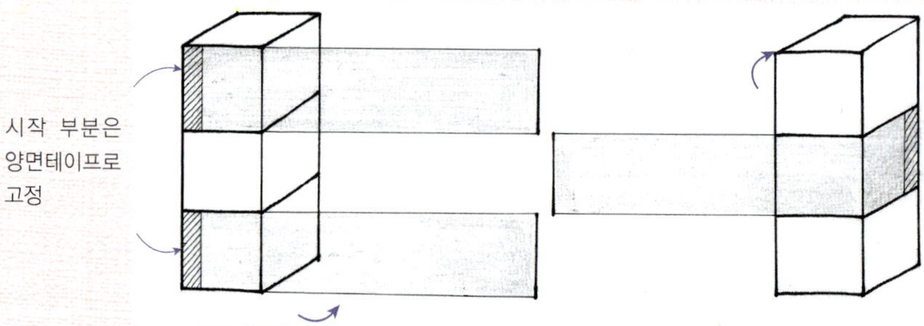

⑥ 두 휴지 갑을 나란히 놓고 살짝 고정한 것을 떼어 상대편 휴지 갑으로 각각 젖혀 붙인다(A 휴지 갑의 1, 3층 띠는 B 휴지 갑의 비어 있는 1, 3층 자리에 양면테이프를 이용하여 적당히 당겨 붙이고, B 휴지 갑의 2층 띠는 A 휴지 갑의 비어 있는 2층 자리에 양면테이프를 이용하여 적당히 당겨 붙인다).

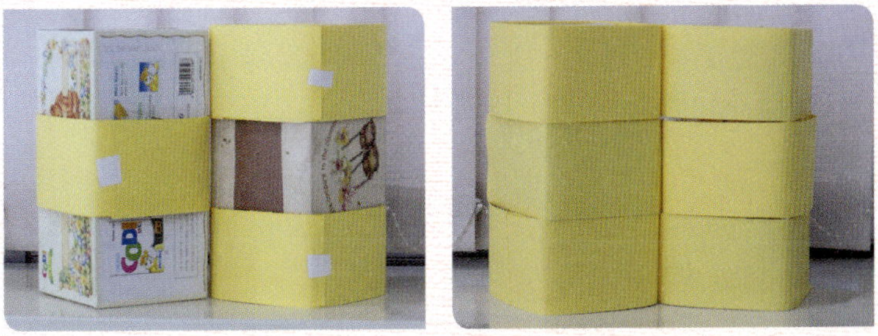

⑦ 회전을 확인하고 면 수를 센다.

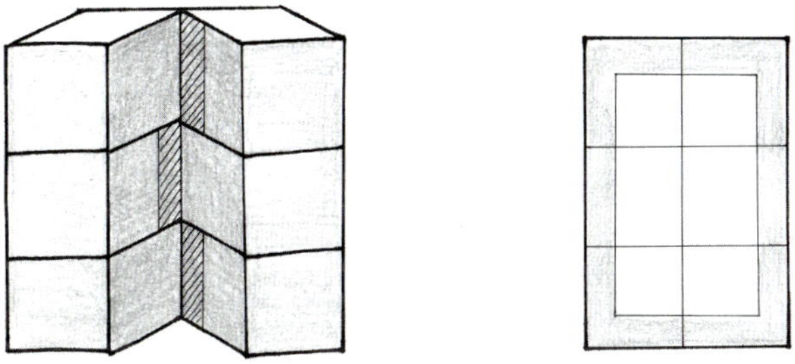

⑧ 그림책의 한 장면을 6조각 내어 휴지 갑 면에 붙이거나 그려 붙인다.

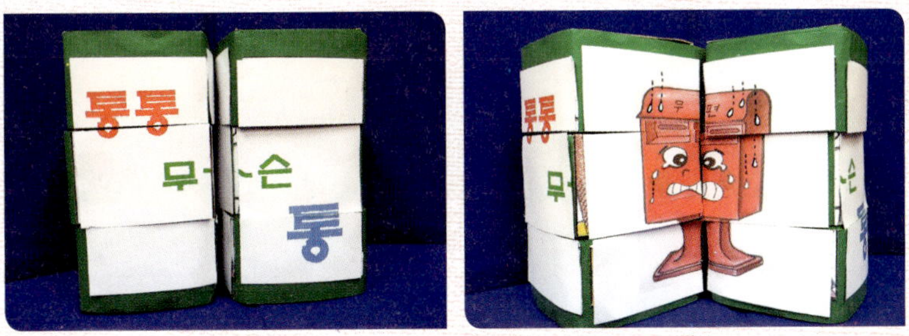

③ 점점점 하나

작 가 이송은 글, 우예림 그림
출판사 국민서관, 2016

책 소개

노란 옷을 입은 아이가 동네산책에 나선다. 옷가게, 문방구, 횡단보도를 지나 이윽고 바둑을 두시던 할아버지와 함께 과일수레에서 사과를 사서 돌아올 즈음, 어둑어둑 날이 저문다. 노래를 곁들여 우리 동네 가게들과 건물, 장소들을 산뜻하게 둘러볼 수 있다.

읽기의 특징

- 노래로 글 읽기

활동 점점 점하나 무엇이 될까?

활동 대상 만 3~5세

활동 목표

- 주어진 점을 이용해 그림을 완성해 본다.
- 점이 숨겨져 있는 그림 속의 다양한 직업과 장소에 관심을 갖는다.

활동 자료

- 그림책, 활동지(점 하나가 찍힌 종이, 유아 수만큼), 사인펜(혹은 색연필)

활동 방법

1. 점에 대해 탐색한다.

- (점을 그린 종이를 보여 주며)여기 도화지에 무엇이 보이니?
- (구멍이 뚫려 있는 그림을 보여 주며)오늘은 점이 구멍 뒤에 숨어 있는, 재미있는 그림책을 볼 거야.

2.그림책을 감상한다.

❶ 표지그림을 탐색한다.

- 이 친구가 강아지랑 뭐하고 있는 것 같니?
- 여기는 어디인 것 같니?

❷ 그림책의 본문을 노래('Are you sleeping?' 멜로디)로 개사하여 부르며 뒤페이지를 예측해 본다.

- (구멍 하나가 뚫려 있는 간지를 펼치며)♪점 점 점 하나, 점 점 점 하나, 무엇이 될까? 무엇이 될까?
- (그림 장면을 펼치며) 점 하나가 무엇이 되었지?
- 외투의 단추, 외투의 단추, 재미있다. 재미있다.

❸ 점이 들어있는 배경그림을 탐색하며 이야기를 나눈다.

- 여기는 어디지?
- 사람들이 무엇을 하고 있니
- 놀이터에서 친구들이 뭐하고 있니?

3. 주어진 점을 이용하여 자유로이 그림을 완성해 본다.

- (활동지를 보여 주며) 여기에 점 하나가 있어 이 점을 가지고 자기가 그리고 싶은 그림을 마음대로 그려 볼까?

4. 그림을 전시하고 감상한다.

- 이번엔 우리가 그린 그림을 노래로 표현해 볼까?

♪점 점 점 하나, 점 점 점 하나, 무엇이 될까? 무엇이 될까?

목걸이의 보석, 목걸이의 보석, 재미있다, 재미있다.

 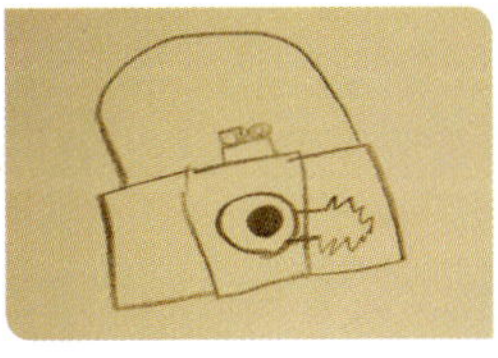 

④ 배달대소동

작 가 이송은 · 김성하 글, 전영옥 그림
출판사 국민서관, 2016

책 소개

어머니와 아들이 함께 글을 쓴 작품이다. 캄캄한 밤, 차고 마당 한쪽에서 화물을 나르는 자동차들이 자기 자랑을 시작한다. 높은 곳으로 배달하는 사다리차, 많이 실을 수 있는 덩치 큰 화물트럭, 시멘트를 만들며 달려갈 수 있는 레미콘, 경호원을 데리고 다니는 현금 수송차까지 모두 자기가 제일이라고 으스댄다. 결국 배달 경주로 우열을 가리기로 하는데, 차들은 무턱대고 아무 운송장이나 들고 출발하는 바람에 모두들 만족별표를 받는데 실패하고 만다. 인성교육 요소 중, '질서'라는 덕목을 효과적으로 가르쳐 줄 수 있다.

읽기의 특징(유형 II)

- 등장인물의 성격과 상황을 살려 읽기
  〈성격 설정의 예〉
  - 사다리차: 도도한 삼십대 여성
  - 화물차: 우락부락한 느낌의 남자, 굵고 거친 소리의 중년 남성
  레미콘: 소심하고 불안정한, 약간 빠른 속도의 젊은 남성
  - 현금 수송차: 단조로운 로봇풍의 소년소리
  - 기사 1: 초로의 남성
  - 기사 2: 30대 청년
- 동작 곁들여 읽기
- 운율 살려 읽기(레미콘 회전 장면)
- 원인 추측해 보기
  - 현금 수송차가 나타나지 않고 있는 이유에 대해 추측해 본다. 이는 비교적 쉽게 추론할 수 있는, '다음 장면 예측하기'와는 다르며, 유아에게 다양한 사고를 가능하게 한다.
- 노래 개사해 읽기(마지막 자동차가 일렬로 달려가는 장면)

활동 빵빵! 배달 대소동

■ **활동 대상** 만 5세 이상

■ **활동 목표**

- 물건을 나르는 교통기관에 관심을 갖는다.
- 물건을 배달하는 데에는 지켜야 할 약속이 있음을 안다.

■ **활동 자료**

- 그림책, 그림카드(교통기관, 화물), 융판

■ **활동 방법**

1. 간단한 상황 극으로 '배달'의 의미에 대해 알아본다.

- "딩동딩동"
- 누구세요?
- (아저씨 목소리로) 주문하신 상품 배달 왔습니다.
- 밖에 누가 왔을까? *택배아저씨요.*
- 택배가 무슨 뜻인지 알고 있니? (집으로 배달해 준다는 뜻임을 간단히 설명한다.)
- 배달이 무슨 뜻일까? *갖다 주는 거요.*
- 오늘은 물건을 배달하는 이야기가 나오는 책을 볼 거야.

2. 그림책을 감상한다.

❶ 표지의 그림 부분을 가리고, 제목으로 그림책의 내용을 예측해 본다.

- (표지의 제목 부분만 보이게 하고, 나머지 부분을 가린 채) "배달 대소동" 배달하다가 큰일이 벌어졌대. 배달 대소동이 왜 일어났을까? *다른 집에 잘못 갔어요. 사고가 났어요. 물건이 깨졌어요.*

❷ 교통기관들의 특징과 상황을 살려 역동적으로 읽는다.

- (사다리차 부분에서 도도한 소리로 목을 길게 빼고) 난 말이야. 어제 20층 꼭대기에 피아노를 배달하고 왔어. 나만큼 높이 배달 가 본 차 있어?

❸ 운율을 살려 동작과 함께 읽는다.

- (그림 속 레미콘 통 위에서 빙글빙글 돌리듯 손을 움직이며) 이번엔 레미콘이 몸을 빙글빙글 돌리며 나섰어요. **아이스, 아이스 맛있는 아이스크림, 아이스, 아이스 빙글빙글 아이스크림**

❹ 내용에 대해 이유를 추측해 본다.

- 현금 수송차는 왜 아직 보이지 않는 것일까?

❺ 그림에 담긴 이야기를 찾아 읽는다.

- (더러워진 레미콘을 닦아 주는 아저씨를 가리키며) 지금 아저씨가 무엇을 하고 있니? *청소해요.*
- 현금 수송차는 왜 눈이 이렇게 불룩 나왔을까? *너무 울어서요.*

3. 물건을 나르는 자동차와 그에 어울리는 물건을 연결해 본다.

- (자동차와 화물 그림 카드를 무작위로 제시하며) 여기 자동차들과 물건들이 있어. 친구들이 어울리는 짝을 찾아줄 수 있겠니?

4. 활동을 회상하며 이야기 나눈다.

- 배달 대소동은 왜 일어났을까? *마음대로 아무거나 가져갔어요.*
- 물건을 나르는 교통 기관들이 지켜야 할 약속은 무엇일까? *자기가 배달할 것만 가져가야 돼요. 주소를 잘 봐야 돼요.*

확장 활동 내가 최고야!

활동 목표

- 소품을 이용하여 극놀이에 즐겁게 참여한다.
- 노래로 자동차가 하는 일의 특징을 표현한다.

활동 자료

- 그림책, 자동차 그림 컷, 극놀이 소품(스카프, 차고용 의자 또는 상자 곽)

활동 방법

1. 친숙한 곡을 따라 노랫말을 만들어 자동차 주제가를 만든다.

- 그림책에서 어떤 자동차들이 나왔니? *사다리차, 화물차, 레미콘, 현금 수송차*
- 사다리차는 어떻게 생겼니?
- 사다리차가 높이 올라가는 것을 어떻게 나타내면 좋을까?

♪높이높이 높이 사다리차~

2. 등장인물과 역할을 알아보고 대사를 간단히 말해 본다.

- 사다리차는 뭐라고 자기자랑을 할까? *난 높이 배달 갈 수 있어.*
- 사다리가 높이 배달 가다가 무엇 때문에 목을 다쳤니? *바람*

3. 소품을 이용하는 방법과 위치에 대해 알아본다.

- 바람을 어떻게 표현하면 좋을지 여기 준비한 물건 중에서 찾아보겠니? *보자기, 스카프*
- 자동차들이 밤에 돌아가 쉬는 곳, 차고를 무엇으로 표현하면 좋을까?

4. 극놀이를 한다.

(역할을 정하고 그에 맞게 그림 컷을 배부하고 자리를 정한다.)

① 1장: (오프닝) 역할별로 노래를 부르며 각 역할마다 인사를 한다.

② 2장: 교사의 해설과 함께 극놀이를 한다.

③ 3장: (엔딩) 노래를 부르며 행진한다.

5. 활동을 평가한다.

- 극놀이를 하면서 무엇이 가장 재미있었니?
- 극놀이를 하면서 어려운 점은 없었니?
- 오늘 만든 자동차 노래 중에 재미있는 부분은 어디였니?
- 더 만들고 싶은 자동차 노래가 있니?

⑤ 타잔오빠

작 가 김은주 · 이송은 글, 서미경 그림
출판사 국민서관, 2016

책 소개

'타잔오빠'가 있는 지우는 오빠 때문에 속이 상할 때가 많다. 오빠는 고함을 지르고 과자를 덥석 먹어버리는가 하면 미아가 되어 가족들을 애태우기도 한다. 그러나 오빠가 가장 아끼는 건 바로 동생 지우임을 알게 된다. 실화를 모티브로 하였으며, 장애를 가진 가족이 서로 보듬어 안는 과정이 감동적으로 그려져 있다.

읽기의 특징

- 등장인물의 성격을 생각하며 읽기
- 해설을 차분하게 읽기
- 등장인물의 특징 살려 성격 설정하기

〈성격 설정의 예〉
- 해설: 차분한 목소리
- 지우: 만 4~5세의 여자아이
- 지훈: 자폐장애가 있는 초등학교 3학년 남자아이
- 엄마: 40대 중반의 여성
- 아빠: 40대 중반의 남성
- 할머니: 70대 인자한 할머니

활동 타잔오빠

■ **활동 대상** 유아~초등 저학년

■ **활동 목표**

- 장애를 가진 가족구성원과 함께 생활하는 가족의 마음을 헤아려 본다.
- 사람마다 서로 다르다는 것을 알고 존중한다.
- 자신의 생각과 느낌을 글이나 말로 표현할 수 있다.

■ **활동 자료**

- 책, 딸기&과자 그림 편지지, 타잔관련자료(영화 또는 dvd 표지), 색연필이나 사인펜

■ **활동 방법**

1. '타잔'에 대해 간단히 알아본다.
   - (표지를 보며) 타잔이 누구인지 아니?
   - 왜 제목이 '타잔 오빠'일까?

2. 동화를 감상한다.

❶ 표지를 탐색한다.
- 여기 표지에 누가 보이니?

❷ 나레이션 하듯이 차분한 목소리로 천천히 읽는다.
- 지우오빠는 타잔입니다.
- (천천히, 걱정이 묻어나지만 담담하게) 오빠는 어두워지는데도 돌아오지 않습니다.
- 그리고∨오빠를 기다립니다.

❸ 등장인물의 특징과 상황을 살려 입체적으로 읽는다.
- (지우: 속상해하며) "어, 이거 내 건데∨엄마, 오빠가 내 과자 다 먹었어."
- (엄마: 다정하게, 천천히) "우리 지우가 참아야지. 오빠는 아픈 거 알지?"
- (외할머니: 미안해하며 떨리는 음성으로) "김서방, 미안하네. 하필이면, 내가 그때 화장실을 다녀왔지 뭔가?"

2. 동화를 회상하며 이야기 나눈다.

- (집안을 껑충껑충 뛰어다니며 소리 지르는 장면을 보여 주며) 지우 오빠를 왜 타잔이라고 했을까?
- 지우는 왜 비밀창고를 만들었을까?
- 엄마는 지우와 약속을 못 지켰을까?
- 지우오빠를 돌보는 가족들은 어떤 점이 힘들까?
- 힘들면서도 왜 가족들은 지우오빠 지훈이를 밤늦게까지 찾으러 다녔을까?
- (딸기 우유가 한쪽 구석으로 터지는 장면을 보여 주며) 지우오빠는 왜 딸기 우유를 챙겼을까?
- 지우는 왜 싫다고 말했을까?
- 지우의 오빠는 우리와 어떻게 다른 것 같니?
- 만약에 지우처럼 우리 가족 중에 장애를 가진 가족이 있다면 어떻게 대하면 좋을까?

3. 딸기우유 그림이 그려진 편지지에는 오빠가 지우에게 하고 싶은 말을, 과자 그림이 그려진 편지지에 지우가 오빠에게 하고픈 말을 그림이나 글로 표현해 본다.

- 장애를 가진 오빠를 대하는 가족들의 마음은 어땠을 거 같니?
- 지우와 타잔 오빠가 되어 서로에게 편지를 써 보면 어떨까?

4. 완성된 편지를 친구들에게 발표하며 마무리한다.

확장 활동 이야기 한마당!

- 장애를 이겨낸 위인과 가족들의 사랑에 대해 이야기를 나누어 볼 수 있다.

수업메모

- 장애 유형에 초점을 맞추기보다는 장애를 가진 가족 구성원들의 마음을 이해하고 장애 · 비장애인이 함께 어울려 소통하는 모습에 중점을 두어 활동을 진행한다.

3) 사계절

① 봄 : 『무지개꽃이 피었어요』

작 가 마이클 그레니엣 글 · 그림, 길지연 옮김
출판사 국민서관, 2002

책 소개

겨울이 가고 봄이 오자 들판에 아름다운 꽃 한 송이가 피어난다. 무지개꽃은 개미, 초록 도마뱀, 쥐돌이, 파랑새, 고슴도치 등 동물친구들에게 자신의 꽃잎을 아낌없이 나누어 주며 도움을 준다. 꽃잎이 다 떨어진 무지개꽃은 눈 속에 파묻혀 사라지고 씨들이 땅에 떨어진다. 겨울에도 동물 친구들은 자신에게 도움을 주었던 무지개꽃을 잊지 않고 기억한다. 다시 봄이 오자 무지개꽃은 새롭게 피어난다.

읽기의 특징

- 반복되는 구절로 참여시키기
  "안녕, 난 무지개꽃이야. 너는 누구니?"(나는 ㅇㅇ이야)
- 대화체 만들어 첨가하기
- 등장 동물의 특징과 상황에 맞게 입체적으로 읽기
  〈성격 설정의 예〉
  - 무지개꽃 : 밝고 부드러운 젊은 여자
  - 초록도마뱀 : 약간 시무룩한 어조의 어린 남아
  - 쥐돌이 : 빠른 어조로 말하는 소녀
  - 파랑새 : 따뜻하고 부드러운 중년 아주머니
  - 고슴도치 : 오들오들 떠는 느낌으로 투박한 청년

활동 그림책 감상, 무지개꽃 포토 판 꾸미기

활동 목표

- 동화를 주의 깊게 듣고 이해할 수 있다.
- 무지개꽃 포토 존 만들기를 통해 '나눔과 배려'가 기억할 만한 덕목임을 상기한다.

활동 자료

- 그림책, 꽃잎본(참여자 수만큼 흰 도화지로 재단), 색종이(빨강, 주황, 노랑, 초록, 파랑, 보라 – 1인당 1색, 2장씩), 풀(참여자수), 2절 머메이드지(베이지색), 4절 양면색상지(초록색, 연두색 각 1장)

활동 방법

1. 그림책 표지를 보며 이야기를 나눈다.

- (뒤표지를 보여 주며) 해님은 무엇을 보고 있을까?
- (제목부분을 살짝 가린 채, 앞표지를 보여 주며) 이 꽃의 이름은 무엇일까?

2. 그림책을 감상한다.

❶ 등장 동물의 특징과 상황에 맞게 입체적으로 읽는다.

예 초록도마뱀을 시무룩하게 투덜대는 어조의 남아로 읽는다.

❷ 책을 교구처럼 활용하며 읽는다.

- (개미가 꽃잎 배를 타고 가는 장면에서 책을 옆으로 가볍게 흔들며) 개미는 영차 영차 배를 저어갔어요.

❸ 의성어를 가미하여 읽는다.

- (꽃잎이 다 떨어지는 장면에서 바람소리처럼) 휘 – 잉

❹ 극적인 상황을 강조하여 읽는다.

- (마지막 장면에서 상기된 어조로) "어느 날 아침, 얼굴을 내밀던 해님은 깜짝 놀랐습니다!"
- (그림책의 그림을 내밀며) 왜 깜짝 놀랐을까?

3. 무지개꽃이 한 일에 대해 이야기 나눈다.

- (꽃대가 꺾인 채 눈을 맞고 있는 장면에서) 이 무지개꽃을 보니 어떤 생각이 드니?
- 무지개꽃에게 어떤 말을 해 주고 싶니?
- 친구들에게 아낌없이 꽃잎을 나누어 주었던 무지개꽃을 오래 기억할 수 있는 방법에는 무엇이 있을까?

4. 색종이를 찢어 무지개 꽃 포토 판 꾸미기를 한다.

- 무지개꽃에게 전해 주고 싶은 마음을 담아서 꽃잎을 예쁘게 꾸며 보자.
- 조각조각 우리의 마음을 담아서 꽃잎을 완성해 붙여 주자.

5. 활동을 회상하고 기념촬영을 하고 마무리한다.

- 무지개꽃을 오래 기억하기 위해 우리가 꾸민 무지개 꽃판에서 사진을 찍어 볼까?

수업메모

- 무지개꽃 배경판: 2절 머메이드지에 지름 15cm의 구멍을 미리 뚫고, 줄기와 잎은 미리 꾸며놓는다. 조형 활동 후 해당 교실에 비치하도록 한다.
- 무지개 꽃잎 본에 붙일 색종이를 너무 잘게 찢느라 시간이 많이 소요되지 않도록 한다. (색종이 한 장당 10조각이 적정)
- 무지개꽃 배경판에 꽃잎을 붙일 때 무지개 꽃에게 전하고 싶은 칭찬과 격려의 언어 표현을 할 수 있도록 독려하되, 강요하지 않는다.
- 노인대상 수업에서는 꽃잎 색칠하기로 바꾸어 할 수 있다.

② 여름:「소리를 들어 보아요」-『뜨레풀책놀이 3』

작 가 이송은 글, 최연희 그림
출판사 동심, 2008

책 소개

여름철에 야외에서 들을 수 있는 소리가 담겨 있으며, 아빠와 딸의 나들이를 통해 큰 소리, 작은 소리를 탐색할 수 있다.

읽기의 특징

- 큰 소리, 작은 소리 구별하며 어감 살려 읽기
- 동작 곁들여 읽기
- 책을 교구로 활용하며 읽기

활동 소리를 들어 보아요

활동 대상 만 3세

활동 목표

- 물체 크기에 따라 소리가 달라짐을 경험한다.
- 여러 가지 재질의 소품으로 다양한 음색을 탐색한다.
- 큰 말, 작은 말을 몸으로 표현해 본다.

활동 자료

- 그림책, 다양한 일상 소품(냄비뚜껑, 깡통, 페트병, 컵 등을 크기별로 준비)

활동 방법

1. 그림책표지를 탐색한다.
   - (앞표지를 보여 주며) 여기 여자 친구가 안녕~ 인사하고 있네. 누굴 보고 인사하는 걸까?
   - (제목을 가리키며) 소리를 들어 보아요. 어떤 소리가 숨어 있는지 찾아볼까?

2. 그림책을 감상한다.
   ❶ 책을 교구처럼 활용하며 책을 읽는다.
   - (한 손으로 책을 들고, 다른 한 손으로 책의 면을 손끝으로 두드리며) 다글다글 조약돌이 물속에서 굴러가네.
   - (우산 장면에서 책을 우산처럼 영아 머리 위에 펴고, 다른 손으로 두드리며) 우리도 우산 한번 써 볼까? 두두두두!

   ❷ 큰 소리, 작은 소리(풍덩/ 퐁당)를 강조하고 동작을 곁들여 책을 읽는다.

3. 교사의 해설에 따라 큰 소리, 작은 소리를 몸으로 표현해 본다.
   - 어느 날 아빠랑 아가가 소풍을 나갔어요. 아빠는 성큼성큼 걸어요. 아가는 아장아장 걸어요.

4. 생활소품으로 소리 크기를 탐색하고 연주한다.
   (아빠 팀, 아가 팀, 엄마팀으로 나눠서 '곰 세 마리' 노래에 맞춰 페트병으로 연주해 본다)
   - ♪곰 세 마리가 한 집에 있어. 아빠 곰, 자, 아빠팀 두드려 주세요.

5. 활동을 회상하고 평가한다.
   - 여러 가지 물건의 소리를 들어봤는데 페트병 소리(냄비뚜껑/ 플라스틱 컵)는 느낌이 어땠니?
   - 부엌에서 쓰는 물건으로 연주를 하니까, 탬버린이나 트라이앵글, 북 같은 악기들을 칠 때하고 기분이 어땠니?

확장 활동 우산을 만들어요

활동 자료

- 투명비닐우산, 분무기, 천막천, 신문지, 유성매직, 칼라 접착시트

교구공방 소리 교구용 소품

- **준비물**: 냄비 뚜껑, 깡통, 페트병, 컵 등을 크기별로 준비한다.

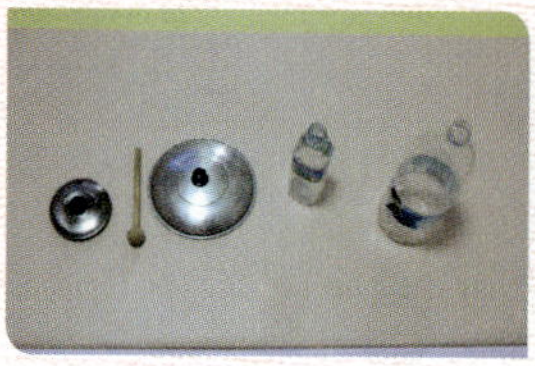

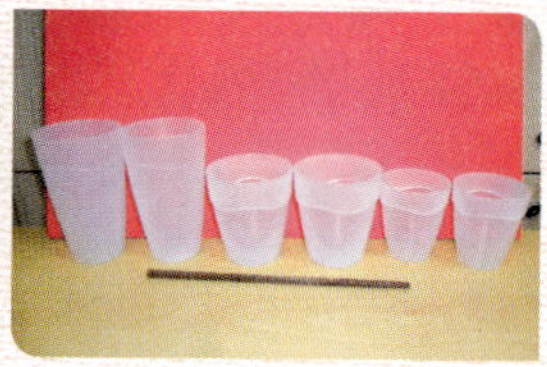

수업메모

- 교사는 설명하고 아이들은 그 말처럼 움직이는 활동 기법을 내러티브 판토마임(narrative pantomime)이라고 한다.
- 만 1세의 경우는 동일한 재질로 대, 소를 구별하는 정도가 적절하다. 만 2세 후반 이상부터 대, 중, 소를 구별해 보도록 한다. 만 3세 이상 유아와 수업할 경우, 재질(나무, 유리, 도자기)별로 소리의 느낌에 대해서도 이야기 나눌 수 있다.
- 소리 크기를 변별하려면, 한 번에 동일한 재질로만 두드려 봐야 한다.
- 우산에 물 뿌리는 활동을 할 때 바닥에 신문지를 깔면 흡수가 잘 되어 미끄럼 방지가 된다.
- 우산 꾸미기는 우산의 바깥 면에다 하며, 유성 펜으로 그리기를 먼저 하고, 접착 시트 스티커(서너 개)를 나중에 한다.
- 부록 CD(11번~17번)를 사용하여 책을 감상할 수도 있다. 예를 들어, '어! 이게 무슨 소리일까?' 집중을 하게 한 후 매미 소리를 들려주며 교사가 '맴맴맴맴'이라고 책의 글을 읽어 준다. 소리를 먼저 들려주며 소리에 맞게 책을 읽어 주면 된다.

③ 가을:『나뭇잎이 달아나요』

작 가 올레 쾨네케 글 · 그림, 임정은 옮김
출판사 시공주니어, 2008

책 소개

한 아이가 나뭇잎들을 모두 모았는데 나뭇잎 하나가 떨어진다. 아이가 나뭇잎을 마저 치우려는 순간, 바람이 불어 다시 날아간다. 친구들이 힘을 합쳐 나무에 걸린 나뭇잎을 잡으려는 순간, 다시 바람 때문에 나뭇잎이 날아간다. 마지막에 나뭇잎을 덮치면서 나뭇잎 더미가 와르르 무너진다.

읽기의 특징

- 표지를 조각조각 가리고 읽기
- 그림 읽기
- 동작 곁들여 읽기
- 뒷이야기 예측해 보기

활동 나뭇잎이 달아나요

활동 대상 만 3~5세

활동 목표

- 나뭇잎의 냄새, 모양, 소리를 탐색한다
- 나뭇잎의 움직임을 몸으로 표현해 본다.

활동 자료

- 마른 나뭇잎 실물, 야외용 돗자리, 나뭇잎 부채(교구), 꽃종이를 오린 나뭇잎, 펠트를 오린 나뭇잎(1인당 5개), 바탕 펠트(B5 크기, 하늘색 또는 진감색, 1인당 1개), 패러슈트, 경쾌한 음악 CD(예 신동일 작곡 '푸른 자전거')

활동 방법

1. 표지를 조각조각 가린 채, 하나씩 떼어 가며 읽는다 .

- 여기 누가 보이니?
- 이 친구들이 무얼 하는 것 같니?
- 여기는 어디일까?

2. 그림책을 감상한다.

❶ 동작을 곁들여 읽는다.
- 나뭇잎이 어떻게 날아가는지, 손으로 표현해 볼까?

❷ 문제 해결 방법에 대해 알아본다.
- 어떻게 하면 여기 나뭇가지에 걸린 나뭇잎을 잡을 수 있을까?

❸ 뒷이야기를 예측해 본다.
- 조금만 더, 조금만 더, 나뭇잎을 과연 잡았을까?

3. 여러 가지 방법으로 실물 나뭇잎을 탐색한다.

- (사전에 야외용 돗자리를 반으로 접어 마른 나뭇잎을 깔고 다시 덮은 뒤) 여기 돗자리 위를 걸어 볼까? 어떤 소리가 나니?

- 나뭇잎이 많이 있네. 나뭇잎에서 어떤 냄새가 나니? 만지니까 느낌이 어떠니?
- 나뭇잎을 위로 뿌려 볼까?

4. 패러슈트와 부채를 이용해 종이 나뭇잎 날리기를 한다.

- (패러슈트 가운데에 종이 나뭇잎들을 모아 놓고 원으로 둘러앉아 천의 끝을 잡고) 자, 이번에는 여기 달아나기를 좋아하는 얇은 종이 나뭇잎들이 있어. 바람이 불어~ 흔들어 볼까?
- 데굴데굴 나뭇잎이 달아나네.
- 이번에는 밖으로 나뭇잎을 날려 볼까? 나뭇잎이 살랑살랑 달아나네.

5. 몸으로 나뭇잎을 표현해 본다.

- 바람이 가만가만 불 때는 나뭇잎이 어떻게 움직였니? 선생님이 바람을 보내 줄 테니 몸으로 표현해 보겠니? 살랑살랑, 펄럭펄럭.
- 이제 나무에서부터 시작할 거야. 나무에서 나뭇잎이 떨어지고 있어. 어떻게 떨어질까? 나뭇잎이 땅에 떨어지더니 언덕 아래로 데굴데굴 굴러가. 갑자기 바람이 부네. 나뭇잎이 훨훨 날아가. 바람이 멈췄어. (얼음) 다시 바람이 불어. 이번엔 나뭇잎이 뱅글뱅글 돌고 있네. 다시 바람이 멈췄어. (얼음)
- (음악을 틀어 주고) 이번에는 나뭇잎이 되어 음악에 맞춰 움직여 볼 거야.

6. 나뭇잎 펠트로 모양 만들기를 해 본다.

- 여기 도망가거나, 구겨지거나, 부서지지 않는 나뭇잎이 있어. 다섯 개의 나뭇잎으로 무얼 만들 수 있을까?

7. 활동을 회상하며 세 가지 나뭇잎을 개인 포트폴리오에 보관한다.

- 오늘 우리는 여러 가지 나뭇잎도 보고 놀이도 했는데, 가장 재미있었던 건 무엇 이니? 왜 그게 재미있었니?

확장활동 나뭇잎을 비교해요

활동 자료

- 나뭇잎(낙엽 실물), 얇은 종이 나뭇잎, 펠트 나뭇잎, 나뭇잎 비교 활동지

활동 방법

1. 종류가 다른 세 가지 나뭇잎의 닮은 점과 다른 점을 알아본다.
   - 여기 세 가지 나뭇잎이 있어. 닮은 점은 무엇이니? 다른 점은 무엇이니?
2. 관찰하고 이야기 나눈 것을 활동지에다 적어 본다. (교사가 유아들의 이야기를 칠판에 적어 준다.)

교구공방 나뭇잎 부채

- **준비물**: 손 코팅지, 색상지(초록, 연두), 아이스바 막대, 매직
- **만드는 법**
  ① 색상지로 나뭇잎 모양을 오린 후 매직으로 잎맥을 그린다.
  ② 나뭇잎을 코팅하고 네모 모양으로 오린다.
  ③ 아이스바 막대를 붙인다.

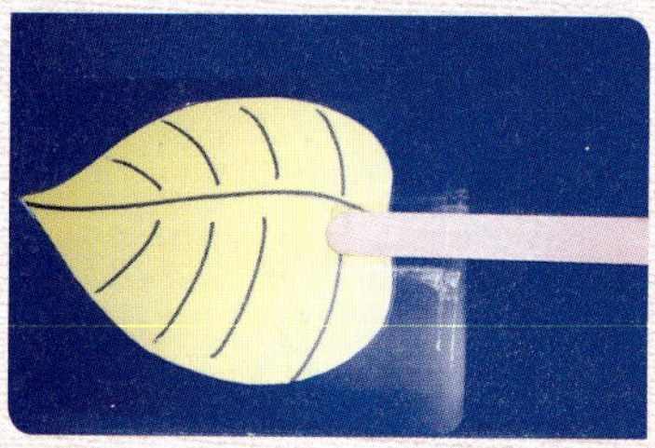

수업메모

- 이 수업 이전 차시에 나뭇잎이 낙엽이 되기까지의 과정에 관한 수업과 연결하면 더욱 바람직하다.
- 이 수업 전후에 밖으로 나가 실제 낙엽이 떨어진 거리를 걸어 본다.
- 나뭇잎 찍기, 나뭇잎 관련 동시 감상(예 '바사삭 바사삭') 및 짓기 등을 곁들이면, 그림책 한 권으로 하는 통합활동이 될 수 있다.
- 위의 수업은 40~50분 정도의 긴 흐름의 수업이므로, 현장 상황에 따라 나눠서 할 수도 있다.

④ 겨울:『크리스마스 선물』

작 가 존 버닝햄 글 · 그림, 이주령 옮김
출판사 시공주니어, 1996

책 소개

세상 모든 아이에게 크리스마스 선물을 전달하고 돌아온 산타할아버지는 잠자리에 들려는 순간, 빠뜨린 선물 하나를 발견한다. 먼 산 꼭대기에 있는 소년의 집을 찾아가기 위해 할아버지는 온갖 탈것을 이용하여 드디어 소년이 깨기 전에 선물배달에 성공한다.

읽기의 특징

- 반복되는 구절 함께 읽기
- 긴 문장 리듬 살려 읽기
- 동작 곁들여 가며 읽기
- 그림을 단서로 주인공의 마음 이해하기

활동 선물 배달 대작전

활동 대상 만 4~5세

활동 목표

- 선물을 전하고 싶어 하는 산타의 마음을 이해할 수 있다.
- 교사의 지시에 따라 다양한 이동 동작을 해 본다.
- 기후와 자연환경에 따라 여러 가지 교통수단이 사용됨을 안다.

활동 자료

- 그림책, 활동지, 교통수단그림, 화살표

활동 방법

1. 수수께끼로 산타클로스에 대해 맞혀 본다.

- 이 분은 세계적으로 유명한 사람이야.
- 늘 같은 옷만 입고 다니시지.
- 일 년 내내, 착한 애가 누군지 찾아다닌대.
- 크리스마스 전날밤에는 진짜 바쁘시대. 누구일까?

2. 그림책을 감상한다.

❶ 표지를 탐색한다.

- 산타 할아버지를 잘 봐. 평소랑 다른 게 없니?
- 산타 할아버지는 왜 사슴이 아니고 말을 타고 갈까?
- 산타 할아버지는 지금 어디로 가고 있을까?

❷ 반복되는 구절은 강조하여 함께 읽는다.

- 롤리 폴리 산 꼭대기 오두막집에 사는 하비슬럼펜버거.

❸ 동작을 곁들여 읽는다.

- (교통기관이 나오는 장면에서는 유아가 함께 움직여 보며 그림책 읽기에 참여한다.)

3. 그림책 내용에 대해 이야기 나눈다.

- 하비슬럼펜버거는 어떤 선물을 받았을까?
- 왜 산타할아버지는 하비슬럼펜버거에게 꼭 크리스 마스 선물을 주고 싶었을까?
- 산타할아버지가 타고 다닌 교통기관은 어떤 것들이 있었니?

4. 연극놀이로 배달 대작전 놀이를 한다.

❶ 활동지에 하비슬럼펜버거에게 주고 싶은 선물을 그린다.

❷ 책 속에 나왔던 교통기관 그림과 화살표 컷을 바닥에 붙인다.

❸ 교사가 리더가 되고 내러티브 판토마임(연극놀이의 일종)으로 배달대작전을 시작한다.

5. 활동을 회상하며 평가한다.

- 내가 산타라면 누구에게, 어떤 선물을 주고 싶니?
- 만약 너희가 산타할아버께 선물을 드린다면 어떤 선물을 드리고 싶니
- 여러 동작을 하면서 배달놀이를 했는데 어떤 동작이 가장 재미있었니?

수업메모

• 도입을 할 때, 산타 할아버지 인형, 크리스마스 노래, 크리스마스에 관한 수수께끼, 산타 할아버지에 대한 수수께끼 등 다양한 형태로 동기 유발을 할 수 있다.

4) 재미있는 이야기

① 데굴데굴 금방울(막대동화)

이야기 들려주기의 특징

- 소리의 고저, 강약, 리듬 살리기
- 막대인형의 특징 살리기

활동 데굴데굴 금방울

활동 대상 만 3세 유아~초등

활동 목표

- 동화를 다양한 방법으로 듣고 즐긴다.
- 반복되는 구절을 운율을 살려 함께 읽을 수 있다.
- 동극에 즐겁게 참여한다.

활동 자료

- 막대동화자료, 방울, 주머니, 동극용 머리띠, 금방울교구(후프)

활동 방법

1. 소리를 통해 동화 제목을 알아본다.
   - (방울이 든 주머니를 뒤에서 흔들며) 딸랑, 이게 무슨 소리지?
   - (방울을 제시하며) 오늘은 아주 커다란 방울이 나오는 동화를 들을 거예요.

2. 막대동화를 감상한다.

❶ 막대인형을 테이블에 차례대로 엎은 채 쥐기 쉽도록 준비한다.
- (왼손에 금방울 막대인형을 들고, 등장인물 인형 쪽으로 가까이 움직이며) 어느 날 커다란 금방울이 데굴데굴 굴러왔어요. 금방울은 굴러서 준이네 집에 도착

했어요.

- (오른 손에 준이 인형을 들고 움직이며) 어, 이게 뭐야? 금방울이잖아?

❷ 의성어 부분에서 금방울 뒤에 막대인형을 모아서 함께 쥐고 나머지손도 같은 방향으로 회전시킨다.

- 한번 들어가 볼까? (준이인형을 금방울 막대인형 뒤로 갖다 대며) 아이, 깜깜해, 아이 무서워. 으앙!
- 그러자 금방울은, (막대인형을 쥔 왼손과, 오른손바닥을 편 채로 오른 쪽 방향으로 회전시키며) 으앙 으앙 으앙 굴러갔어요.

❸ 막대인형을 차례대로 퇴장시키며 테이블에 놓는다.

- 금방울은 이제 너무 무거워져서 (금방울과 막대인형 교구를 모아 쥔 채 탁자에 살짝 부딪치며) 꽝! 부딪혀 깨지고 말았어요.
- (금방울을 탁자에 내려놓은 뒤 오른손으로 준이 막대인형을 쥐고)준이는 라라라 노래 부르며 집으로 돌아갔어요.

데굴데굴 금방울

구전동화 / 각색: 이송은

1. 옛날에 커다란 금방울이 하나 있었어요.

금방울은 데굴데굴 굴러서 준이가 사는 마을에 도착했어요.

"어, 이게 뭐야? 금방울이잖아. 여기 구멍이 있네."

"한번 들어가 볼까? 아이, 깜깜해. 아이 무서워. 으앙~."

그러자 금방울은 '으앙으앙' 울면서 굴러갔어요.

2. 금방울은 데굴데굴 굴러서 부엌에 있는 고양이에게 갔어요.

야옹, 이게 뭐야? 금방울이잖아. 여기 구멍이 있네. 한번 들어가 볼까?

"아이, 깜깜해. 아이, 무서워. 야옹!"

그러자 금방울은 '으앙으앙, 야옹야옹' 울면서 굴러갔어요.

3. 금방울은 데굴데굴 굴러서 돼지우리로 갔어요.

"꿀꿀, 이게 뭐야? 금방울이잖아. 여기 구멍이 있네. 한번 들어가 볼까?

아이, 깜깜해. 아이, 무서워. 꿀꿀!"

그러자 금방울은' 으앙으앙, 야옹야옹, 꿀꿀' 울면서 굴러갔어요.

4. 금방울은 데굴데굴 굴러서 연못가에 있는 오리에게 갔어요.
"꽥꽥, 이게 뭐야? 금방울이잖아. 여기 구멍이 있네. 한 번 들어가 볼까?
아이, 깜깜해 아이, 무서워. 꽥꽥!"
그러자 금방울은 '으앙으앙, 야옹야옹, 꿀꿀, 꽥꽥' 울면서 굴러갔어요.

5. 이번엔 금방울은 데굴데굴 굴러서 나무에 있는 원숭이에게 갔어요.
"끽끽, 이게 뭐야? 금방울이잖아. 여기 구멍이 있네. 한번 들어가 볼까?
아이, 깜깜해 아이, 무서워. 끽끽!"
그러자 금방울은 '으앙으앙, 야옹야옹, 꿀꿀, 꽥꽥, 끽끽' 울면서 굴러갔어요.

6. 금방울은 데굴데굴 굴러서 숲 속에 있는 호랑이에게 갔어요.
"어흥, 이게 뭐야? 금방울이잖아. 어, 여기 구멍이 있네. 한번 들어가 볼까?
아이, 깜깜해. 아이, 무서워. 어흥!"
그러자 금방울은 '으앙으앙, 야옹야옹, 꿀꿀, 꽥꽥, 끽끽, 어흥어흥' 울면서 굴러갔어요.

7. 금방울은 이제 너무 무거워져서 그만 커다란 바위에 '꽝' 부딪혀 깨지고 말았어요.

8. 밖으로 나온 준이는 '랄랄라' 노래 부르며 집으로 돌아갔어요.

9. 고양이는 '야옹야옹' 노래 부르며 부엌으로 돌아갔어요.

10. 돼지는' 꿀꿀' 노래 부르며 돼지우리로 돌아갔어요.

11. 오리는 '꽥꽥' 노래 부르며 연못가로 돌아갔어요.

12. 원숭이는 '끽끽' 노래 부르며 나무 위로 돌아갔어요.

13. 호랑이는 '어흥어흥' 노래 부르며 숲 속으로 돌아갔대요.

3. 동화 속 등장인물과 내용을 회상해 본다.

- 동화 속에 어떤 친구들이 나왔었지? *준이, 고양이, 돼지.*
- 동화 속 친구들의 소리를 이어서 말해 볼까?

4. 동화 속 등장인물의 움직임을 몸으로 표현해 본다.

- 고양이는 어떻게 움직일까?
- 소리도 함께 내며 움직여 볼까?

5. 역할을 나누어 극놀이를 한다.
- 동화 속 친구들이 금방울을 만났을 때 어떤 말을 했었지?
- (좌우 각각 세 명씩 차례대로 선 다음, 교사가 금방울이 되어 후프를 돌리며) 어느 날, 커다란 금방울이 데굴데굴 굴러왔어요.

6. 활동을 회상하고 평가한다.
- 함께 소리 내어 읽을 때 어떤 기분이 들었니?
- 극놀이를 하면서 가장 재미있었던 것은 무엇이었니?

확장활동 막대인형 만들기

활동 자료
- 등장인물 그림도안, 나무젓가락, 접착테이프, 색연필

활동 방법
1. 그림도안을 색칠하고 뒷면에다 나무젓가락을 붙여 막대인형을 만든다.

수업메모

- 막대인형 제작 시, 등장인물의 자세나 시선 방향이 서로 대화를 나누는 상황이면 마주보고 있는지 확인해야 한다.
- 막대인형을 조작할 때 시연자의 움직임과 인형의 진행방향이 일치하도록 한다.
- 막대인형은 유아의 말하기활동을 북돋아주는 데 매우 효과적이며, 가정과의 연계 확장활동에 유용하게 쓰인다.

②『앵무새 열 마리』

작 가 퀀틴 블레이크 글 · 그림, 장혜린 옮김
출판사 시공주니어, 1996

책 소개

앵무새를 키우는 뒤퐁 교수는 언제나 같은 인사만 되풀이한다. 앵무새들은 지겨운 나머지 탈출하고, 뒤퐁 교수는 허둥지둥 새들을 찾아다닌다. 얼핏 보면 수 세기나 숨은 그림 찾기 같지만, 작가는 유머 속에서 사랑한다면서도 상대방의 마음을 전혀 고려하지 않는 어른들의 무관심을 꼬집고 있다.

읽기의 특징(유형 III)

- 언어를 순화하고 이해를 돕기 위해 문장을 각색하여 읽기
- 말의 속도, 높이, 굵기, 크기 등의 변화 주며 읽기
- 반복되는 구절 함께 읽기
- 책 읽기에 유아들이 참여하도록 격려하기
  (수 세기, 장면 보고 대사 만들기, 문장 완성해서 말하기 등)

활동 좋은 앵무새 주인되기

활동 대상 만 4~5세 유아

활동 목표

- 그림을 관찰하며 주인공의 마음을 헤아려 본다.
- 애완동물을 소중하게 여기는 마음을 가진다.
- 하나부터 열까지 셀 수 있다.

활동 자료

- 그림책, 그림책 속 반복되는 장면('뒤퐁 교수님의 일상' 앞, 뒤 비교용)

활동 방법

1. 앞 뒤 표지를 이어서 탐색하며 앵무새를 세어본다.

- 제목이 '앵무새 열 마리'인데, 몇 마리인지 세어 볼까?
- 한 마리는 어디에 있을까?

2. 그림책을 감상한다.

❶ 반복되는 구절은 유아와 함께 소리내어 읽고, 앵무새 찾기가 필요한 장면에서는 기다려 준다.

❷ 언어를 순화하거나 이해를 돕기 위해서, 부분적으로 각색하여 읽는다.

- 마침내, 앵무새들은 *똑같은 말이 너무 지루해서 참을 수가 없었지요.*
- 그리고 "안녕, 나의 멋진 깃털 친구들!" 하고 *또, 똑같은 말만 하는 거예요. 앵무새들은 지루해서 참을 수가 없었죠.*

❸ 뒤퐁 교수의 앵무새에 대한 마음이 나타나는 장면에서 간단한 상호작용을 곁들이며 읽는다.

- 어두운 곳을 가는데, 왜 이렇게 계단을 두 세 개씩 성큼성큼 내려갈까?

3. 그림책 내용에 대해 이야기를 나눈다.

- (반복되는 일상 습관이 나오는 앞 뒤 장면을 비교해 보여 주며) 뒤퐁 교수님의 모습이 어떻게 달라졌니? 그 이유가 뭘까?
- 뒤퐁 교수님은 앵무새에 대해 어떤 마음을 가진 것 같니? *사랑해요. 좋아해요.*
- 앵무새들은 왜 자꾸 도망쳤을까? *지루해서요. 재미없어서요.*

- 앵무새랑 뒤퐁 교수님이 사이좋게 함께 살 수 있으려면 어떻게 해야 할까?

4. '좋은 앵무새 주인 되는 법' 책 만들기를 한다.

(유아들의 활동지를 모아서 한 권의 책으로 묶어 준다.)

- 우리 뒤퐁 교수님에게 좋은 앵무새 주인 되는 법을 한 가지씩 가르쳐 드릴까?

5. 활동을 회상하고 평가한다.

- 애완동물을 잘 키우려면 애완동물에게 어떻게 해 주는 게 좋을까?

확장 활동 **앵무새야, 돌아와!**

활동 방법

1. 색종이 앵무새 찾기 놀이를 한다.

(미리 교사가 수업 전에 유아 수만큼 교실에 색종이로 접은 앵무새를 숨겨놓는다.)

- 그런데 아까 앵무새들이 어디로 도망갔을까? 혹시 우리 교실에 숨어 있나 볼러 볼까? 앵무새야, 나와 봐!'

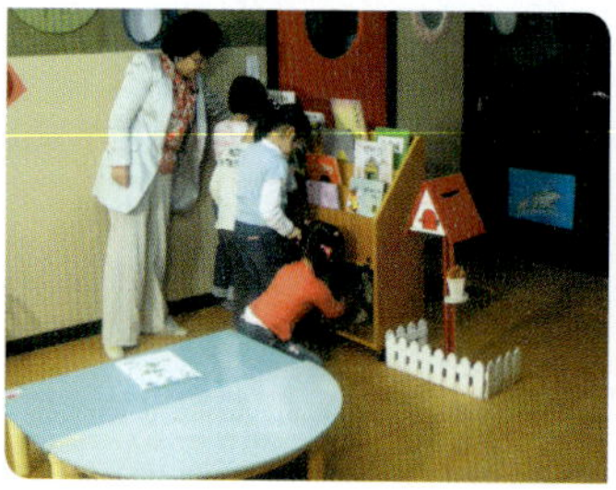

2. 앵무새 뒤에 적힌 지시어대로 동작을 해 본다.

- 어, 그런데 앵무새에 이름이 적혀 있어. '박수쳐', '인사해', '흔들어' 아, 앵무새들이 너무 심심했나보다. 우리 한번 움직여 볼까?

교구공방 말하는 새 접기

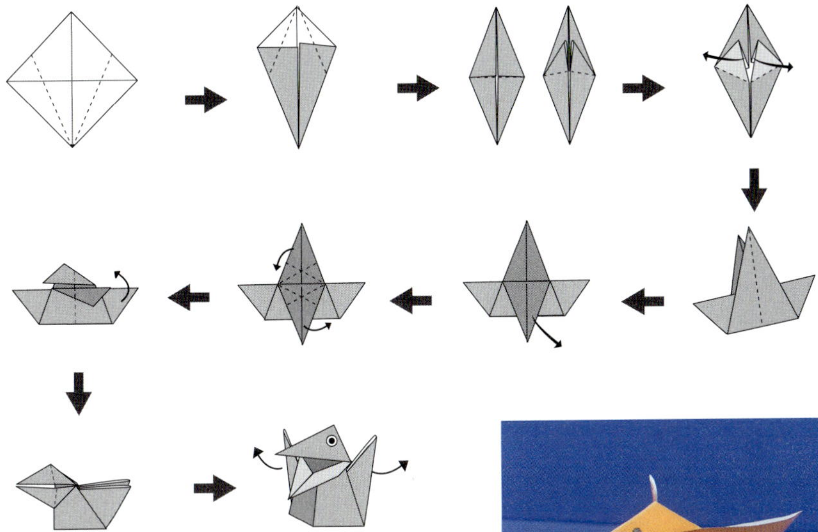

③『크릭터』

작 가 토미 웅게러 글 · 그림, 장미란 옮김

출판사 시공주니어, 1996

책 소개

뤼즈보도 할머니에게는 아프리카에서 파충류를 연구하는 아들이 있다. 어느 날 아들이 보아 뱀을 선물로 보내오자, 할머니는 '크릭터'라는 이름을 지어 주고 정성껏 키운다. 크릭터는 할머니를 따라 시장도 가고, 학교에도 가서 알파벳이랑 숫자를 몸으로 그리며 공부도 함께한다. 그러던 어느 날, 할머니 집에 도둑이 들고, 크릭터가 용감하게 도둑을 잡는다. 그 후 크릭터는 동상도 세워지고 사람들에게 사랑과 존경을 받게 된다.

읽기의 특징

- 펼침면 한쪽을 가려 놓고 읽기
- 대화체 첨가하며 읽기
- 질문으로 호기심을 불러일으키며 읽기
- 그림 관찰하며 읽기

활동 크릭터야 놀자

활동 대상 만 3~5세

활동 목표

- 백업과 모루로 여러 가지 모양을 만들 수 있다.
- 애완동물을 키울 때의 마음가짐에 대해 알아본다.

활동 자료

- 그림책, 음악 CD, 공작용 백업으로 만든 크릭터 교구(인원수만큼)

활동 방법

1. 그림책을 감상한다.

❶ 그림책 표지를 탐색하며 이야기를 나눈다.

- (할머니 그림을 가리키며) 여기 할머니 초상화가 있네.
- 제목을 왜 '크릭터'라고 붙였을까? '크릭터'가 무얼까?

❷ 대화체를 첨가하여 생동감 있게 읽는다.

- (그림책을 들고 한 손으로 뒤에서 표지를 두드리며 아저씨 목소리로) "소포요, 소포 왔습니다."
- (할머니 목소리로) "아니, 그런데 소포가 왜 동그랗게 생겼나요?"

❸ 펼침면의 한 쪽을 가림 종이로 미리 가려 둔 채 뒷이야기를 예측해 본다.

- 소포 안에 무엇이 들었을까?
- 그날 밤, 무슨 일이 벌어졌을까?

2. 그림책 내용에 대한 이야기 나누기를 한다.

- 방금 책에서 만난 '크릭터' 하면 어떤 생각이 떠오르니?
- 원래부터 생각하던 뱀이랑 이 책의 크릭터에 대한 느낌이랑 다른 게 있니?
- 이 그림책을 쓴 작가 선생님은 왜 이런 이야기를 쓰셨을까?

3. 백업으로 만든 크릭터 교구로 여러 가지 모양을 만들어 본다.

❶ 교사가 먼저 하나를 들고 시범을 보인다.

- 그림책에서 만났던 크릭터가 너희들을 만나러 왔대.
  안녕. 내 이름은 크릭터야. 난 무엇이든 될 수 있어.

❷ 유아들이 개별 백업 교구를 탐색하고 여러 가지 변형놀이를 한다.

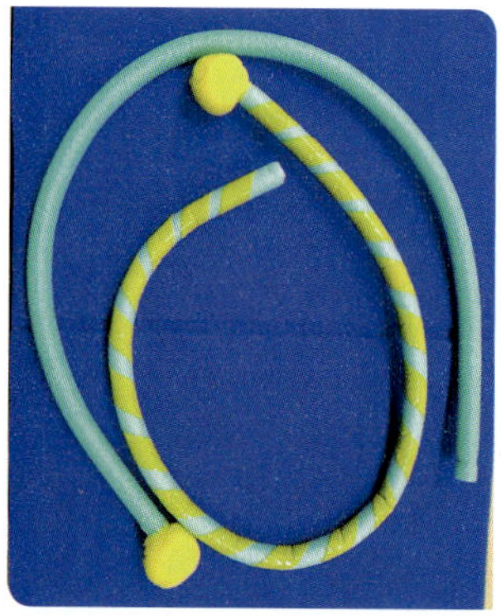

4. 여러 가지 크릭터의 변신 모양을 발표하고 감상한다.

- ('똑같아요' 동요 가락에 맞춰) ♪크릭터, 크릭터 무엇이 될까?
- 차례대로 '짠! –' 하고 한 친구가 보여 주고 다른 친구들은 그게 무엇인지 맞혀 보는 거야.
- (여러 명이 모여서) 이번에는 크릭터 여러 개가 힘을 합쳐 무얼 만들 수 있는지 볼까?

5. 활동을 회상하고 마무리한다.

- 오늘 책도 보고, 휘어지는 크릭터로 놀이도 했는데, 가장 재미있었던 크릭터는 무엇이었니? 왜 그렇게 생각하니?

수업메모

- 백업이 아닌 초록색 모루를 사용하여 변형놀이를 할 수도 있다.
- 유아들이 변형놀이를 어려워할 경우 그림책 속에 나온 내용들도 포함할 수 있고, 교사가 힌트를 주어도 좋다.
- 같은 표상이 나올 때에는, 즉흥 질문을 추가한다(예 두 번째로 낚싯대가 나오면 "무슨 물고기 잡았어요?"라고 묻는다.).
- 영아의 경우는 교사의 변형 활동을 따라 하게 한다.

4장

초등 아동: 이야기와 그림책으로 인성 키우기

1) 정직: 마음에 거짓이나 꾸밈이 없이 바르고 곧음

①『돌부처와 비단장수』

작 가	박지윤 글 · 그림
출판사	고래뱃속, 2015

책 소개

누에를 치고 비단을 팔아서 먹고 사는 바보 아들과 엄마가 있었다. 엄마는 사람들이 바보를 속일까 봐, 말 많은 사람들한테는 비단을 팔아서는 안 된다고 당부한다. 아들은 엄마 말대로 말이 많은 사람들에게는 비단을 팔지 않고, 지극히 말 없는 돌부처에게 팔게 되는데, 우여곡절 끝에 큰 부자가 된다.

어머니의 말을 믿고 따르는 바보의 순수한 마음을 엿볼 수 있다. 충청도 사투리로 구술된 입말은 이야기의 맛을 한층 더 구수하게 한다.

읽기의 특징

- 입말체로 구수하게 읽기
- 등장인물의 성격과 상황을 살려 읽기
- 말없음표를 해석하여 표정과 억양으로 묘사하기

활동 주거니 받거니 장터놀이

활동 대상 만3~5세

활동 목표

- 친구와 전래동요를 부르며 즐겁게 놀이에 참여할 수 있다.
- 구체물을 이용하여 다섯씩 묶어 세기를 할 수 있다.
- 옛사람들이 생활에서 필요로 했던 물건들을 살펴보고 그 가치를 안다.

활동 자료

- 그림책(『돌부처와 비단장수』), 비단조각 천, 펜던트(아동 수만큼), 장사품목 그림 컷(비단 팀, 장터 팀), 융판, 시세판 2개, 정산판 2개, 엽전(시세판의 숫자의 총계만큼), 소고

활동 방법

1. 수수께끼로 '비단'에 대해 알아본다.
   - 이것은 옷감의 한 종류입니다.
   - 이것은 누에의 입에서 나온 실로 만든 것입니다.
   - 한복이나 이불, 신발의 재료로 주로 사용되었습니다.
   - 두 글자로 된 귀했던 물건, 이것은 무엇일까요?

2. 비단 실물을 눈과 손으로 탐색하며 이야기 나눈다.
   - (비단 소재의 물건을 보여 주며) 이게 바로 비단인데, 한번 만져 볼까요?
   - 느낌이 어떤가요?

3. 그림책을 감상한다.

❶ 표지의 그림과 제목을 탐색한다.

- 돌부처 위에 앉은 이 사람은 누구일까요?

❷ 면지의 그림을 탐색한다.

- 사람들이 무엇을 하고 있나요?

❸ 대상을 고려하여, 필요에 따라 등장인물 호칭을 정서적으로 순화하여 읽는다.

예 '바보'→'착한 바보', '아들'

❹ 사투리의 억양과 리듬을 살려 그림책을 읽는다.

❺ 그림에 나타난 등장인물 및 상황에 맞게 목소리를 설정하고 대화체를 첨가하여 읽는다.

❻ 돌부처의 '말없음표'는 상황을 고려하여 소리 낸다.

① #첫 만남: (무표정하게 낮은 톤으로 길게) 음…….

② #비단 사라고 권유하는 장면: (눈을 꿈벅이며 길게) 음⤴…….

③ #화가 나서 돌부처에게 따지는 장면: (숨을 들이마시며 짧게) 흡!

④ # 쓰러진 돌부처에게 사과하는 마지막 장면: (어색하게 잔기침하듯) 음, 음, 음.

❼ 그림읽기를 곁들인다.

- (땅속 비밀창고의 보물을 가리키며) 도적떼가 어떤 것을 숨겨놓았는지 볼까요?
- 비단, 항아리, 궤짝, 금비녀, 옛날에는 이런 것들이 귀중한 물건이었나 봐요.

4. 옛날에 귀중하게 다루어졌던 물건들에 대해 알아본다.

- (책 속에 소개되었던 귀중품 물건 사진을 융판에 붙이며) 옛날에는 어떤 물건들이 귀하게 여겼는지 볼까요?
- (옛사람들이 시장에서 거래하였던 필수품들을 보여 주며) 조금 전에 본 것들 말고, 귀중한 물건들이 또 있대요. 주로 장터에서 사고팔았대요.

5. 옛날 장터 장사 놀이를 한다.

❶ 옛날 사람들이 물건을 사고파는 장소와 방법에 대해 이야기 나눈다.

- 요즘은 물건을 살 때 사람들은 어디로 가나요? *마트, 시장, 인터넷*
- 무엇으로 사나요? *돈, 카드, 상품권*

- 옛날 사람들은 물건을 어디에서 샀을까요? *시장, 장터*
- 옛날 사람들은 무엇으로 물건을 샀을까요? *돈, 물물교환.*
- 엽전 같은 돈을 쓰기도 했지만, 물건을 주고받기도 했대요.

❷ 양 팀이 팔 물건들이 무엇이 있는지 살펴본다.

- 비단 장수 팀 물건에 무엇이 있는지 볼까요?
- 장터 팀은 어떤 물건이 있는지 볼까요?

❸ 상대 팀의 물건 중 하나를 지목하여 가위, 바위, 보를 하고 진 팀은 물건 그림을 상대 팀에게 넘긴다.

♪우리 집에 왜 왔니? 왜 왔니? 왜 왔니?
비단 사러 왔단다. 왔단다.
무슨 비단 사러 왔느냐? 왔느냐?
빨간 비단 사러 왔단다. 왔단다.

❹ 정해진 횟수가 되면, 신호음과 함께 "장사 끝!"이라고 외친다(예 각 팀 5번씩 10회로 미리 정하고, 교사가 소고를 친다).

6. 어느 팀이 장사를 잘 했는지 정산 판을 이용해 알아본다.

❶ 팀별로 벌어온 품목을 늘어놓고 시세표를 확인해 해당 개수만큼 엽전을 정산판 위에 놓는다.

- (시세표의 가림 종이를 떼며) 어느 팀이 장사를 잘했는지 오늘의 시세를 알아보고 차례로 다섯 개씩 놓아 볼까요?

❷ 두 팀의 엽전 수를 비교한다.

7. 활동을 회상하며 평가한다.

- 오늘 사고팔았던 물건 중에서 새롭게 알게 되거나 신기했던 물건이 있나요? 무엇인가요? *엽전, 용포…*

옛날 물건 알아보기

우리 집에 왜 왔니?

팀별 장사 결과 비교하기

수업메모

- 비단 팀의 장사품목은 비단의 색깔이나 무늬 등으로 이름을 붙이고, 장터팀은 생필품 위주로 품목을 짜고, 금비녀 등 장신구나 도자기 등 그림책 속에 나왔던 물건을 일부 넣는다.
- 물건의 값이 매겨지는 기준이나 달라지는 이유에 대해서 이야기 나누어 볼 수 있다.

②『북풍을 찾아간 소년』

작 가 백희나 글 · 그림
출판사 시공주니어, 2007

책 소개

옛날 노르웨이의 한 가난한 소년이 늙은 어머니를 위해 창고에서 오트밀 가루를 가져오다 바람에 모두 날려버렸다. 화가 난 소년이 북풍을 찾아가 오트밀 가루를 달라고 하자, 북풍은 밀가루 대신 요술 식탁보를 내어 준다. 그러나 집으로 돌아오는 길에 나쁜 여관 주인을 만나 식탁보를 바꿔치기 당하고, 연거푸 요술 양도 빼앗기고 만다. 마침내 북풍은 마지막으로 지팡이를 내어 주는데, 그것마저 탐을 냈던 여관 주인은 혼쭐이 난다. 소년은 식탁보와 양을 되찾아 집으로 돌아간다.

읽기의 특징

- 다음 장면을 추측하며 읽기
- 주문을 외울 때 모두 함께 읽기
- 의성어 첨가하여 읽기
- 그림 관찰하며 읽기

활동 얍! 펼쳐져라

활동 대상 초등

활동 목표

- 이야기를 경청하며 소리 내어 함께 읽기에 참여할 수 있다.
- 펼침 동화 교구로 자신의 방식으로 이야기 들려주기를 할 수 있다.

활동 자료

- 그림책, 유럽지도, 펼침 동화 교구

활동 방법

1. 그림책 표지를 탐색한다.
   - (표지를 보여 주며) 무엇이 보이나요?
   - 어떤 일이 일어나고 있는 걸까요?

2. 그림책을 감상한다.
   ❶ 면지를 탐색한다.
   - 무엇이 보이나요?
   - 액자 속의 소년 표정이 어떻게 보이나요?

   ❷ 주문을 외우는 구절은 함께 읽는다.

   ❸ 다음 장면을 예측하며 읽는다.
   - 이번에는 소년이 양을 잘 데리고 갈 수 있을까요?
   - 소년의 양은 왜 돈을 내놓지 않는 걸까요?

   ❹ 앞 뒤 면지그림을 비교한다.
   - 액자가 어떻게 달라졌나요?

3. 이야기를 나눈다.
   - 소년이 북풍을 찾아간 이유가 무엇인가요?
   - 북풍은 소년에게 무엇을 주었나요?
   - (유럽지도를 보여 주며) 노르웨이가 어디에 있을까?

4. 펼침 동화 교구로 이야기를 들려주기를 한다.

- (처음에는 교사가 시범을 보이고, 두 번째부터 아동이 펼침 동화를 조작한다.)

5. 활동을 회상하며 이야기를 나눈다.

- 북풍이 준 선물 중에서 한 가지를 가질 수 있다면 어떤 것을 가지고 싶나요?
- 펼침 동화 교구를 만들고 이야기를 들려줄 때 어려운 점은 없었나요?

교구공방 펼침 동화 교구

- **준비물**: 그림도안, A4색지 2장(120g), 가위, 풀
- **만드는 법**

① A4색지 2장을 정사각형으로 자른다.
② ①의 색지를 다시 반(직사각형)으로 자른다.
③ 네 개의 직사각형 ②를 8등분으로 접는다.

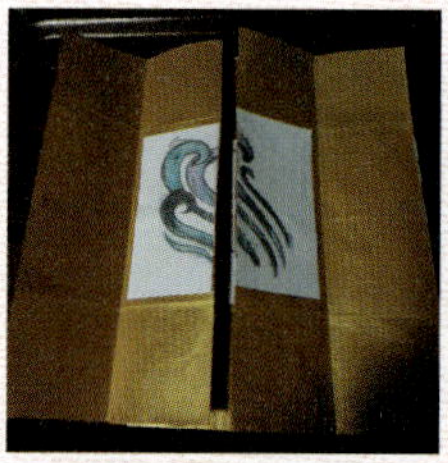
펼침면 1 '북풍'

펼침면 2 '식탁보'

④ 네 개의 직사각형 ②를 평평하게 펴서, 두 개씩 나란히 위아래로 놓는다.
⑤ 사각 모서리에 해당하는 네 개의 작은 칸에 풀칠을 하여 아래, 위를 붙인다.
⑥ 바탕 틀의 가운데에 펼침 동화 바탕 틀이 펼쳐지도록 그림도안 네 개를 반으로 잘라 붙인다.

수업메모

- 노르웨이의 기후, 특산물 등 관련정보와 사진을 준비해 가면 좀더 풍성한 수업을 할 수 있다.
- 펼침 동화가 접히는 방향과 펼쳐지는 방향이 서로 잘 맞을 수 있도록 준비한다.
- 아동 수가 적을 경우, 펼침 동화 교구를 개별로 만들 수 있고, 아동수가 많을 경우는 모둠으로 만든다.
- 자연스럽고 능숙한 장면전환을 위해서 연습이 필요하다.

2) 책임: 맡아서 해야 할 임무나 의무

①『으라차차 큰 일꾼』

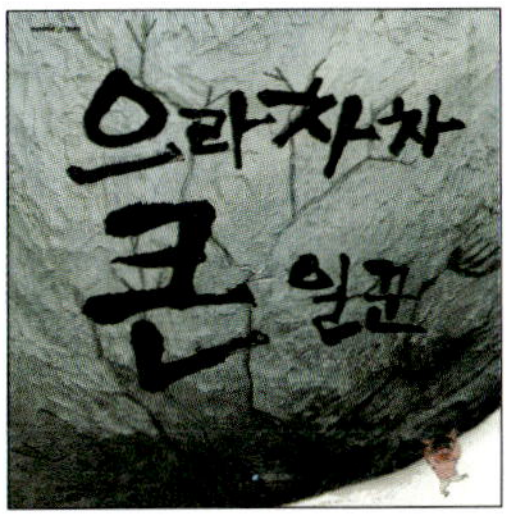

작 가 정해왕 글, 이승현 그림
출판사 국민서관, 2015

책 소개

어느 시골 마을에 힘센 총각이 살았다. 총각에게 농사일은 아주 시시하게만 보였다. 결국 총각은 큰일을 찾기 위해 길을 떠나고 여기저기서 힘자랑을 한다. 덩치 큰 씨름꾼을 가뿐하게 내던지고, 무서운 호랑이 두 마리도 꼼짝 못하게 만드는가 하면 산적들도 모두 물리친다. 그런데 힘센 총각은 아주 작은 '이' 한 마리를 잡지 못해 애를 먹는다. 집채만 한 바위를 던져도 잽싸게 피해 살아남은 '이'를 마침 지나가던 농부가 손톱으로 가볍게 눌러 죽이자, 자신이 대수롭지 않게 여겼던 '농부'가 대단한 일꾼임을 알게 된다. 결국, 자신의 자리에서 최선을 다하는 것이 가장 값진 큰일인 것을 깨달은 총각은 집으로 돌아와 부지런히 농사를 짓게 된다.

읽기의 특징(유형 III)

- 한쪽 그림을 가리고 그림책으로 무게를 표현하며 읽기
- 씨름하는 장면에서 다 함께 응원 구호 외치기
- 비속어 삭제하고, 부분적으로 각색하여 읽기

활동 으라차차, 큰 일꾼!

활동 대상 초등 저~중학년

활동 목표

- 일상에서 내가 하는 일의 소중함을 알 수 있다.
- 내가 잘하는 것을 언어와 그림으로 표현할 수 있다.

활동 자료

- 그림책, 새싹모양 종이(연두색, 풀잎색 접착메모지), 8절 색지(갈색이나 황토색, 모둠별 1장씩), 필기도구

활동 방법

1. '일꾼'에 대해 이야기를 나눈다.
   - 일꾼이란 말을 들어 본 적이 있나요?

2. 그림책을 감상한다.

❶ 표지를 탐색한다.
- (총각 그림은 손으로 가리고, 책을 좌우로 흔들며 힘겹게) 책이 많이 무거워요. 으라차차!

❷ 앞면지를 탐색한다.

❸ 속지의 총각의 뒷모습을 보며 이야기를 시작한다.
- 옛날 어느 마을에 한 총각이 살고 있었어요. 그 총각은 이 세상 누구보다도 힘이 셌지요.

❹ 뒷내용의 일부를 미리 앞에서 구연하고, 뒷장을 긴장감 있게 넘기며 읽는다. (털보와 총각이 씨름하는 장면에서 응원구호를 미리 외친다.)

❺ 거친 어휘는 다른 어휘로 각색하여 순화시켜 읽는다.
- 당장에라도 잡아먹을 듯 입을(원문: '아가리를') 쩍쩍 벌려.

3. 이야기 OX퀴즈를 한다.

❶ 그림책의 내용을 OX퀴즈로 회상해 본다.
- 총각은 원래 부지런히 농사일을 했다. (O/X)

❷ 앞면지와 뒤면지를 탐색하며 이야기 나눈다.
- (앞면지를 펼치고) 아무것도 없던 땅에 (뒤면지를 펼치고) 이렇게 수많은 싹이

낮어요. 많은 싹을 틔운 총각을 보니 어떤 생각이 드나요?

4. '내 마음의 밭'을 만들고 발표한다.

❶ 내가 할 수 있는, 작지만 소중한 일들을 새싹 모양종이에 적어본다.

- 학교나 집, 우리 생활하는 여러 곳에서 우리의 몸과 마음의 힘이 쑥쑥 자랄 수 있는 방법은 무엇이 있을까요? 내가 좋아하고 잘하는 것에 대해 생각해 보아도 좋아요. 그것을 적어 볼까요?

❷ '내 마음의 밭'에 새싹을 붙여 본다.

❸ 모둠별로 나와서 자신들의 새싹에 대해 발표해 본다.

- 자신의 새싹을 소개해 준 친구들에게 응원을 보낼까요?
- (교사) 으라차차! (아동, 양손 엄지 내밀고) 큰 일꾼!

❹ 각 모둠의 밭을 모아서 전시한다.

5. 활동을 회상하며 이야기를 나눈다.

- 우리의 밭에 있는 새싹들을 보니 어떤가요?
- 이 새싹들이 잘 자랄 수 있으려면 내가 나에게 어떻게 하면 좋을까요?

수업메모

- 자신이 잘하는 것을 몸으로 표현하고 다른 아동들이 그것을 맞혀 보는 것도 즐거운 활동이 될 수 있다.

[재가 복지시설 이용 노인 대상 수업]

- 이야기 OX 퀴즈로 진행하기보다는 그림책 속의 '새참 이고 가는 장면'과 연계해 새참 차려 보기 활동을 한다(1장 복지시설 노인, '호랑이 형님'에서 사용한 교구 참조).
- 농사, 씨름 등과 관련된 추억을 떠올리며 회상해 본다.

②『씨앗은 무엇이 되고 싶을까?』

작 가 김순한 글, 김인경 그림
출판사 길벗어린이, 2001

책 소개

어느 가을날, 씨앗이 땅에 떨어져 겨울을 지내며 차가운 땅 속에서 새봄을 기다린다. 봄비가 내리고 햇볕이 땅을 데우자 씨앗은 마침내 싹을 틔우고 잎을 내고 꽃을 피우기도 하고, 나무가 되어 숲을 이룬다. 가을이 되자 풀과 나무는 다시 열매를 맺고 씨앗으로 흩어져 이듬해 다시 태어날 채비를 한다.

읽기의 특징

- 씨앗의 신비로운 성장 과정에 대해 정서적 반향을 불러일으키는 읽기
  (눈맞춤, 속도, 억양, 톤, 리듬, 제스처 등을 살려 정서적으로 동화될 수 있게 한다)
- 실제로 물어보는 것처럼 문장의 끝 부분 올려 읽기
- 움직임과 제스처 곁들여 책 읽기
  (시간의 경과를 교사가 제자리에서 한 번 도는 것으로 보여 준다)
- 커지는 책을 이용해 다시 읽기

활동 나는 이런 나무가 될거야!

■ **활동 대상** 초등 전학년

■ **활동 목표**

- 식물의 씨앗에는 여러 가지 형태와 색이 있음을 안다.
- 커지는 책을 만들 수 있다.
- 나의 꿈을 씨앗의 성장에 대입하여 발표할 수 있다.

■ **활동 자료**

- 그림책, 씨앗 실물 몇 가지, 씨앗그림, 8절지(흰색, 인원수만큼), A4크기 색상지(인원수만큼), 색연필, 풀

■ **활동 방법**

1. 수수께끼와 그림으로 씨앗을 만난다.

- (씨앗을 담은 작은 통을 제시하며) 선생님이 오늘 아주 귀중한 것을 가지고 왔어요. 모양도 여러 가지, 크기도 여러 가지예요. 무엇일까요?
- (다양한 씨앗 그림을 제시하며) 씨앗 모양이 어떤가요? 어떤 모양 같나요?

2. 그림책을 감상한다.

❶ 그림책 제목과 의문문을 또박또박 어미를 올려서 읽는다.
- 꽃이 되고 싶을까?(↗)

❷ 생각을 이끌어 내기 위해 실제로 대화하듯 읽는다.

❸ 한쪽 손으로 그림책을 잡고 다른 한 손으로 아동의 어깨나 등을 가볍게 터치하며 읽는다.
- (어깨를 살짝 움켜쥐며) 새가 쪼아 먹지 못하도록 벌레가 물어가지 못하게, (살짝 쓰다듬으며) 스르르 흙이 덮어 주었지.

❹ 제스처를 곁들여 읽는다.
(비 오는 장면: 손가락으로 비 오는 흉내를 내며/ 고개를 내미는 장면: 얼굴을 쭉 뺀다.)

❺ 마지막은 여운을 남기듯 천천히 마무리한다.

- (차분하고 비밀스러운 느낌으로 작지만 확신에 찬 분위기로) 지금도 땅속 어딘가 작은 씨앗이 누워 있겠지.

3. 그림책 내용과 나의 꿈을 대비시켜 이야기 나눈다.

- 씨앗이 나무가 되기까지 어떤 과정이 있었나요?/ *씨앗이 꿈틀 꿈틀, 새 싹, 꽃이 펴요.*
- 만약 우리가 씨앗이고 나무가 어른이라면 어떤 나무가 되고 싶나요?
- 그 꿈을 이루려면 나무가 싹이 트고, 잎이 자랐던 것처럼 어떤 노력을 해야 할지 발표해 볼까요?

4. 커지는 책을 만든다.

5. 활동을 회상하고 마무리한다.

- 오늘 그림책도 보고, 커지는 책도 보고, 씨앗도 되어 보았는데 어떤 부분이 가장 기억에 남나요?
- 오늘 씨앗에 관해 새롭게 알게 된 게 있나요? 무엇인가요?

수업메모

- '꿈'을 주제로 몇 차시에 걸쳐 수업을 할 때는, 이 책을 각각 다른 차시로 나누어 다루는 것도 좋다. 즉, 1차시에서는 아동이 그린 커지는 책을 잘 보관하였다가, 주제의 마지막 단계에서 아동들의 나무를 한꺼번에 전시하여 극적 효과를 배가시킬 수 있다.

③『틱톡, 일어나세요!』

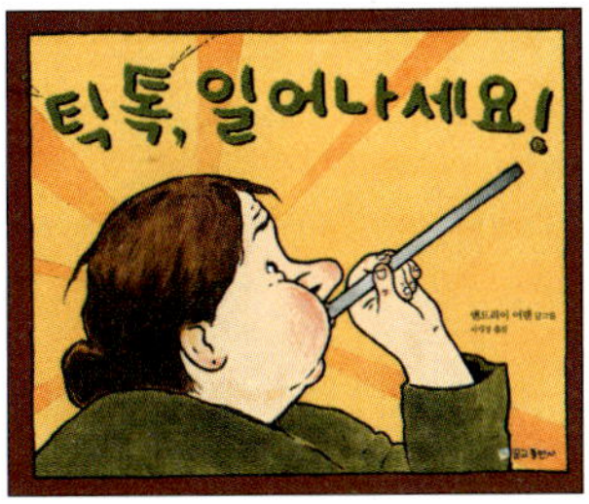

작 가 앤드리어 어렌 글 · 그림
출판사 꿈교출판사, 2012

책 소개

1920년대 영국의 '잠 깨우개'라는 직업에 관한 이야기다. 시계가 귀하던 시절 메리 스미스 부인은 아침 일찍 약속한 시간에 다른 사람들의 잠을 깨워 주는 일을 한다. 고무 대롱으로 콩을 불어 창문에 부딪치는 소리로 사람들의 잠을 깨우는 것이다. 하지만 정작 집으로 돌아와 보니 메리 스미스 부인의 딸은 그때까지 자고 있다. 어찌된 일일까?

읽기의 특징(유형 II)

- 제목 가리고 읽기
- 손가락으로 콩의 날아가는 선 따라가며 읽기

활동 잠깨우개 놀이

활동 대상 초등 저~중학년

활동 목표

- 책에 소개된 옛 직업을 놀이를 통해 경험한다.
- 직업이 생겨나거나 사라지는 이유를 알 수 있다.

활동 자료

- 그림책, 동요 '나팔불어요' 음원, OHP필름 1인당 2장, 스티로폼 공(지름 2㎝), 검정유성매직, 투명테이프, 국민체조 음원

활동 방법

1. 동요를 감상한다.

- 이런 노래가 있어요.

♪ **해님이 방긋 웃는 이른 아침에 나팔꽃 아가씨 나팔 불어요.**

- (일시정지 한 후) 나팔꽃은 왜 아침에 나팔을 불까요?
- 친구들은 아침에 어떻게 일어나나요? 누가 깨워주나요?

2. 그림책을 감상한다.

❷ 앞표지를 탐색한다.

- (제목부분을 가린 채) 이 아주머니가 지금 무엇을 하고 있나요?

❷ 주인공의 행동에 대한 궁금증을 유발한다.

- ('쿨쿨' 부터는 텍스트를 가린 채) **월요일 아침 꼭두새벽, 메리 스미스 부인은 바삐 집을 나섭니다.** 이 아주머니는 왜 이렇게 바삐 집을 나설까요?
- 등 뒤에 있는 막대는 무엇일까요?

❸ 의성어와 간단한 동작을 곁들여 읽는다.

- (콩알을 불 때마다 콩알이 날아가는 포물선을 손가락으로 따라가면서) '슝~~~~' 틱!

❹ 표정과 제스처로 상황을 살려 읽는다.

- (하품을 하며) **나 일어났어요.**

3. '잠깨우개' 놀이를 한다.

❶ OHP필름에 그 날 아침 일어난 시각을 적어 시계 유리창과 대롱을 만든다.

- OHP필름 창문에 오늘 아침에 일어난 시각을 매직으로 적어 보도록 해요.

  예 08:02:15

- OHP필름으로 원추형 대롱을 만들어 보도록 해요.

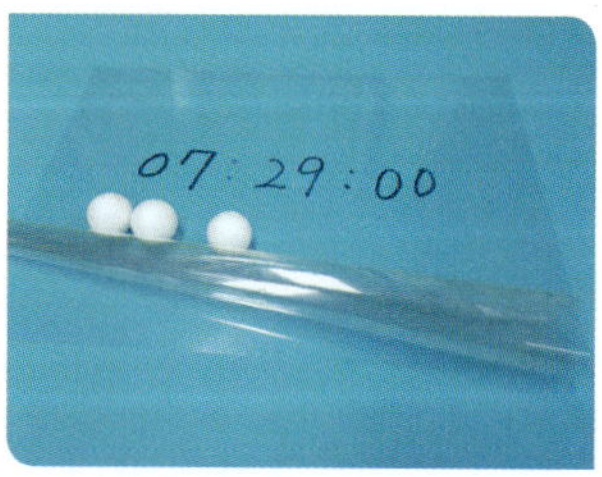

❷ 교실의 공간 중 각자 위치를 잡아 자신의 집으로 정한다.

❸ 각자 자신의 시계 유리창을 얼굴 앞에 대고 두 눈을 감는다.

❹ 교사가 가장 빠른 시계 유리창에 스티로폼 공을 불어 맞힌다.
- 첫 번째 콩을 맞추면, 한쪽 눈을 뜨고, 두 번째 콩을 맞추면 두 눈을 번쩍 뜨고, 세 번째 콩을 맞추면 기지개를 켜면서 '나 일어났어요' 소리를 치는 거예요.
- (일어난 친구는 다음 시각 순서를 찾아서 이동하며) ♪잠 깨우러 갑시다 이야이야호. 잠 깨우러 갑시다 이야이야호.

❺ 국민체조 음악에 맞추어 체조한다.
- 모두 일어났으면 신나게 아침 체조해 볼까요?

4. 직업이 생기고 사라지는 이유를 알아본다.

- '잠깨우개'라는 직업은 처음에 왜 생겨났을까요?
- 지금은 왜 없어졌을까요?
- 혹시 최근에 사라진 직업이나 새로 생겨난 직업으로는 어떤 게 있을까요?

  예 사라진 직업: 물장수 / 새로 생겨난 직업: 대리기사, 애견미용사

5. 활동을 회상하고 마무리한다.

- '잠깨우개' 놀이를 해 보았는데 어려운 점은 무엇이었나요?
- 직업이 생겨나고 사라지는 이유는 무엇일까요?

수업메모

- 스티로폼 공을 친구의 얼굴에 직접대고 장난을 치지 않도록 유의한다.
- 초등 고학년인 경우, '현존하는 직업', '장차 사라질 직업', '본인의 희망 직업' 등과 연계해 심도 있는 토론으로 확장할 수 있다.

④『나는 무슨 씨앗일까?』

작 가 박효남 외 글, 유준재 그림
출판사 샘터, 2005

책 소개

자신의 직업에서 최선을 다하고 있는 전문가 9명을 소개하고 있는 책이다. 요리사 박효남, 자연과학자 최재천, 컴퓨터의사 안철수, 국내 최초 시각장애인 박사 강영우, 나무박사 서진석, 화가 김점선, 기자 김병규, 민속학자 임재해, 농부 이영문의 이야기가 담겨 있다. 각 분야에서 최고를 향해 나아간 전문가들을 보며 자신의 꿈을 키워 볼 수 있다.

읽기의 특징(Ⅳ-Ⅰ)

- 필요한 정보 발췌하여 읽기

활동 노력왕 박효남!

활동 목표

- 위인의 일대기를 통해 꿈을 이루기 위한 노력과 과정에 대해 이해할 수 있다.

활동 자료

- 『나는 무슨 씨앗일까?』 책, 접착메모지, 박효남 관련 기사 및 사진, 목걸이 책 재료(A4색지, 박효남 일대기 요약 프린트, 목걸이줄, 풀, 가위, 펀치)

활동 방법

1. 표지 그림을 탐색한다.

- 이 책을 쓰신 분들이 여러분들에게 하고 싶은 말이 있대요. **지금부터 여러분에게 선배들의 꿈과 도전에 대해 이야기를 시작하려고 합니다.**
- (앞표지를 보이며) 책 제목이 『나는 무슨 씨앗일까?』예요. 여기 아홉 개의 씨앗들이 있어요. (아홉 개의 씨앗 그림 위에 붙은 접착메모지 중 하나를 떼며) 이 씨앗은 무엇이 되고 싶은 걸까요?
- (나머지 접착메모지를 다 뗀 후) 오늘은 이 중에서, 손가락 하나가 없이 아홉 개의 손가락만으로 그 분야에서 성공한 인물의 씨앗을 볼 거예요.

2. 그림책을 감상한다.

❶ 『나는 무슨 씨앗일까?』 중 '요리사 박효남'의 이야기를 요약해서 감상한다.

① 연탄배달&새로운 도전→② 감자 깎기→③ 정직&노력→④ 프로의 자세

① 상경, 연탄배달, 요리학원: 강원도 고성에서 살다가 상경 후 어려운 가정형편 속에서 새로운 도전을 함.

② 감자 깎기: 감자를 빨리 깎기 위해 날마다 삶은 계란을 감자 대신 손에 들고 연습함.

③ 힐튼호텔, 방송통신고등학교: '게으른 사람은 절대 성공할 수 없다'가 요리사 박효남 아저씨의 인생철학.

④ 프로로서의 자세: 술과 담배를 입에 대지 않는다, 혀의 감각을 잃지 않기 위해서였다. (현재 세종사이버대학교 교수)

3. 인물 골든 벨을 한다.

- (박효남 일대기에 관한 퀴즈를 10가지 정도 풀어 본다.)
- 박효남 요리사가 매일 손에 들고 다닌 것은? 이유는 무엇일까요?
- 서울로 올라와서 아버지를 도와 시작한 첫 번째 일은?

4. 박효남 목걸이 책을 만든다.

- ('강원도 고성', '요리학원', '총주방장', '교수' 등 주요단어를 키워드로 채워 박효남의 일대기를 목걸이 책으로 만든다.)
  ① 박효남의 일대기를 요약해 본다.
  ② 나눠 준 박효남 일대기 프린트물에 빈칸을 채워본다.
  ③ 병풍 접기를 하고 줄을 꿰어 완성한다.

5. 활동을 회상하고 평가한다.

- 요리사 박효남이 특급요리사가 되기까지 어떤 어려움들이 있었나요?
- 요리사 박효남이 꿈을 이루기 위해 어떤 노력들을 했나요?
- 그 중에 특별히 인상 깊었던 장면은 무엇인가요?

수업메모

- 요리사 박효남에 대한 인터뷰 동영상이나 신문기사 등을 준비해 인물에 대해 더욱 깊이 알아볼 수 있다.
- '박효남 목걸이 책' 만들기를 할 때, 교사는 빈 칸이 있는 미완성 문장을 만들어 프린트로 나눠 준다. 아동들은 박효남에 관한 중요한 키워드를 빈 칸에 채워 넣는다.

3) 존중: 높이여 귀하게 대함

④『신기한 씨앗가게』

작 가 미야니시 다쓰야 글 · 그림, 김수희 옮김

출판사 미래아이, 2016

책 소개

어느 날, 꼬마 돼지가 너구리 아저씨의 신기한 씨앗 가게를 발견한다. 너구리 아저씨는 하얗고 차가운 씨앗, 고리 모양 씨앗, 알록달록 둥실둥실한 씨앗, 구멍 숭숭 뚫린 씨앗 등 색과 모양이 제각각인 다른 씨앗들을 차례차례 소개한다. 꼬마 돼지는 가지각색의 씨앗들을 선물 받고 길을 떠나고, 늑대는 군침을 흘리며 꼬마 돼지를 뒤쫓는다. 황급히 달아나는 꼬마 돼지를 너구리 아저씨의 신기한 씨앗들이 저마다 다른 열매를 맺어 돕게 된다.

읽기의 특징(읽기 유형 II)

- 반복되는 주문을 동작과 함께 모두 다 같이 읽어 보기
- 등장인물의 성격과 상황을 살려 읽기

활동 신통방통 씨앗씨앗

활동 대상 초등

활동 목표

- 나만의 신기한 씨앗나무를 꾸밀 수 있다.
- 함께 소리를 내어 봄으로써 표현하는 즐거움을 발견할 수 있다.

활동 자료

- 그림책, 씨앗 팝업북(A4색지 - 초록색, 갈색 180g), 색연필, 흰 도화지, 풀, 가위

활동 방법

1. 신기한 씨앗에 대한 이야기를 나누어 본다.

- 어떤 마을에 신기한 씨앗 가게가 생겼대요. 어떤 씨앗을 팔까요?

2. 그림책을 감상한다.

❶ 반복되는 주문은 아이들과 동작을 만들어 보고 동작과 함께 읽는다.

- 씨씨씨! 앗앗앗! 신통방통 씨앗! 씨앗!

❷ 씨앗이 나무로 자라날 때, 어떤 열매가 열릴지 상상하며 이야기 나눈다.

- 새하얗고 차가운(고리모양, 알록달록…) 씨앗은 자라서 어떤 열매가 열릴까요?

❸ 꼬마돼지가 위험한 순간에 어떻게 할지 이야기 나눈다.

- (늑대가 나타난 장면) 돼지가 어떻게 하면 좋을까요?

❹ 뒷이야기를 예측해 본다.

- (늑대가 돼지를 쫓아 달려오는 장면) 늑대는 꼬마돼지를 꿀꺽 삼키려고 했어요. 어떻게 되었을까요?

3. 신기한 씨앗나무를 만들어 본다.

❶ 나만의 신기한 씨앗나무를 꾸민다.

- 책 속에 나온 씨앗 말고 내가 키우고 싶은 신기한 씨앗이 있을까요?
- 신기한 씨앗이 자라면 어떤 열매가 열릴까요? 상상 열매를 간단하게 그려서 나무에 붙여 주세요.
- 나만의 상상 씨앗에게 이름을 붙여 줄까요?

❷ 재미있는 주문과 함께 신기한 씨앗을 소개한다.
- 친구들에게 나만의 신기한 씨앗을 소개해 줄까요?

❸ "씨씨씨, 앗앗앗! 신통방통 ○○○ 씨앗(예 게임기 씨앗)!"

4. 아동들이 만든 씨앗나무를 전시하고 기념촬영을 한다.

5. 활동을 회상하며 마무리한다.
- 어떤 씨앗이 가장 기억에 남나요?

수업메모

- 씨앗 팝업북은 아동 수에 맞춰 교사가 미리 만들어 가도록 한다.
- 복지시설 노인 수업에서는 얼굴을 그리고 이름을 적어 나무 줄기에 걸어 보는 '웃음씨앗이 열리는 나무'로 응용하여 만들어 활용할 수 있다.

②『나뭇잎 손님과 애벌레 미용사』

작 가 이수애 글 · 그림
출판사 한울림어린이, 2015

책 소개

숲속 미용실에 머리가 무거운 나뭇잎 손님이 찾아온다. 여러 종류의 나뭇잎 모양 머리를 해 주어도 마음에 들어 하지 않아, 결국 애벌레 미용사는 '다른' 나뭇잎들을 이용해 화려한 모양으로 꾸며준다. 하지만 비로 인해 순식간에 망가져 버리고 만다. 다시 봄이 되자 새싹이 돋아나 나뭇잎 손님은 자신의 본래 모습을 발견하고 있는 그대로의 자신을 사랑하게 된다.

읽기의 특징

- 머리를 자르는 장면에서는 노래를 부르듯 읽기
- 가림 종이 사용하며 읽기
- 책의 방향을 돌려가며 읽기

활동 내 모습이 최고야!

활동 대상 초등

활동 목표

- 자신의 모습을 살펴보고 긍정적으로 표현할 수 있다.
- 다양한 나뭇잎들의 특징을 구별할 수 있다.

활동 자료

- 그림책, 나뭇잎 헤어스타일 책(도안, 손코팅지, A4색지 – 120g · 연두색 2장), 최고야 거울(초록펠트, 접착 거울지, 도화지, 양면테이프), 찍기 도구(연두색 또는 초록색 스탬프), 물티슈

활동 방법

1. 나뭇잎 헤어스타일책으로 다양한 나뭇잎 형태를 만나본다.

- 여러분들, 머리 모양 멋지게 하고 싶나요?
- 선생님이 소문을 들었는데 숲속의 미용실에 머리를 아주 잘하는 미용사가 있대요. (나뭇잎 헤어스타일판을 제시하며) 양버즘나무머리, 튤립나무머리……. 이런 많은 머리들을 다 할 수 있대요.

헤어스타일 책 1

헤어스타일 책 2

2. 그림책을 감상한다.

❶ 머리를 자르는 부분에서 노래 부르듯 읽는다.

❷ 양쪽 펼침면의 나뭇잎 모양이 다름을 설명하며 읽는다.

❸ 책 속의 나뭇잎 헤어스타일을 살필 수 있도록 책의 방향을 바꿔가며 읽는다.

❹ 결과를 보여 주고 있는 오른쪽 페이지의 그림을 가리고 읽는다.

❺ 그림을 단서로 등장인물의 마음을 첨가하여 들려준다.

- (짜증난 말투로) 하루 종일 많은 머리를 해 줬는데 다 마음에 안 든다니, 어떡하면 좋아?

❻ 동작과 함께 읽는다.

- (엄지로 그림책의 새싹머리 부분을 꾹 찍으며) 네 새싹 머리가 최고야!

❼ 뒤 면지 그림을 보며 상호작용하며 읽는다.

- 나뭇잎 손님은 “역시 내 새싹 머리가 최고로 예뻐”라고 했대요. 우리도 “네 모습이 최고야(엄지손가락 뻗으며)”라고 해 줄까요?

3. 새싹 나무를 만든다.

- (최고야 거울을 나눠주며) 이건 신기한 요술거울이에요. 어디가 예쁜지 잘 들여다봐야 찾을 수 있어요.
- 친구들은 나의 어떤 부분이 최고라고 생각하나요?
- (최고야 거울 뒷면의 나무를 보며) 여기 새싹이 나길 기다리고 있는 나무가 있어요. 우리 친구들이 다 함께 엄지손가락으로 새싹을 꾸며 볼까요?
- 엄지손가락의 무늬는 모두 다르지만 소중하고 예쁜 새싹이 되었어요.
- 나에게 "최고야!"라고 해 줄까요? ○○야 넌, 최고야!

4. 활동을 회상하며 평가한다.

- 오늘 책을 읽고 요술거울로 나의 모습을 관찰했는데 어떤 게 가장 기억에 나나요?
- (나뭇잎 헤어스타일 판을 보여 주며) 오늘 나왔던, 여러 가지 나뭇잎 모양 중에 가장 마음에 드는 것은 무엇인가요?

수업메모

- '최고야 거울'에 사용되는 거울지는 고정되어 있는 형상이 보이는 것이 아니라 아동이 바라보는 각도의 따른 모습이기에 다양한 해석이 가능하고 즐거워한다.
- 노인대상 수업에서는 헤어밴드에 나뭇잎을 붙이고 미러지를 크게 잘라서 거울 보기로 바꿀 수 있다.

거울을 보고 있는 노인자원활동가 1

거울을 보고 있는 노인자원활동가 2

③『새 친구가 이사왔어요』

작 가 레아 골드버그 글, 슈무엘 카츠 그림
출판사 주니어RHK, 2008

책 소개

'유태 동화 베스트'시리즈로 〈새 친구가 이사왔어요〉, 〈그림이 이상해요〉, 〈호두 세 알의 비밀〉 3편이 담긴 그림책이다. 5층 집 1층에는 뚱뚱한 암탉, 2층에는 아이들과 떨어져 사는 뻐꾸기, 3층에는 멋쟁이 검은 고양이, 4층에는 도토리를 까먹는 다람쥐, 5층에는 생쥐가 살고 있었다. 어느 날 생쥐가 갑자기 이사를 가서 '방을 빌려드립니다' 알림판이 붙는다. 개미, 토끼, 돼지, 꾀꼬리는 방은 마음에 드는데 이웃들이 마음에 들지 않는다고 가 버리고, 비둘기는 방은 마음에 들지 않지만 이웃들이 맘에 든다고 각자의 좋은 점을 말해 주고 이사 온다.

읽기의 특징

- 반복되는 구절 함께 읽기
- 소리의 크기, 속도에 변화를 주며 읽기
- 등장인물의 성격 설정하여 구분하여 읽기

〈성격 설정의 예〉
- 개미는 작고 얇은 소리로 빠르게
- 돼지는 크고 굵은 소리로 느리게

활동 방을 빌려드립니다!

■ **활동 대상** 초등 저학년 아동

■ **활동 목표**

- 이웃과 사이좋게 지내기 위해 필요한 태도를 안다.
- 친구와 협력하여 극 놀이를 할 수 있다.

■ **활동 자료**

- 동화책, 동극용 목걸이(등장인물 컷), '방을 빌려드립니다' 알림문

■ **활동 방법**

1. "방을 빌려드립니다" 알림 글에 대한 이야기를 나누어 본다.

❶ 이런 글을 본 적 있나요?

> 방을 빌려
> 드립니다!

2. 그림책을 감상한다.

❶ 반복되는 구절을 함께 소리 내어 읽는다.

❷ 등장인물의 특징에 맞게 소리의 크기, 속도에 변화를 준다.

❸ 그림과 이야기의 상황에 맞는 감정을 담아 읽는다.

- 이웃들이 모두 나와 웃으며 물었어요.
- (웃는 표정의 친절한 목소리로 궁금함을 담아) 방이 마음에 드나요?"

❹ 반복되는 대사는 함께 읽는다.

❺문장 끝의 억양을 변화를 주며 읽는다.

- 같이 살 이웃이 마음에 안 들어요(↘)
- 저는 늘 부지런히 일하지요(↻)
- 그런데 어떻게 게으른 암탉과 가까이서 살겠어요?(↗)

3. 역할극을 함께 만들어 본다.

❶ 역할을 정하고 역할에 어울리는 동작과 대사를 만들어 본다.

(의자 5개를 1층에서 5층으로 설정하여, 1층 암탉, 2층 뻐꾸기, 3층 검은고양이, 4층 다람쥐, 5층 생쥐가 앉는다.)

❷ 교사가 해설을 하고 각 역할을 맡은 아동이 인사를 한다.

- 아름다운 골짜기에 예쁜 5층집이 있었어요. 그 5층 집에는 동물친구들이 살고 있었지요.
- 1층에는 암탉이 살아요. (암탉 역할이 일어나 인사함)
- 생쥐가 집을 떠나 버리자 이웃들은 "방을 빌려드립니다" 하고 광고를 합니다.

(암탉이 "방을 빌려드립니다" 알림 문을 들고 무대를 한 바퀴 돈다.)

- 그러자 개미가 찾아옵니다.

역할 목걸이

❸ 각 역할이 되어 연기한다.

- 이웃: 어서 오세요. (5층을 가리키며) 이쪽입니다.
- 이웃: 방이 마음에 드세요?
- 개미: 네!
- 이웃: 부엌이 마음에 드세요?
- 개미: 네!
- 이웃: 그럼 여기서 살 건가요?
- 개미: 아니오.
- 이웃: 왜요?
- 개미: 이웃이 마음에 안 들어요.
- 이웃: 누가요?
- 개미: 암탉이 마음에 안 들어요.
- 해설: 암탉은 너무 부끄러워서 그만 고개를 숙이고 방으로 돌아갔어요. (암탉 역할은 역할 자리로 돌아가 앉는다.)

❹ 토끼, 돼지, 꾀꼬리도 같은 방법으로 진행한다.

❺ 비둘기가 찾아와서 친구들의 장점을 찾아내는 장면을 연기한다.

- 이웃: 어서 오세요. (5층을 가리키며) 이쪽입니다.
- 해설: 비둘기는 재빨리 날아서 5층으로 올라갔어요.
- 이웃: 방이 마음에 드세요?

- 비둘기: 아니오! 방이 좁군요

 (중략)

- 해설: 이렇게 해서 아름다운 골짜기의 예쁜 5층집에는 사이좋은 이웃들이 함께 살게 되었답니다.

4. 역할극을 한 후 느낀 점을 서로 이야기해 본다.

- 비둘기와 다른 손님의 차이점이 무엇인가요?
- 이 동화를 통해 알 수 있는 좋은 이웃이 되기 위한 조건은 무엇인가요?

수업메모

- 동극에 참여하지 않는 아동들은 스텝 또는 효과음 팀으로 역할을 주어 모두가 참여할 수 있도록 한다.
- 의자를 활용하여 1층~5층 공간 설정을 할 수 있다.
- 인원수가 적을 때에는 한 아동이 여러 역할을 맡을 수도 있으며, 손님이 바뀔 때마다 아동이 알림 문을 들고 한 바퀴 돌아도 재미있다.
- 동극의 시작과 끝 부분에서 시그널 음악을 사용하면 더욱 효과적이다.

④『게으른 잭』

작 가 이송은 재화, 박민희 그림
출판사 국민서관, 2016.

책 소개

옛날 영국에 잭이라는 게으른 소년이 살고 있었다. 엄마의 권유에 따라 일을 하게 된 잭은 동전, 우유, 치즈, 고양이, 고깃덩어리, 당나귀 등을 차례로 품삯으로 받지만 번번이 제대로 집까지 갖고 오지 못한다. 하지만 뜻밖에도 당나귀를 메고 비틀거리는 잭을 보고 부잣집 외동딸이 웃음을 터뜨리게 되면서, 잭은 그 딸과 결혼하여 오래오래 행복하게 살게 된다.

읽기의 특징

- 단서가 되는 문장 반복하여 읽기
- 뒷이야기 예측해 보기

활동 빠진 그림을 찾아라

활동 대상 유아 및 초등 저학년 아동

활동 목표

- 이야기를 주의 깊게 듣고 뒷 이야기를 예측할 수 있다.
- 빠진 그림을 찾아 순서대로 이야기를 구성할 수 있다.

활동 자료

- 그림책(또는 동화자료), 낱장 그림 15장면 카드

활동 방법

1. 수수께끼를 통해 이야기의 배경이 되는 나라(영국) 맞히기를 한다.

- 이 나라는 축구를 잘 해요./ 유럽에 있어요./ 이 나라 이름은 두 글자예요./ 이 나라 사람들은 영어를 쓴대요.

2. 그림책을 감상한다.

❶ 반복되는 상황은 또박또박 강조하여 읽고 상호작용과 표정을 곁들인다.
- (눈을 껌벅이며 혼잣말 하듯) 그런데 어떻게 갖고 가지?
- (확신에 차서 읊조리듯) **그래! 머리에 이고 온다, 머리에 이고 온다.**

❷ 사건이 반복됨에 따라 점진적으로 감정을 고조시켜 읽는다.

❸ 이야기의 끝부분은 천천히 읽는다.

3. 동화를 회상하며 이야기 나눈다.

- 이처럼 꼬리에 꼬리를 무는 특징을 가진 이야기의 좋은 점은 무엇인가요?

4. 이야기를 순서대로 나열해 본다.

❶ 일부 그림을 빼 놓고, 그 자리에 알맞은 그림을 찾아본다.

❷ 전체 그림을 섞어놓고 순서대로 놓아 본다.

5. 그림을 보며 이야기 릴레이를 한다.

- 이번에는 그림을 보며 한 명씩 이야기를 이어서 해 볼까요?

6.. 활동을 회상하고 평가한다.

- 어떤 점이 즐거웠나요? *빠진 그림 찾는 거요. 이야기가 재밌어요.*

확장 활동 **1. 이야기를 비교해요!**

- 〈종이에 싼 당나귀〉를 감상한다.
- 소그룹별로 두 이야기를 비교하여 벤다이어그램을 만들고 발표한다.

확장 활동 **2. 병풍 책 만들기나 미니 북 만들기를 할 수도 있다.**

⑤『온 세상 국기가 펄럭펄럭』

작 가 서정훈 글, 김성희 그림
출판사 웅진주니어, 2010

책 소개

국기에 담겨 있는 의미와 정보를 테마별로 흥미롭게 구성하였다. 국기가 처음 시작된 기원부터 국기에 담긴 그 나라의 역사, 위치, 자연, 종교, 전설, 땅 등을 재미있게 설명한다. 끝으로 우리나라 태극기가 만들어지게 된 과정도 함께 들려준다. 처음과 끝을 장식하는 월드컵 장면은 아이들이 세계국기에 가장 많이 노출되는 현장이어서 현실감이 있다. '똑똑 정보' 코너에서는 특별하고 색다른 국기, '똑똑 사회 교과서' 코너에서는 초등학교 사회 교과서에 배우는 관련 내용이 함께 실려 있다.

읽기의 특징 (유형 IV-I)

- 수업에 필요한 부분 중심으로 건너뛰며 읽기
- 아동의 참여를 격려하며 읽기
- 꾸밈말, 주요한 정보는 강세를 두어 읽기
- 국기에 대한 인상 깊은 구절 다 함께 읽기

활동 나라 비교 요술책 만들기

활동 목표

- 국기는 나라를 대표하는 상징이며 그 나라에 관한 정보가 담겨 있음을 안다.
- 각 나라 국기와 유니폼의 모양, 색, 무늬를 구별할 수 있다.

활동 자료

- 그림책, 축구 선수 및 관중석 사진, 융판, 국기 및 유니폼 그림 컷, 요술책 만들기 재료(8절도화지, 국기 및 유니폼 그림 컷, 가위, 풀)

활동 방법

1. 사진을 통해 국기의 상징성을 만나본다.
   - 국가대표들이 뛰는 축구경기 본 적 있나요?
   - (유니폼을 입은 국가 대표 축구선수 사진과 응원석 사진을 보여 주며) 축구선수와 응원석 관중 사이의 공통점은 무엇인가요? *같은 색 옷을 입었어요(무늬, 문양, 페이스 페인팅 등)*

2. 그림책을 감상한다.

❶ 아동의 참여를 격려하고, 주요정보를 강조하면서 읽는다.
   - 캐나다에는 설탕단풍나무가 많이 자라요. 그래서 이 나무수액으로 만든 시럽이 유명해요. *메이플 시럽, 핫케이크에 얹어 먹어요.*
   - 유럽 국기들의 비슷한 점은 무엇인가요? *십자가*
   - 국기는 그 나라를 나타내는 얼굴이에요. 혹시 여기서 누구인지 알 수 있을 것 같은 사람 있어요? *김연아 선수가 금메달을 따고 손 흔들어요.*

❷ 꾸밈말과 주요한 정보를 읽을 때는 강세를 둔다.

❸ 국기에 대한 인상 깊은 구절을 다함께 읽는다.
   - 국기는 그 나라이자 국민이거든.

3. 요술책을 만든다.

❶ 융판으로 국기와 유니폼의 공통점을 찾아 분류한다.
   - (융판으로 그림 컷들을 제시하며) 여기 국기와 유니폼이 있는데, 공통적인 것들끼리 나눠 볼까요?

❷ 요술책을 만든다.

(요술책 바탕 틀을 만들고 국가명, 국기, 유니폼을 순서대로 쓰고 붙인다.)

① 8절 도화지를 반으로 자른다.

② 자른 두 쪽을 겹쳐 양쪽 끝을 5㎝ 정도 'w'자 형태로 접어 올린다.

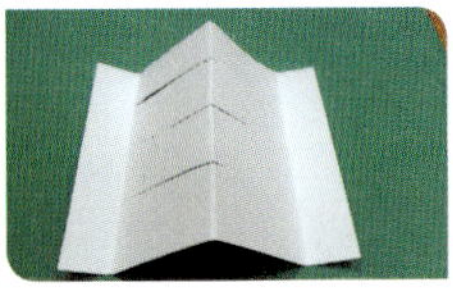
③ ②의 한쪽은 손잡이 부분을 제외하고 4등분 되게 자른다.

④ ②의 또 다른 한쪽은 접은 선을 따라 세 번 자른다.

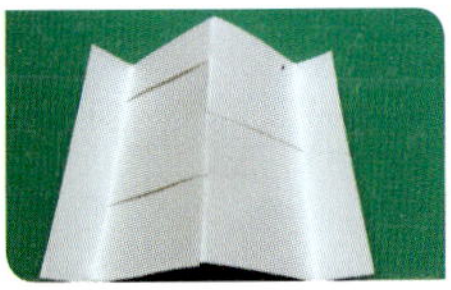
⑤ 요술책의 완성된 앞면, ④에서 자른 조각 중 큰 직사각형 두 개를 ③의 양쪽 틈새에 올록볼한 형태로 끼운다.

⑥ ⑤속에 숨겨져 있던 비밀화면, ⑤의 가운데를 양옆으로 펼치면 나온다.

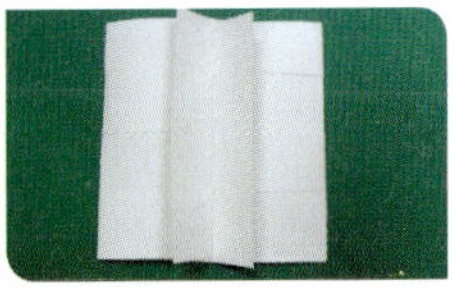
⑦ 앞에서 숨겨진 화면을 열었을 때의 뒤편, ⑥의 뒷모습

4. 활동을 회상하고 마무리한다.

- 운동선수들의 유니폼에 그 나라 국기의 색과 무늬를 넣는 이유는 무엇일까요?
- 외국 국기 중에서 특히 기억에 남는 국기가 있나요? 그 이유는 무엇인가요?

수업메모

- 1, 2차시로 나누어 국기에 대한 정보를 소재로 국기골든벨을 진행할 수 있다.
- 1학년들이 요술책 만들기를 어려워 할 수 있으므로, 1, 2학년 대상 대집단 수업인 경우에는 요술책 바탕 틀을 최종 직전 단계까지 미리 재단해 가는 게 필요하며, 국기 및 유니폼 컷은 라벨지에 출력하여 만들면 편리하다.

4) 배려: 도와주거나 보살펴 주려는 마음을 씀

①『털보 아저씨의 행복우산』

작 가	이송은 글, 배욱찬 그림
출판사	국민서관, 2016

책 소개

주하네 동네에는 누구에게나 대가 없이 우산을 빌려주는 마음씨 좋은 털보 아저씨가 있다. 아저씨는 '손님이 비를 맞고 가는 것을 보는 것보다 내 것을 내어 주는 게 낫다'고 생각하고, 빌려준 우산이 돌아오지 않아도, '아직 안 갖고 왔을 뿐'이라며 이웃들에게 따뜻한 신뢰를 보낸다. 각박한 요즘 세상에서 '나눔'과 '배려'가 무엇인지를 보여 주며, 장면마다 숨어 있는 빨간 선을 찾는 재미가 있다.

읽기의 특징(유형 II)

- 등장인물의 성격과 상황을 살려 읽기
- 톤을 달리하여 읽기(리포터)
- 책을 음향 도구로 활용하기
- 포물선 찾아보며 읽기

활동 변신, 포물선!

활동 대상 유아~초등 중학년

활동 목표

- 타인을 배려하고 조건 없이 베푸는 나눔의 행동을 이해할 수 있다.
- 포물선으로 다양한 모양을 만들 수 있다.
- 친구들과 협력하여 포물선 조형을 할 수 있다.

활동 자료

- 그림책, 포물선 조각(인원수의 2배), 양면 색상지(8절 또는 16절지 연한 색, 4명당 1장)

활동 방법

1. 우산에 대해 수수께끼를 맞혀 본다.
   - 우리 생활에 꼭 필요한 물건이에요./ 두 글자입니다./ 사람들이 자주 잃어버려요./ 이것을 같이 쓰면 엄청 가까워집니다./ 날씨와 관련이 있습니다. *우산*

2. 그림책을 감상한다.
   ❶ 앞표지를 탐색한다.
   - 제목이 왜 행복우산일까요?

   ❷ 수세기를 하며 그림을 탐색한다.
   - (속표지에서 우산을 세며) 열, 열하나! 우산 더 없나요?

   ❸ 등장인물의 성격과 상황을 살려 읽는다.
   - (미심쩍은 표정으로 주저하며) **"이걸 진짜 빌려주시게요?"**

   ❹ 그림책을 책 읽기 음향도구로 활용한다.
   - (비 오는 장면에서 뒤에서 표지를 두드리며) 후두둑!

   ❺ 톤을 상기시켜 리포터처럼 읽는다.
   - **이상 우리 동네 이야기, 행복동 주하였습니다.**

3. 그림책 내용에 대해 이야기 나눈다.
   - 오늘 우리가 읽은 책 속의 털보 아저씨는 성격이 어떤 분 같아요? *마음씨가 좋아요.*
   - 마음씨가 좋은 것을 어떻게 알 수 있나요? *돈도 안 받고 나눠줘요. 친절해요.*
   - 한 달 동안 열 두 개의 우산을 육십 번 쯤 빌려줬는데, 그 중 열두 번만 안 돌아왔다는 게 무슨 뜻일까요? *같은 우산을 한 사람이 빌려갔다가 갖고 오면, 다른 사람이 또 빌려가고 그랬다는 거예요.*

4. 포물선을 찾으면서 그림책을 다시 훑어본다.

- 그림 장면마다 행복한 포물선이 어디 있는지 찾아볼까요?

5. 포물선이 그려진 ohp필름 조각으로 조형놀이를 한다.

- (1인당 두 개씩 나눠 주며) 이제 이 두 개의 포물선이 짜잔! 변신을 할 거래요. 무엇이 될 수 있을까요? *눈, 고구마, 물고기, 분수*
- 이번에는 옆 친구랑 둘이서, 네 개의 선으로 만들어 볼까요?
- (색상지를 주며)이번에는 여러 명이 모여 만들어 볼까요?

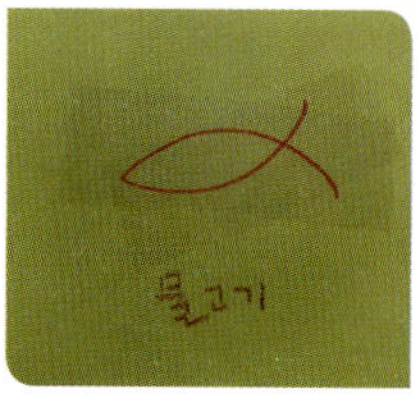

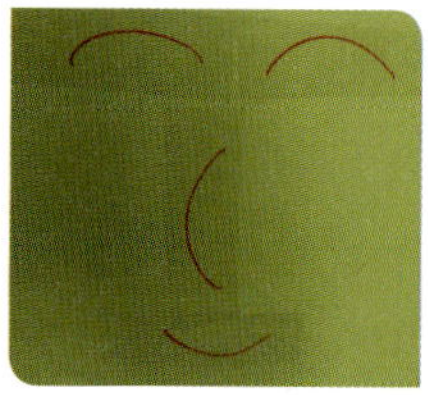

6. 큰 화면으로 포물선 조형 작품을 감상한다.

- 우리가 만든 것들이 어떤 것이 있었는지 볼까요?

7. 활동을 회상하고 평가한다.

- 오늘 같은 선으로 친구들이 여러 가지 모양을 만들었는데, 가장 기억에 남는 그림은 어떤 게 있었나요?
- 만약 빨간 선으로 한 가지 모양만 만들었다면 어땠을까요? *심심해요, 재미없어요.*

수업메모

- 이 책은 만 4, 5세 이상부터 할 수 있으며 누리과정 생활주제 '우리동네'와 연계할 수 있다. 인성교육 측면에서는 '나눔'과 '배려' 덕목과 관련이 높다.
- 이 활동의 장점은, 실패에 대한 두려움 없이 마음껏 자신의 생각을 표현할 수 있다는 것이다. 아울러, 개인조형, 짝 조형, 협동 조형 등 표현의 범위를 넓혀가고 협동조형을 통해서 사회성도 키울 수 있다.

② 『**우리는 친구**』

작 가 앤서니 브라운 글 · 그림
출판사 웅진주니어, 2008

책 소개

어느 동물원에 손짓으로 말을 할 수 있는 고릴라가 살았다. 어느 날 고릴라가 친구가 필요하다고 말하자 동물원 사람들은 예쁜이라는 고양이를 데려다준다. 고릴라와 고양이는 무엇이든지 함께하며 행복하게 지내는데, 어느 날 TV로 영화를 보던 고릴라가 기분이 나빠져 텔레비전을 부수는 사건이 벌어진다. 위험하다고 생각한 사람들은 고릴라로부터 고양이를 떼 놓으려고 한다. 그때 예쁜이가 손짓말로 말한다. "텔레비전을 부순 건 바로 나예요!" 결국 둘은 오래 오래 행복하게 살게 된다. 진정한 우정이란 무엇인지를 보여 주는 따뜻한 그림책이다.

읽기의 특징

- 그림읽기(그림을 보고 등장인물의 정서 추측하기)
- 동작을 곁들여 읽기
- 다음 장면을 예측해 보며 읽기

활동 우리는 친구!

활동 대상 초등

활동 목표

- 진정한 우정이 어떤 것인지를 깨닫고, 친구와 협력하여 게임을 할 수 있다.

활동 자료

- 그림책, 훌라후프, 종이컵(모둠당 10개), 칼라 고무줄, 털실

활동 방법

1. 그림책을 감상한다.

❶ 그림책 표지를 탐색한다.

- (표지의 제목 부분을 가리고) 둘은 어떤 사이인 것 같나요?

❷ 그림을 보며 이야기를 만들어 본다.

- (고릴라 겨드랑이에서 잠든 고양이를 가리키며) 고릴라는 예쁜이 고양이를 머리 위에 앉혀 놓기도 하고 품에 안고 함께 잠들기도 하고 응가도 함께하면서 무엇이든 함께했지요.

❸ 그림책 속의 동작을 함께해 보며 읽는다.

- 나는/ 필요해/ 친구가 (교사가 동작을 하며 읽어 주고 아동과 함께 다시 동작을 하며 읽는다.)

❹ 다음 장면을 예측해 본다.

- (고릴라가 텔레비전을 부순 사건 후) 예쁜이가 손짓말을 했다는데, 어떤 말을 했을까요?

2. 동화 내용을 회상하며 이야기 나눈다.

- 예쁜이는 왜 자기가 텔레비전을 부수었다고 말했을까요?
- (그림책 앞표지와 뒷면지에 있는 장미꽃을 보여 주며) 장미꽃이 한 송이씩 따로 있다가 두 송이가 함께 있는데, 이 그림을 통해서 무엇을 알 수 있나요?
- 예쁜이와 고릴라는 어떤 사이인 것 같나요?

3. '우리는 친구!' 게임을 한다.

❶ 모둠별로 협력하여 훌라후프 통과하기 놀이를 한다.

❷ 훌라후프를 팔-머리-다리-팔 순서로 통과하여 마지막 아동까지 훌라후프를 이동시킨다.

❸ 모둠별로 협력하여 종이컵 쌓기 놀이를 한다.

- 종이컵이 쓰러지면 다시 처음부터 시작하는 거예요. 어떻게 하면 종이컵을 잘 쌓을 수 있을까요?

4. 활동을 회상하며 이야기를 나눈다.

- 친구들과 팀을 이루어 게임을 해 봤는데, 훌라후프를 마지막까지 통과시켰을 때 (컵을 다 쌓았을 때) 어떤 기분이 들었나요?
- 진정한 친구란 어떤 친구를 말하는 것일까요?

수업메모

- 책을 읽고 이야기를 나눈 후, 'It's a Small World' 곡조에 가사를 붙인 '친구야 나는 너를 사랑해'를 부르는 것도 좋다. 그 노래를 이어지는 게임의 배경음악으로 사용할 수 있다.
  ♪ 친구야 나는 너를 사랑해 친구야 나는 너를 사랑해
  사랑해 사랑해 사랑해 사랑해 나는 너를 사랑해
- '두 주인공의 관계가 어떻게 변화해 가는가?'에 초점이 맞춰질 경우 ♪'친구야 나는 너를 사랑해' 노래는 도입부에서는 가사 없이 반주음악으로 틀어 준다.
- 팀을 나누지 않고, 동일한 팀이 시간을 얼마나 단축시킬 수 있는지 시간을 재 보는것도 재미있다.
- 컵을 빨리 쌓기보다는 천천히 협력하여 쌓을 수 있도록 조력하는 것이 좋다.

③『달 샤베트』

작 가 백희나 글 · 그림
출판사 책읽는곰, 2014

책 소개

어느 무더운 여름 밤, 에어컨과 선풍기와 냉장고가 뿜어내는 열기에 달이 똑똑똑 녹아내린다. 이를 본 부지런한 반장 할머니는 큰 대야에 가득 달물을 받아 달 샤베트를 만든다. 이웃들은 에어컨,선풍기,냉장고를 돌려대다 그만 정전이 된다. 모두들 깜짝 놀라 캄캄한 밤 환하게 홀로 빛나는 반장 할머니 집으로 가니, 할머니는 달 샤베트를 나눠주고 모두 시원하게 잠을 청한다. 달이 녹아 집을 잃은 옥토끼도 할머니를 찾아와 고민을 말하자 할머니는 남은 달물로 달맞이꽃을 피운다. 그러자 달이 다시 차오르고 모두들 편히 잠든다.

읽기의 특징 (읽기유형 Ⅰ)

- 그림책을 교구처럼 활용하기
- 대사 첨가해 읽기
- 가림 종이 활용하기

활동 달 샤베트를 나누어요

활동 대상 초등학생을 위한

활동 목표

- 친구들과 협동하여 샤베트를 만들 수 있다.
- 특별한 샤베트를 누구와 나누어 먹을 것인지 생각하고 말할 수 있다.

활동 자료

- 그림책, 음료수, 얼음, 굵은 소금, 뚜껑 달린 플라스틱 통, 이중 지퍼백(작은 것), 투명한 작은 컵(인원수), 야광스티커(인원수), 물티슈

활동 방법

1. 더울 때 먹는 음식에 대해 이야기를 나눈다.

- 이렇게 더울 때는 무엇을 먹으면 시원해질까요? *아이스크림이요.*
- 더울 때 먹는 시원한 것이 책 속에 나온대요. 무엇이 나올지 같이 볼까요?

2. 그림책을 감상한다.

❶ 앞표지의 그림을 탐색한다.

- 짠! ○○가 말한 샤베트네요! 그런데 그림책 속의 샤베트는 특별한 샤베트인 달 샤베트예요. 달 샤베트는 무엇일까요?

❷ 그림책을 음향도구로 사용한다.

- (달 물이 떨어지는 장면에서 그림책의 표지를 뒤에서 손끝으로 치며) 똑 똑똑

❸ 가림종이를 활용하여 읽는다.

- (달이 커지는 부분 가렸다가 서서히 드러내며) **작은 빛은 점점점 자라나**

❹ 대사를 첨가하고 제스처를 곁들여 읽는다.

- (할머니 목소리로) 아유, 너무너무 더워서 잠도 오지 않고, 아무것도 할 수가 없네.
- (아이 목소리로) 엄마 너무 깜깜해서 잘 걸을 수가 없어요. 무서워. 어! 그런데 여기는 왜 밝지요?
- (손으로 제스처를 하며) 아! 좋은 생각이 떠올랐어.

❺ 목소리를 점차 크게 하며 호기심을 불러일으키며 읽는다.
  - 달이 점점, 점점 자라나 커다랗고, 노랗고, 둥그런 보름달이 되었어요.

3. 달 샤베트를 만들어요.

- 선생님이 너희들 생각이 나서 반장할머니에게 달물을 조금 얻어왔어요. 너희들에게 샤베트 만들어 나눠 주고 싶어서요.
  ① 음료수(약200㎖)를 작은 지퍼백에 붓는다.
  ② 음료수가 담긴 지퍼백을 얼음과 소금이 섞인 플라스틱 통에 넣는다.
  ③ 아동들이 차례대로 플라스틱 통을 흔든다.
- 달 샤베트 만들자! ㅇㅇ샤베트 만들자! 샤베트가 다 만들어졌나요?
  ④ 야광 스티커를 이용해 아동용 달 샤베트 컵을 꾸민다.
- 샤베트가 만들어지는 동안 우리들만의 특별한 달 샤베트 컵을 꾸며 볼까요?

4. 이야기를 나누고 샤베트를 먹는다.

❶ 누구와 달 샤베트를 나누어 먹고 싶은지 이야기를 나눈다.
❷ 아동이 꾸민 컵에 샤베트를 나누어 주고 함께 먹는다.

5. 활동을 회상하고 평가한다.

- 오늘 그림책도 보고 샤베트도 만들어 먹어 보았어요. 어떤 것이 가장 기억에 남나요?

수업메모

- 샤베트가 잘 안 만들어지는 경우를 대비해, 미리 여분의 샤베트(예: 연한 오렌지류의 음료수를 살짝 얼린 것)를 준비해 둔다.
- 야광스티커는 충분히 빛을 받아야 빛이 나므로 활동하기 전까지 교실에 빛이 있는 곳에 스티커를 놓아둔다.

5) 공감: 남의 감정, 의견, 주장 따위에 대하여 자기도 그렇다고 느낌

①『알사탕』

작 가 백희나 글 · 그림
출판사 책읽는곰, 2017

책 소개

동동이가 알사탕을 먹자 이상한 소리가 들려오기 시작한다. 꼴깍. 입안의 사탕이 다 녹아 사라지면 신기하게도 목소리는 더 이상 들리지 않는 이상한 알사탕이다. 불편한 소파, 고단한 구슬이, 아빠와 할머니의 진심을 듣게 된 동동이는 비로소 세상에서 가장 쉽고도 어려운 한 마디 "나랑 같이 놀래?"라고 먼저 말을 건네는 용기가 생긴다.

읽기의 특징

- 동작 곁들여 읽기
- 등장인물의 특징과 상황을 살려 읽기
  예 연로한 인물은 느리게, 소년은 빠르게, 듣기 싫은 잔소리는 빠르게, 처음으로 말을 건넬 때는 천천히
- 그림 읽기(등장인물의 기분 헤아리기, 알사탕의 정체 파악하기)

활동 마음의 소리 알사탕

활동 목표

- 주변 사물의 입장이 되어 그 사물이 하고 싶은 말을 표현할 수 있다.
- 속마음이 궁금한 특정 대상의 말을 상상 속에서 그려 봄으로써 자신의 정서를 표출할 수 있다.

활동 자료

- 그림책, 풍경사진 및 활동지('마음의 소리' 알사탕, 교구공방참조), 필기도구(연필, 또는 사인펜, 색연필)

활동 방법

1. 표지를 탐색하며 제목을 맞혀 본다.

- (제목을 가림지로 가린 채) 이 친구가 무엇을 보고 있나요? *구슬, 사탕*
- 이 친구의 표정이 어떤가요? *놀랐어요.*
- (가림지를 떼며) 알사탕! 과연 어떤 사탕인지 책 속으로 들어가 볼까요?

2. 그림책을 감상한다.

❶ 면지와 속표지를 탐색하며 읽는다.
- (앞 면지를 보며) 여긴 어디일까요?
- 무엇이 보이나요?

❷ 동작을 곁들여 상황을 실감나게 묘사한다.
- **혼자 노는 것도 나쁘지 않다.** (오른 손으로 책을 잡고 왼손 엄지와 검지로 구슬 튕기는 흉내를 내며)피융 – 딱! 야호! **친구들은 구슬치기가 얼마나 재미있는지 모른다.**

❸ 그림을 관찰하며 등장인물의 기분과 동작을 반영하여 덧붙인다.
- 동동이가 어떻게 걸어가고 있나요? 기분이 어떤 것 같나요?
- 놀이터에 누가 있나요?
- (뒷면지의 동동이를 가리키며) 동동이 기분이 어떤 것 같나요?

❹ 속도 요소를 달리하여 등장인물의 연령과 상황을 묘사한다.

예 늙은 개, 할아버지, 할머니 대사 – 느리게
동동이, 아빠가 잔소리 늘어놓는 대목 – 빠르게
처음 만난 친구에게 말을 건넬 때 – 느리게

❺ 뒷이야기를 추측해 본다.
- (뒷표지를 보며) 동동이와 친구는 어디로 갔을까요? *집, 놀이터*

3. 마법의 알사탕을 상상하며 '마음의 소리'를 적어본다.

❶ 생활주변에서 볼 수 있는 사물이 하고 싶은 말을 상상하며 적어 본다.
- 우리에게도 동동이처럼 마법의 알사탕이 찾아온다면 어떤 소리가 들릴지 생각해 볼까요?
- (얼룩무늬 사탕 활동지와 여러 개의 사진을 보여 주며) 이 사탕은 누구의 마음을 담고 있을까요? *발 매트*
- 그럼 매트가 뭐라고 말 하는지, 사탕 안쪽에다 적어 볼까요?

❷ 마법의 알사탕이 생긴다면 마음의 소리를 들어 보고 싶은 대상과 그 내용을 적어 본다.
- 이번엔 우리가 원하는 대로 마음 소리 알사탕을 가질 수 있다면, 누구의 소리를 듣고 싶은지 생각해 볼까요?
- 그리고 나에게만 들리는 마법의 소리를 적어 보아요.

알사탕 활동지 쓰기

사탕 활동지

4. 활동을 회상하며 평가한다.

- 우리 주변에 있는 물건이 하고 싶은 소리를 적어 보았는데, 어떤 게 가장 기억에 남나요?
- 내가 듣고 싶은, 나만의 '마음의 소리 알사탕' 책을 만들어 보았는데 기분이 어땠나요?

교구공방 마음의 소리 알사탕 활동지 1

- **준비물**: '마음의 소리' 주인공이 들어 있는 생활 주변 사진, 가위
- **만드는 법**

① (교사)생활 주변의 사물 중 '마음의 소리' 대상을 찾는다(예: 발매트, 전자시계)

② 그 대상이 포함된 풍경 사진을 찍는다.

③ 사진을 편집해 사탕 틀 크기로 앉힌다.

④ 양면이 대칭되게 사탕이 마주보고 접힌 형태로 자른다.

⑤ 동그란 테두리 선을 넣어 글을 쓸 공간을 표시해 준다.

교사용 사진

활동지

마음의 소리 알사탕 활동지 2

- **만드는 법**

활동지 1과 동일한 크기로 안쪽 면의 디자인도 같으나, 겉은 특정한 사물과 관련 없이 일반적인 사탕종이 포장느낌으로 입힌다.

수업메모

- 아이들이 속마음을 단박에 드러내기란 쉽지 않을 수 있다. 1단계로 그림책 본문에서 사용한 특정 사물과 사탕 연계하기(예 소파와 체크무늬) 구조를 적용해, '주변의 일상에서 볼 수 있는 대상과 그의 속마음 알아보기'를 사진과 활동지를 이용해서 하고 2단계로 자신이 속마음으로 넘어가면 보다 용이하게 할 수 있다. 이는 속마음 드러내기를 주저하는 아동의 경우라도, 적어도 한 단계는 참여했다는 위로를 본인과 강사 모두에게 줄 수 있다는 점에서 의미가 있다.

②『사윗감 찾아 나선 두더지』

작 가 김향금 글, 이영원 그림

출판사 보림, 1996

책 소개

옛날 땅속 두더지 마을에 두더지 가족이 살았다. 예쁜 처녀 두더지의 부모는 세상에서 제일 힘센 사위를 찾으러 길을 떠난다. 세상을 비춰 주는 해님, 해님을 가리는 구름, 구름을 날려버리는 바람, 바람에도 끄떡없는 미륵 돌부처를 찾아 가지만 미륵 돌부처를 쓰러뜨리는 건 바로 두더지였다. 결국 두더지의 가장 힘센 사윗감은 두더지였던 것이다.

읽기의 특징 (유형 II)

- 등장인물의 성격과 상황을 살려 읽기
- 반복되는 구절 함께 읽기
- 뒷이야기 예측해 보기

활동 옛이야기 연극 만들기

활동 대상 초등 저

활동 목표

- 또래와 협력하여 동극에 참여할 수 있다.
- 말과 동작으로 동화 속 인물의 마음과 행동을 표현할 수 있다.
- 꼬리에 꼬리를 무는 이야기 구조를 이해하고 다음 내용을 예측할 수 있다.

활동 자료

- 그림책, 그림도안, 나무젓가락, 풀

활동 방법

1. '두더지' 알아맞히기 수수께끼를 한다.
   - 이것은 동물입니다.
   - 이 동물은 다리가 4개입니다.
   - 이 동물은 코가 뾰족합니다.
   - 이 동물은 눈이 나쁩니다.
   - 이 동물은 땅속에 삽니다.
   - 이 동물은 무엇일까요?

2. 그림책을 감상한다.

❶ 뒤표지를 탐색한다.
- 여기 두더지들이 무엇 하고 있는 것 같아요?
- 땅 속에 사는 두더지들이 왜 나오고 있을까요?

❷ 반복되는 구절에서 다 같이 함께 읽는다.
(목소리 변별을 위하여 여성 소리로 사윗감이 돼 달라고 부탁하고, '해님', '바람', '구름' 등은 남성소리로 답한다.)

❸ 전체적인 내용이 사윗감을 찾아나서는 모험담이므로 상황에 맞게 소리의 강약과 속도감을 바꿔준다.

예 자기자랑을 할 때는 큰 소리로 천천히, 자기보다 힘센 존재가 있음을 말할 때는 작은 소리로 서둘러서

❹ 책 속에 나오는 단어들의 느낌을 살려 목소리 표현을 해 준다.

- (쨍글쨍글): 밝은 느낌의 남성 소리
- (뭉실뭉실) 구름: 눈을크게 뜨고 가볍게 리듬을 타는 남성소리
- (씽씽쌩쌩) 바람: 성대를 조여 내는듯한 거칠고 빠른 남성 소리
- (에헴에헴 점잖은) 미륵: 굵고 낮고 느린 남성 소리

❺ 책의 내용을 회상한다.

- (뒤에 이어질 확장활동에 대비해 줄거리와 등장인물 위주로 확인한다.)
- 두더지들이 제일 먼저 찾아간 사윗감은 누구였나요?
- 그런데 해님보다 더 힘이 센 건 누구였지?

3. 극놀이를 한다.

❶ 각 캐릭터의 도안을 준비한다.

❷ 반복되는 말이 나오는 부분을 연극으로 만들어 본다.

※ 또는 캐릭터 도안을 막대 인형으로 만들어 막대 인형극 놀이를 한다.

4. 활동을 회상하고 평가한다.

- 책만 볼 때와 극 놀이를 할 때는 어떻게 다른가요? *같이 하니까 신나요.*
- 기억에 남는 대사는 무엇인가요? *'해님, 해님, 세상에서 제일 힘센 해님, 세상에서 제일 예쁜 우리 딸과 결혼해 주세요.'라고 하는 거요.*

수업메모

- 연극놀이를 위해 도안을 활용할 경우 캐릭터보다 크도록 배지를 사용한다.
- 극놀이용 목걸이를 아동이 직접 색칠하여 만들면 더욱 좋다.

이야기그림 도안

③「흰 쥐」-『옛날 옛날에』

작 가 휴 럽톤 글, 암 샤키 그림, 공경희 옮김
출판사 시공주니어, 2002

책 소개

옛날 어느 왕이 자식이 없어 흰 쥐 한 마리를 키우다가 마법사에게 쥐를 사람으로 바꿔달라고 간청하여 공주를 얻는다. 세월이 흘러 결혼할 신랑감을 찾을 때가 되자 공주는 제일 힘센 신랑감을 원한다. 왕이 태양, 구름, 바람, 산을 추천하지만 공주는 그때마다 아니라고 그 이유를 설명한다. 마침내 산을 갉아 먹는 들쥐가 신랑감으로 뽑히고 마법사의 도움을 받은 공주는 다시 쥐가 되어 결혼하여 행복하게 산다.

이야기 들려주기의 특징(유형 Ⅳ)

- 구연자의 해석을 가미해 이야기하듯 들려주기
- 뒷이야기 내용 예측해 보기

활동 두 이야기 비교하기

활동 대상 초등 중학년 이상

활동 목표

- 두 이야기의 공통점과 차이점을 찾을 수 있다.
- 이야기를 통해 다른 문화권 간에도 상호 보편성이 있음을 인식한다.

활동 자료

- 낱장 동화자료('흰쥐'), 도화지, 필기도구

활동 방법

1. 간단한 수수께끼로 오늘의 이야기가 유래된 나라에 대해 알아맞혀 본다.
   - 오늘은 다른 나라의 이야기야. 수수께끼를 낼 텐데 어떤 나라인지 맞혀 볼까?
     ① 이 나라이름은 세 글자예요.
     ② 축구를 잘 해요.
     ③ 유럽에 있는 나라예요.
     ④ 포도주가 유명해요.
     ⑤ 이 나라에는 에펠탑이 유명해요. *프랑스*
   - 프랑스와 대한민국을 세계지도에서 찾아서 스티커를 붙여 볼까?

2. 낱장 동화를 감상한다.
   ❷ 낱장동화(병풍 동화 및 탁상 달력동화)로 '흰 쥐'를 감상한다.
   - 옛날 프랑스에 멋진 왕이 살고 있었어요…….

'흰쥐' 그림 동화-병풍식

3. 전 차시에 보았던 '사윗감 찾아 나선 두더지 '그림책을 간단히 다시 훑어본다.

4. 소모둠으로 나눠서, 두 이야기를 비교하여 벤다이어그램을 만들고 발표한다.
   - 두 이야기가 서로 비슷한 점은 무엇이었니?
   - 두 이야기의 다른 점은 무엇이니?
   - 모둠별로 어떤 것들을 찾아냈는지 볼까?
     예 공통점: 해, 구름, 바람, 같은 것끼리 결혼, 신부 쪽에서 신랑을 구하러 다님, 두 동물 다 털이 있음…
     차이점: 미륵vs.산, 마법사, 주문, 변신…

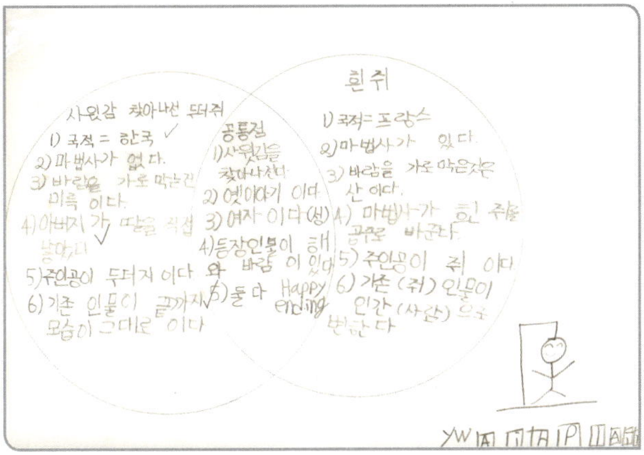

'사윗감 찾아 나선 두더지' VS '흰쥐' 벤다이어 그램

5. 멀리 떨어진 두 나라 사이에 비슷한 이야기가 존재하는 것에 대해 이야기를 나눈다.

- 하나는 프랑스 이야기이고 하나는 우리나라 이야기인데. 어떻게 이런 비슷한 이야기가 있을까요? 프랑스와 한국은 멀리 떨어져 있고 옛날에는 비행기도 없었대요.
- 이렇게 줄거리가 비슷한 이야기들이 또 있어요. 미국에는 '신데렐라' 이야기가 있으면 한국에는 어떤 이야기가 있나요? *콩쥐팥쥐*
- 그러면 왜 이렇게 서로 다른 나라끼리 비슷한 옛날이야기가 있을까요? *말은 다르지만, 사람들은 생각하는 게 비슷한 데가 있나봐요.*

확장 활동

동화순서대로 그림 놓아보기

수업메모

- 연령이 어리거나 동화에 대한 이해가 불충분할 경우, 벤다이어그램보다는 10장의 낱장동화를 순서대로 놓아보고 이야기 재구성하기를 하는 것이 더 적절하다.

6) 소통: 뜻이 서로 통하여 오해가 없음

①『말놀이 동시집 2』

작 가	최승호 글, 윤정주 그림
출판사	비룡소, 2006

책 소개

흥겹게 말놀이를 하며 동시에 다가갈 수 있는 책이다. 이구아나, 도롱뇽, 끄덕새우 등 호기심을 자극하는 재미난 이름의 동물들을 소재로, 말과 말을 결합하여 놀이처럼 구성하였다. 노랫말처럼 반복적으로 따라 하다 보면 스스로 응용력이 생겨 자연스럽게 시를 지어 볼 수 있다. 풍부한 표정이 살아 있는 삽화도 말놀이의 재미를 더한다.

읽기의 특징 (유형 Ⅰ)

- 원문대로 읽기
- 첫 음절 강조하며 읽기

활동 말놀이 동시 즐기기

활동 목표

- 특정 글자로 시작하는 단어를 생각해 낼 수 있다.
- 두운, 각운이 주는 말소리의 즐거움을 발견할 수 있다.

- 말놀이 동시를 읽고 지으며 동시 짓기에 대한 자신감을 가질 수 있다.

활동 자료

- 동시집, 접착메모지, 필기도구, 동음이의어 단어카드(말, 눈, 밤 등)

활동 방법

1. 특정 음절로 시작하는 말을 찾아본다.

- "친구들 다 모였어요? 오늘 다함께 재미있는 수업을 해 볼게요." 조금 전에 선생님이 이야기한 말 중에 어떤 말이 두 번 쓰였는데 뭘까요? *다*
- '다'자로 시작하는 단어는 무엇이 있을까요? 접착메모지에 적어서 발표해 보아요.
- ♪ 다, 다, 다 자로 시작하는 말~
- '다'로 시작하는 단어를 카드에 적어 보고 카드를 조합해서 이야기를 만들어 볼까요?

2. 말놀이 동시를 감상한다.

- 우리가 지금 놀이한 것으로 동시를 쓰신 분이 있어요. '말'이라는 단어로 어떤 재미있는 동시를 쓰셨는지 보아요. 어떤 '말'들이 나올까요?
- 다른 동시들도 한번 볼까요?

3. 감상한 동시를 평가해 본다.

- 여러 편의 동시를 읽었는데, 그중에서 가장 재미있었다고 생각하는 동시를 한 편씩 골라볼까요? *도롱뇽요.*
- 왜 그 시가 가장 재미있었나요? *노래로 하니까 진짜 웃겨요.*

4. 말놀이 동시를 지어 본다.

❶ 동음이의어에 해당하는 단어를 생각해서 나열해 보고 그 단어로 이야기를 만들어 본다.

예 사과, 다리, 배, 밤…

❷ 두운, 각운, 노래하기 등 동시집에 소개된 유형으로 자유로이 지어 본다.

예 도너츠 레너츠 미너츠…

5. 작품을 전시하고 감상한다.

- 와! 칠판 하나가 말놀이 동시판이 되었어요.
- 지은 사람이 나와서 낭송해 볼까요? 초록별(모둠 이름) 시인을 모시겠습니다!

6. 활동을 회상하고 평가한다.
- 여러 편의 시를 읽고 짓기도 했는데, 오늘 기분이 어땠나요? *재미있어요. 더 해요.*
- 우리가 지은 시 중에서는 어떤 시를 또 보고 싶은지 얘기해 볼까요?

확장 활동 신문지로 이야기 만들기(주제: '작가')

활동 목표
- 이야기 구성에 필요한 문학적 요소를 놀이과정을 통해 발견할 수 있다.

활동 자료
- 신문지

활동 방법
1. 지난 차시와 연계하여 주제를 알아본다.
- 지난 시간에 우리는 동시를 짓는 시인이 되어 보았어요. 이번 시간에는 동화를 짓는 작가가 되어 볼 거예요.

2. 신문지를 손으로 찢어서 만든 종이인형으로 스토리텔링을 한다.
- 어느 마을에, 외딴 집이 있었어요. 그 집에는 민지라는 아이가 살고 있었지요. "엄마 아빠는 오늘도 늦게 오시나 봐. 아이, 심심해."

3. 팀별로 이야기의 배경이 되는 장소를 정하고 신문지를 이용해 이야기를 구성해 간다.
예 바다 속 / 놀이동산 / 야구장

4. 팀별로 발표하고 감상한다.
- 디즈니 영화 '인어공주' 주제가를 배경 음악을 틀고) 지금부터 바다 속 팀 나와서 발표해 볼까요?

5. 활동을 회상하고 평가한다.
- 이야기를 만들 때 제일 중요한 것은 무엇이라고 생각하나요? 이유는 무엇인가요?
- 이야기를 만들 때 어려운 점은 무엇이었나요?

②「30센티미터 자를 산 까닭」-『바퀴 달린 모자』

작 가 신형건 동시집, 안예리 · 강나래 그림

출판사 푸른책들, 2013

책 소개

'동화책을 먹는 치과의사'라는 별명을 지닌 신형건 시인의 동시집. 1984년 새벗문학상 동시부문에 당선되어 문단에 나온 시인이 1993년 세상에 내놓았던 동시집을 새롭게 출간한 20주년 기념판이다. 초등학교와 중학교 국어 교과서에 실린 동시뿐 아니라, 세대를 뛰어넘어 공감할 수 있는 유쾌한 상상의 세계가 펼쳐진다.

읽기의 특징 (유형 I)

- 글자 그대로 운율을 살려서 리듬감 있게 읽기
- 전체 읽기 및 행 별 읽기 적용하기
- 대화하듯 감정 살려 읽기

활동 우리가 만든 삼십센티미터 자를 산 까닭

활동 대상 초등 저학년

활동 목표

- 놀이 내용을 소재로 연작시를 지을 수 있다.
- 물체변형놀이를 통해 상상력과 창의성을 기른다.

활동 자료

- 그림책, 동시판, 30㎝ 자(1개), 4절 색상지(짙은 색), A4색지(연한 색 풀, 가위, 필기도구

활동 방법

1. 30㎝ 자의 일상적인 쓰임새에 대해 알아본다.

- (자를 보이며) 이것이 무엇일까?
- 어디에 쓰는 물건일까? *길이를 재요. 줄을 그어요.*

2. '자'를 이용해 물체 변형 놀이를 한다.

- 오늘은 자를 다르게 써 볼 거예요. 그게 무엇인지 동작만 보고 알아맞혀 보세요.
  예 한 손으로 자를 땅에 짚고 구부린 채 비틀 비틀 걷는다. *지팡이*
- 맞았어요. 그런데 그게 지팡이인줄 어떻게 알았나요? *비틀거리고 할머니 같았어요.*
- 지금부터 한 사람이 자를 가지고 몸으로 표현하면 다른 친구들이 알아맞히는 거예요. 금방 생각이 나지 않으면, '패스!' 할 수도 있어요. 생각이 나면 그때 손을 들면 기회를 줄게요.

3. 동시를 낭송한다.

❶ 다 같이 소리 내어 동시를 낭송한다.
- 방금 우리가 재미있게 한 놀이를 시로 쓴 분이 있어요.
- 그 동시를 모두 함께 읽어 볼까요?

❷ 시의 뒷부분을 후렴구로 해서 연작시를 지어본다.
- (다같이) *뭐지, 뭐지, 뭘까?*
- (30센티 자로 지팡이를 만들며) *지팡이놀이를 할 수 있지.*

- (*빗으로 머리 빗는 놀이를 할 수 있지*) 뭐지, 뭐지, 뭘까?

❸ 개별 또는 모둠으로 연작시를 쓰고 전시한다.
- 우리가 한 말들을 종이에 써 볼까요?
- 함께 큰 소리로 한 줄, 한 줄 읽어 볼까요?

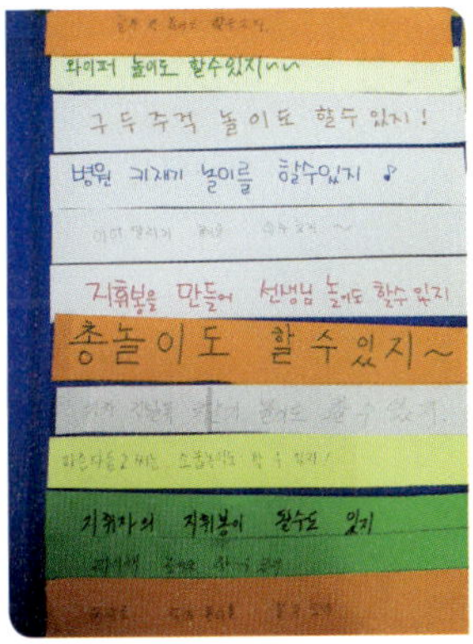

30센티미터 자를 산 까닭 연작시

4. 활동을 회상하고 마무리한다.
- 오늘 자로 놀이한 것 중 어떤 것이 가장 재미있었나요? 이유가 무엇인가요?
- 오늘 놀이도 하고 동시 짓기도 했는데, 평소에 알고 있던 동시 짓기랑 비교했을 때 어땠나요?

수업메모

- 자를 이용한 물체변형놀이 때, 얼른 생각이 나지 않는 아동은 다른 친구에게 넘겨주고 기다렸다가 해도 된다는 것을 미리 알려 주는 게 매우 중요하다.
- 각자가 띠지에 쓴 것을 한 장의 색상지에 붙이면 신속하게 전시할 수 있다.
- 쓰기 활동에 어려움을 느끼는 아동은 교사가 대신 적어 주도록 한다.

③『움직이는 ㄱㄴㄷ』

작 가 이수지 글 · 그림
출판사 길벗어린이, 2006

책 소개

그림을 통해 연상되는 낱말이 명사가 아니라 움직이는 말인 동사로 되어 있다. 'ㄱ'은 새장 속에 갇혀서 '가두다'이고, 'ㄴ'은 줄줄 녹아내리고 있어 '녹다' 처럼 글자의 표현이 낱말이 가진 뜻으로 표현되어 있다. 다음에는 어떤 글자가 어떤 그림으로 표현되어 있을지 호기심과 상상력을 가득 품게 한다. 하지만 꼭 한 낱말이 아니라 다양한 낱말로 표현될 수 있다.

읽기의 특징 (읽기유형 Ⅰ)

- 가림 종이 사용하여 읽기
- 수수께끼 놀이처럼 이야기 주고받으며 읽기

활동 만세! 글자놀이

활동 대상 초등 저, 중

활동 목표

- 한글의 자음을 알고, 특정 자음이 들어간 낱말을 찾아서 쓸 수 있다.

활동 자료

- 그림책, 글자판, 자음카드, 접착메모지, 연필, 비밀주머니(혹은 바구니)

활동 방법

1. 한글은 누가 만들었는지 알고 있나요?
 - '가'는 'ㄱ'과 'ㅏ'가 만나고, '너'는 'ㄴ'과 'ㅓ'가 만나서 이루어진 글자예요.
 - 'ㄱ'이나 'ㄴ'을 뭐라고 부르는지 알고 있나요? 'ㅏ'와 'ㅓ'를 뭐라고 하는지 알고 있나요?

2. 그림책을 읽는다.
 ❶ 표지를 탐색한다.
 - 제목이 '움직이는 ㄱㄴㄷ'입니다. ㄱㄴㄷ이 움직인대요. 어떻게 움직이는지 볼까요?

 ❷ 수수께끼 놀이처럼 그림책을 감상한다.
 - (왼쪽 페이지, 글자 부분을 가리고) 'ㄱ'이 보이나요? 어디 있나요? *새장이요.*
 - 'ㄱ'을 새장에 어떻게 했나요? *넣었어요.*
 - 'ㄱ'으로 시작하는 단어로 맞혀보세요.
 - (글자를 보이며) *가두다.* 'ㄱ'을 새장에 가두다. **가두다의 기역!**
 - (아동과 함께) *가두다의 기역!*
 - (가렸던 글자를 보이며) 녹다. 아하! 'ㄴ'이 녹으면서 움직이고 있네요. 녹다의 니은! *녹다의 니은!*

3. '만세' 글자놀이를 한다.
 ❶ 글자판에서 한 칸을 자기 자리로 정하고 둘러앉는다.
 ❷ 단어를 적을 개별메모지를 나눠 갖는다.
 ❸ 술래가 비밀주머니에서 자음카드 중의 하나를 꺼내 큰 소리로 외친다.

❹ 술래가 반환점까지 달려갔다가 돌아오는 동안, 그 자음이 들어가는 낱말을 메모지에 적어 자신의 칸에 붙인다.

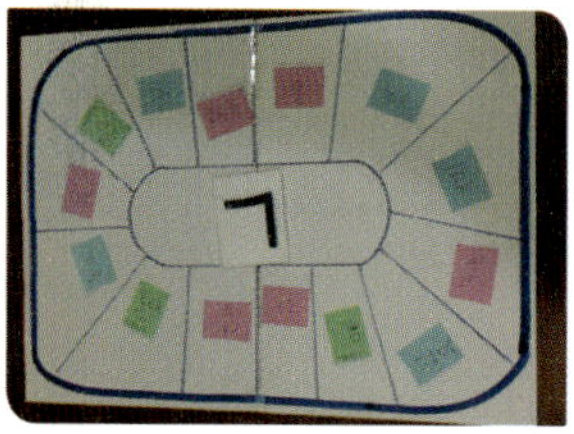

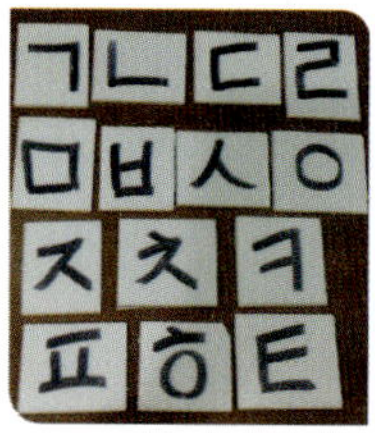

❺ 술래가 도착하여 '만세'를 외치면, 모두 함께 손을 위로 올린다.

❻ 각자의 단어를 릴레이식으로 말해 본다.

- ('리리리자로 끝나는 말' 음에 맞춰) ♪기역, 기역이 들어가는 말 / *가지, 가재, 국수, 가랑비, 공, 구두~*

※ 술래가 '만세'를 외칠 때까지 낱말을 적지 못하거나, 늦게 한 아동이 다음 술래가 된다.

4. 활동을 회상하고 마무리한다.

- 오늘 글자놀이를 해 보았는데 어떤 부분이 가장 기억에 남나요?

수업메모

- 문해 능력이 부족한 아동이 함께 참여하고 있는 경우, 활동의 난이도를 조절한다.
  예 둘이서 짝을 지어 시작하기
- 술래가 반환점을 돌아올 공간이 부족한 경우에는 '무궁화 꽃이 피었습니다'를 세 번 외치거나, 전래동요 '원숭이 엉덩이는 빨개'를 끝까지 부르는 것으로 대신할 수 있다.
- 각 자음으로 시작하는 단어가 들어간 짧은 문장을 지어 말하기로 확장할 수도 있다.
- 글자카드를 'ㄱㄴㄷ' 대신 '가나다'로 바꾸어서 할 수 있다.

7) 협동: 서로 마음과 힘을 하나로 합함

①『아기오리 열두 마리는 너무 많아』

작 가 채인선 글, 유승하 그림
출판사 길벗어린이, 1999

책 소개

열두 마리의 아기오리를 낳은 엄마오리는 자녀가 너무 많지 않나 고민한다. 엄마의 고민을 눈치 챈 아기오리들은 급기야 여섯 줄, 네 줄, 세줄, 두 줄로 적어보이게 줄을 선다.

여러 가지 방법으로 줄을 서는 과정에서 나눗셈의 원리를 자연스럽게 익히게 되며, 티격태격 다투다가도 어려움이 닥쳤을 때 힘을 모아 극복하는 오리 가족의 모습이 유쾌하게 그려져 있다. 반복되는 문장의 운율이 살아 있어 누구나 흥미롭게 읽을 수 있다.

읽기의 특징 (읽기유형 Ⅰ)

- 등장인물의 상황과 특징을 살려 읽기
- 그림으로 상황 설명하기
- 반복되는 문장 강조하며 함께 소리 내어 읽기
- 노래 곁들여 읽기

활동 여섯, 넷, 셋, 둘!

활동 목표

- 하나의 큰 수를 여러 가지 작은 수로 나누어 볼 수 있다 .
- 위기가 닥쳐도 온 가족이 함께 힘을 합치면 극복할 수 있음을 안다.
- 등장인물의 모습에 어울리게 별명을 지을 수 있다.
- 동요를 동작과 함께 즐겁게 부를 수 있다.

활동 자료

- 그림책, 융판과 융판컷(아기오리), 소고, 이름 짓기 활동지, '오리가 여섯' 동요 음원

활동 방법

1. 오리 알아 맞히기 수수께끼를 한다.

- 난 날개가 있어요./ 헤엄치기를 좋아해요./ 뒤뚱뒤뚱 걸어요.

2. '오리가 여섯' 동요를 동작과 함께 부른다.

♪ 오리가 여섯 있었죠

3. 그림책을 읽는다.

❶ 융판과 그림 컷으로 간단하게 등장인물을 소개한다.
- 안녕하세요? 난, 엄마오리랍니다. 우리 아가들 구경하실래요? 하나, 둘, 셋~
- 얼마 전에 있던 일을 소개해 드리죠.

❷ 그림책 표지를 탐색한다.
- 여기 아기오리들이 모두 몇 마리인지 세어 볼까요?

❸ 등장인물의 상황과 특징을 살려 읽는다.
- (알에서 깨어나 처음 열두 마리가 등장하여 소란 피우는 부분에서 지친 어투로) 그래도 많은 건 많은 거예요.
- 내 등 위에 누가 올라 간 거지?

❹ 반복되는 문장은 강조하며 함께 소리 내어 노래처럼 읽는다.
- ♪걸음 연습할 때도 네 마리로 가고…

4. 그림책 내용에 대해 간단히 이야기를 나눈다.
- 늑대가 오리들을 잡아먹지 못한 이유는 무엇이었나요?
- 형제가 많아서 좋은 점은 무엇인가요? 안 좋은 점은 무엇인가요?

5. 수 가르기를 한다.
❶ 융판과 오리컷 자료를 이용해 동화 속 수 가르기를 재현한다.
❷ 전체가 움직이며 수 가르기 놀이를 해 본다.
- 노래가 나오면 모두 흥겹게 움직이다가 소고 소리와 함께 음악이 멈추고 '몇 명!'이라고 하면 그렇게 모이는 거야.

6. 아기오리 열두 마리의 이름을 지어 본다.
- 아기오리들이 아직 이름이 없어서 엄마오리가 힘들대요. 오리 이름을 지어 주고 붙여 볼까요?

7. 활동을 회상하고 평가한다.
- 특히 재미있는 이름은 무엇인가요?
- 오늘 어떤 게 가장 기억에 남았나요?

수업메모

- 현지 환경 및 진행 상황에 따라 두 차시로 나눠서 진행해도 좋다. 예를 들어, 테이블에서 하는 '수 가르기'를 흥미 있어 할 경우, 시간 배정을 더 길게 하고,상황을 구체화시켜준다.
  예 (엄마오리 목소리로). "아휴, 아직도 너무 많아. 네 마리만 낳을 걸" (교사의 목소리로) 얘들아, 엄마오리가 네 마리래. 어떻게 하면 네 마리로 보일까?
- 현지 환경 및 진행 상황에 따라 수 가르기 대신, 이름 짓기로 바로 넘어갈 수도 있다.
- 수 가르기 놀이 활동 시, 소외된 아동은 교사와 함께 오리보안관(오리 떼들이 제대로 잘 모였는지 살피고, 늑대로부터 지켜주는 역할이라고 설명)이 되도록 한다.

②『세 엄마 이야기』

작 가 신혜원 글 · 그림
출판사 사계절, 2008

책 소개

(실제편 1장 '세 엄마 이야기' 참조)

읽기의 특징

- 면지의 그림으로부터 읽기 시작하기
- 동요 곁들여 읽기
- 경험에 대한 상호작용하며 읽기
- 그림 관찰하며 읽기
  예 엄마의 복장과 신발의 변화
- 손가락으로 그림 따라가며 읽기

활동 킹 콩 가족 선발대회("엄마, 도와줘")

활동 대상 아동 및 가족

활동 목표

- 자녀를 위해 헌신하는 엄마의 사랑을 느낄 수 있다.
- 놀이를 통해 콩을 재배하고 수확하는 과정과 수고로움을 알 수 있다.
- 규칙을 지키고 협력하며 집단 게임에 참여할 수 있다.

활동 자료

- 그림책, 게임교구(게임방법 란 준비물 참조)

활동 방법

1. 그림책 표지를 탐색한다.

- 여기 누가 보이나요? 어떤 사이일까요?
- 왜 제목이 세 엄마 이야기일까요?

2. 그림책을 감상한다.

❶ 면지와 속표지의 배경 그림을 이어가며 읽는다.

- (도시배경을 손으로 가리키며) 여기는 어디일까요?
- (손가락으로 도로를 따라가다 이삿짐 차의 숫자를 가리키며) 2424? 이건 무슨 차일까요? 부릉부릉 톨게이트를 지나 이사를 가요.
- (속표지의 분홍꽃나무를 가리키며) 산을 넘고, 물을 건너 꽃피는 시골로 이사 가요.

♪ 나의 살던 고향은 꽃피는 산골~

❷ 각자의 경험에 대한 상호작용을 곁들인다.

- **엄마는 콩가루가 듬뿍 묻은 인절미가 먹고 싶었어요.** 여러분~ 인절미를 먹어 본 적이 있나요?

❸ 등장인물의 표정과 신발 등 그림을 관찰하며 읽는다.

- (휘어진 숟가락 장면에서)나무 밑에 있는 동네사람들이 왜 이런 표정을 짓고 있을까요?
- 엄마가 어떤 신을 신고 있나요?

❹ 반복되는 구절은 아동과 함께 읽는다.

- 멀리까지 잘 들리게 큰 소리로 말해 볼까요? "엄마! 도와줘!"

3. 킹 콩 가족 선발대회('엄마! 도와줘!') 게임을 한다.

ꙮ 준비물(각팀 12명, 전체 24명 기준)

- 여름 경작: 깃발 2개, 깃발받침대 2개, 유성매직, 콩 담을 그릇(투명 병 2개, 소형 컵 10개), 초록 마스킹 테이프 1개, 농부 번호표(연두 접착시트–경작/노랑–추수), 쟁반 2개(번호표 제시용), 간이 확성기,
- 가을 추수: 깃발 2개(여름 단계에서 그린 것), 깃발받침대 2개(여름과 동일), 기다란 리본 2개(농자천하지대본야), 도리깨교구 8개, 대형대야 2개, 김장 매트 소형 2개(지름 115㎝), 농부 번호표(노랑 접착시트–추수), 쟁반 2개(여름과 동일) 투명대롱 8개(지름이 2~3㎝ 정도의 실린더일 경우 팀별 1개씩 2개), 소형 깔대기 2개, 모자(농협마크), 소고(또는, 핸드벨)

번호표

ꙮ 사전준비

① 초록색 마스킹 테이프를 70㎝ 길이로 팀당 6개씩 대형 대야에 중심부에 나란히 걸쳐둔다.
② 각 팀의 밭고랑 구간(약 4.2m – ①의 테이프 6개 더한 길이)의 출발점과 도착점 부위를 색깔을 달리해 접착시트로 표시해 둔다.
③ 팀별로 출발지점에는 파종용 컵에 담긴 콩, 종이테이프 걸쳐 놓은 대야, 도착 지점에는 깃발받침대와 종이확성기를 두고, 김장 매트는 대야 뒤편에 둔다.
④ 두 팀으로 나누어 깃발을 완성한다.
⑤ 농사 번호표(경작: 연두색/ 추수: 노란색)에 대해 알아본다.

> 예 한 팀이 12명일 경우
> 〈여름 농사 번호표〉 1: 기수 / 2~5: 밭고랑/ 6~12: 콩 심기
> 〈가을 추수 번호표〉 1: 기수 / 2~5: 운반/ 6~9: 타작/ 10~12: 계량 · 저장]

⑥ 전체 게임방법을 강사와 보조강사가 간단한 시연으로 보여 준다.
- 이때 게임규칙을 추가할 수 있다.
예 콩의 양 50점, 규칙준수 50점, 동점일 경우 선착순

ꙮ 게임 방법

① 팀별로 연두색 번호표를 하나씩 선택해 순서대로 선다.
② 신호음과 함께 기수가 깃발을 들고 오리걸음으로 도착점까지 가서 깃발을 꽂은 뒤 확성기를 들고 출발점을 향해 "엄마, 도와줘!"를 외친다.
③ 밭고랑 조(2인 2조)가 차례로 대야에 붙어 있는 테이프를 출발점부터 도착점까지 끈적거리는 면이 위로 오게 이어 붙인 후 "엄마, 도와줘!"를 외친다.
④ 콩 심기 조가 컵을 들고 가서 밭고랑 위에 콩을 붙인다.
⑤ 콩을 다 붙이면 팀원전체가 한 줄 기차로 '고향의 봄' 동요를 부르며 현장을 크게 한 바퀴 돈다.
⑥ 깃발이 꽂힌 지점으로 돌아와, 쟁반에서 가을 추수 번호표를 하나씩 집어서 순서대로 선다.

⑦ 기수가 깃발을 들고 밭고랑 반대편(출발지점)으로 달려가 '농자천하지대본야'라고 쓰인 기다란 기본을 깃발 위에 묶은 다음, 깃발을 흔들며, "엄마, 도와줘!"를 외친다.
⑧ 운반 조가 콩이 붙은 밭고랑 테이프를 떼어 출발지점에 있는 대야에다 붙인 후, 김장 매트 위에 대야를 앉힌다.
⑨ 타작 조가 도리깨 교구로 턴다(이때 김장 매트 밖으로 튀어나간 콩은 무효처리).
⑩ 계량 · 저장 조가 투명 대롱(또는 실린더)에 담는다.
⑪ 두 팀이 거둔 콩의 양을 비교한다.
- (교사가 농협 모자를 쓰고 종을 흔들며) 콩 사러왔습니다.
- 금년에는 맛있는 콩을 얼마나 거두셨는지 보여 주시겠습니까?

밭고랑

콩 심기

농사 한 바퀴

콩 타작

4. 활동을 회상하고 평가한다.

- 주인공은 왜 "엄마, 도와줘!"라고 말했을까요?
- '엄마의 엄마의 엄마'라면 아주 연세가 많은 할머니신데, 왜 그렇게 급히 달려오셨을까요?
- 오늘 그림책도 읽고 콩 농사 놀이도 했는데, 콩 농사 중에서 가장 기억에 남는 것은 무엇인가요?
- 여러분은 콩으로 무엇을 만들고 싶은가요?

교구공방 찰! 찰! 도리깨

- **준비물**: 빨대(지름 1.2㎝)3개, 코바늘(굵기 3/0 5/0), 수수깡 1개, 고무줄 1개
- **만드는 법**

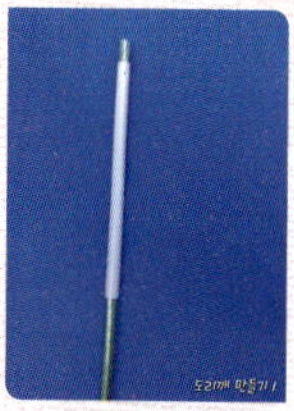

① 빨대 속에 수수깡을 끼운다.

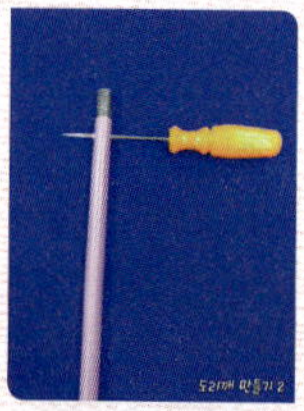

② ①의 위에서 1.5㎝ 되는 지점을 송곳으로 구멍을 뚫는다.

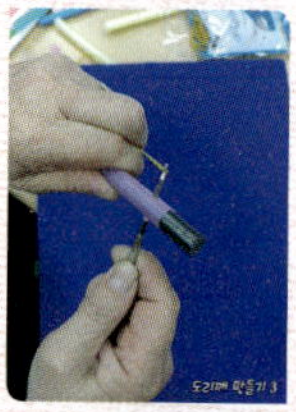

③ ①구멍에 코바늘을 이용해 고무줄을 끼워 빼낸다.

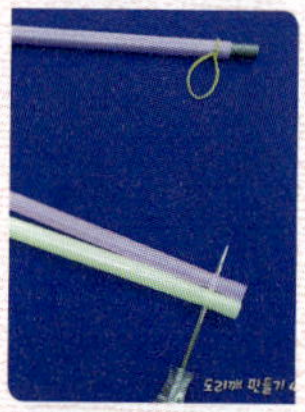

④ 고무줄 한쪽 끝을 ①에 고를 만들고 빨대 2개를 ①번과 같은 방법으로 송곳을 이용해 구멍을 뚫는다.

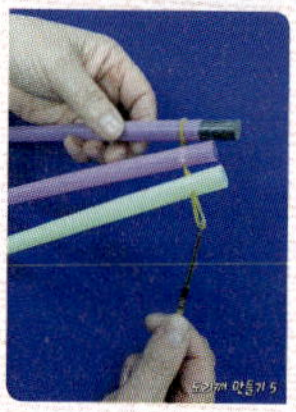

⑤ ①번 한쪽 끝에 나와 있는 고무줄을 코바늘을 이용해 ④에 끼워 빼낸다.

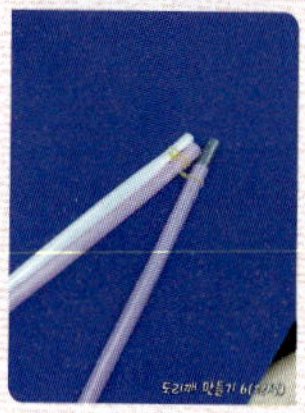

⑥ 고무줄이 풀리지 않도록 테이프로 마감 처리 한다.

수업메모

- 부모 참여 수업일 경우, 활동 후 간식을 인절미와 음료수로 하면 적절하다.
- 아동만을 대상으로 할 때는, 1, 2차시로 나누어 1차시에는 그림책을 읽고 책의 내용에 대한 이야기 나누기, 2차시에는 '팀 이름 짓기', '깃발 만들기' 등을 필두로 단체 게임과 간식 먹기 등으로 연계해 볼 수 있다.
- 인원수가 10명 미만의 소규모일 경우에는 전체가 한 팀이 되어서 해도 재미있다.
- 도리깨질을 할 때 부딪히지 않게 옆 사람과의 간격을 충분히 확보한다.

8) 효: 부모를 봉양하고 마음 편히 모시는 일

①『단물고개』

작 가 소중애 글, 오정택 그림
출판사 비룡소, 2010

책 소개

(실제편 1장 '단물고개' 참조)

읽기의 특징

- 구어체의 운율을 살려 해설 읽기
- 대화하듯 주고받는 읽기
- 반복되는 문장 함께 읽기

활동 청청! 효자 샘물 놀이

활동 대상 초등 아동

활동 목표

- 이야기 속 등장인물의 효도와 불효 행동을 비교하면서 효의 의미를 발견할 수 있다.
- 효자가 샘물을 나르는 놀이를 통해 효도 실천의 필요성을 알 수 있다.

활동 자료

- 그림책, 전래동요 '청청 맑아라' 음원, 그림 컷 4개(지게 진 총각, 옹달샘, 산골 집, 그릇에 담긴 샘물), 역할 머리띠 1개, 소품부착용 허리띠, 초록 마스킹 테이프, 화살표 1개

활동 방법

1. 표지를 보며 제목에 대해 이야기 나눈다.

- 여기 무엇이 보이나요? *꽃, 토끼, 노루*
- 제목이 '단물고개'네요. '단물'이 무엇일까요? *맛있는 물*

2. 그림책을 감상한다.

❶ 전래동화의 구수한 맛을 살려 읽는다.
- (마당극이나 판소리하는 느낌으로 운율을 타며) 옛날옛날 한 옛날

❷ 등장인물의 성격을 살리되, 상황에 따라 변화를 준다.

예 원래의 총각 – 순하고 어수룩한 느낌의 굵고 느린 말투
태도가 변한 총각 – 퉁명스럽고 빠르게 내뱉듯이

❸ 반복되는 문장은 함께 읽기에 참여할 수 있도록 해설을 생략하고 대화식으로 각색하여 주고받는 식으로 읽는다.
- "어머니, 장에 다녀오겠습니다"/ "오냐, 호랑이 조심하고"/ "이예"
- 얼음처럼 *차갑고* / 머루처럼 *달콤하고*/ 박하처럼 *향기로운 단물*

3. 동화내용을 회상하며 '효'와 '불효'를 비교하며 이야기 나눈다.

- 총각은 원래 어떤 아들이었나요? *착했어요. 효자였어요.*
- 총각이 원래 효자였는지, 어떤 행동을 보고 알 수 있나요? *인사랑 대답을 잘 했어요. 꽃도 심었어요. 겨울에 방을 따뜻하게 불 땠어요. 열매도 따다 드렸어요.*
- 그 모든 것은 누구를 위한 것이었나요? *어머니를 기쁘게 해드렸어요.*
- 신비한 샘을 만나고 나서 총각은 어떻게 달라졌나요? *어머니를 안 돌봐요. 귀찮다 그래요. 집에도 안 가요.*
- 어머니는 어떤 마음이 들었을까요? *속상해요. 슬퍼요.*
- 총각이 왜 그렇게 바뀌었을까요? *바빠서요. 돈 버느라고요.*
- 이 이야기를 통해서 알 수 있는 것은 무엇인가요? *돈이 많아지는 거 하고, 효도 잘 하는 거는 달라요. 너무 바쁘면 효도 못해요.*

- 이 이야기를 통해서 볼 때 참된 효도는 무엇인가요? *부모님 기쁘게 해 드리는 거요. 부모님이 원하는 거 해 드리는 거요.*

4. 강원도 지역 전래동요, '청청 맑아라'를 이용한 손뼉치기를 한다.
- 이야기 속 맛있는 단물을 오래 먹으려면, 단물을 지키는 '지킴이'가 필요하대요, 욕심내는 사람이 없나, 물은 항상 깨끗한가, '청청 맑아라' 노래를 부르며 샘물을 지켜볼까요?

㉠ **청청:** 손뼉 두 번
㉡ **맑아라:** 둘이서 마주 보고 손뼉 두 번
㉢ **청청:** ㉠과 동일
㉣ **맑아라:** ㉡과 동일
㉤ **흙탕물은:** 양손 물레 감듯
㉥ **나가고:** 손바닥 아래로 하여 마주 보고 손뼉 두 번
㉦ **새물은:** ㉤과 동일
㉧ **솟아라!:** 손바닥 아래로 하여 마주 보고 손뼉 두 번

5. '청청 효자샘물 놀이'를 한다.
- 어머니가 맑은 샘물 드시고 오래오래 건강하시라고, 효자가 샘물을 가지고 갈 거예요. 끝까지 맑게 유지될 수 있도록 우리 모두 으샤으샤 힘을 모아볼까요?
① 두 사람씩 쌍으로 마주 보는 대형으로 둥글게 원을 이루어 선다.
② 바깥 원에 서 있는 아동 중 1명을 효자로 정하고, 효자와 효자 왼쪽에 있는 쌍 사이 바닥에 초록 마스킹 테이프(50㎝ 정도)를 붙여 분리한 후, 원 약간 뒤에 이동방향(오른쪽) 화살표를 바닥에 붙인다.
③ 산골 집 그림은 초록선 경계의 왼쪽에 위치하도록 벽에 붙이거나 세워 둔다.
④ 효자 역할을 맡은 아동은 총각 그림 컷을 머리띠에 붙이고, 샘물 그릇이 부착된 끈을 허리에 묶고 출발한다.
⑤ 박수치기가 한 소절씩 끝날 때마다 바깥 원에 선 사람만 우측으로 이동한다.

⑥ 중간에 박수가 틀리면, 처음부터 다시 한다. 그때는 교사가 "효자할 사람?" 하고 물어서, 손을 드는 아동이 출발점으로 이동하여 새로운 효자가 된다.

⑦ 한 바퀴를 다 돌아서 산골 집에 도착하면 "어머니, 샘물 드세요!"라고 외치고 샘물 컷을 시골집 어머니 앞에 놓는다.

6. 활동을 회상하고 평가한다.

- 오늘 책도 읽고 놀이도 했는데, 참된 효도를 하려면 가장 필요한 게 무엇이라고 생각하나요?

수업메모

- 예정된 수업시간 내에 효자가 산골 집까지 이르지 못할 경우, '효도하기가 정말 쉽지 않구나. 다음에 더 노력해 보자!'라며 마무리해도 좋다.
- 인원이 많을 경우 팀을 나누어 두 명씩 일렬로 나란히 서서, 양 끝에 샘과 산골 집을 설정하고 어느 팀이 샘물을 잘 운반하나 게임을 할 수도 있다. 이때는 노래가 한 차례 끝날 때마다 샘물 바가지를 시골집방향으로 옆 친구에게 전달하기를 해 볼 수 있다. 속도가 빠른 것보다 동작을 정성껏 제대로 하는 게 중요하다고 강조하고, 각 팀마다 완수할 때 "이 동네에 효자가 났네.""저 동네에도 효자가 났네."라고 덕담하듯 칭찬해 준다.

손유희와 건강박수

부드럽게 열고, 심신의 활력 더하기

부록

1. 건강박수

한의학에서는 오래전부터 박수치기를 권장해 왔다. 손바닥에는 많은 경혈과 기맥이 있어서 박수를 치면 혈액순환과 장기 기능 활성화에 도움이 되기 때문이다. 대표적인 건강박수를 알아보면 다음과 같다.

번호	이름	사진	동작 설명	효과
①	합장 박수	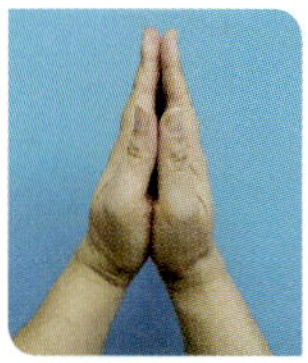	열 손가락을 마주 대고 양손을 힘차게 부딪치는 박수. 마찰 진동으로 손바닥의 모든 경혈이 자극을 받아 혈액순환이 좋아짐	혈액 순환 장애 및 신경통에 효과
②	손등박수	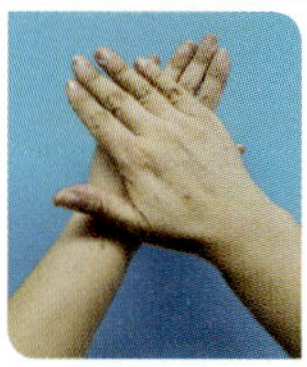	한쪽 손의 손등을 다른 손의 손바닥으로 번갈아 가며 치는 박수	허리, 척추 기능 강화
③	손목 박수	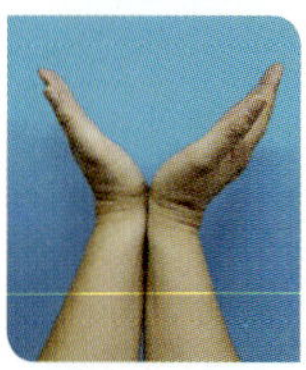	손목의 끝 부분을 마주치는 박수	방광, 생식기 기능 강화
④	손가락 끝 박수		양손의 손가락 끝 부위만 댄 채로 치는 박수	시력저하, 비염, 코감기에 효과
⑤	손바닥 박수	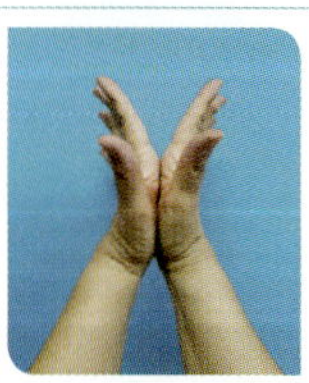	손가락을 쫙 펴고 뒤로 젖힌 다음 손바닥만으로 치는 박수	내장 기능강화
⑥	주먹 박수	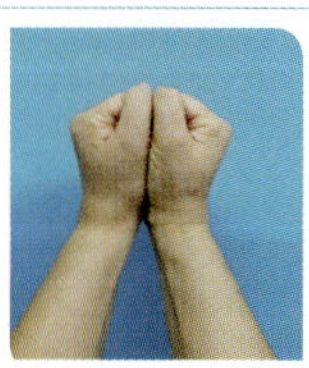	주먹을 쥐고 손가락이 닿는 부분끼리 부딪치는 박수	두통 및 어깨 통증 예방

⑦	손날 박수	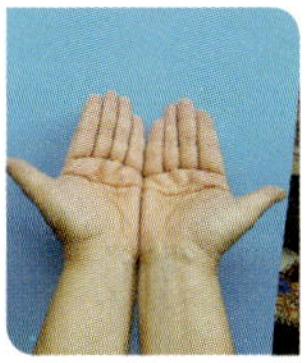	손바닥을 위로 향하게 하고 양 손의 칼 끝 부분을 서로 부딪치는 박수	신장, 간장, 다리, 심장, 생식기, 하복부 기능 효과, 일명, '요실금' 박수
⑧	깍지박수	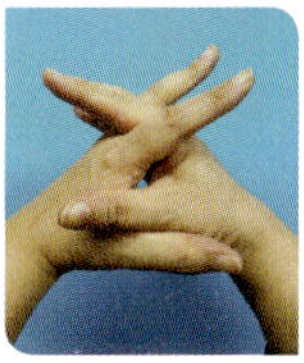	양손의 손가락들을 벌려 사이사이를 깍지 끼며 부딪치는 박수, 뻗기와 연결할 수 있음	전신 운동

2. 폭신폭신 울퉁불퉁 발지압

활동 폭신폭신 따끔따끔 촉감매트

활동 대상 누구나

활동 목표

- 발바닥에 다양한 감각 자극을 주어 혈액순환을 촉진한다.
- 박자에 맞추어 균형을 잡으며 이동 동작을 할 수 있다.
- 타인과 협동하여 움직이면서 사회성을 높인다.

활동 자료

- 다양한 생활용품 소재, 촉감매트, 지압로 관련 사진(예 발 지압 산책로)

활동 방법

1. 발 지압로 사진을 보며 발 지압의 효과에 대해 이야기 나눈다.

- (사진을 보여 주며) 공원에 갔다가 발 지압로를 보았어요. 발바닥에 지압을 하면 어떤 효과가 있나요? 혈액순환이 잘 돼. 몸에 쌓인 노폐물이 빠져나가. 피로회복이 잘 되지.
- 발은 제2의 심장이라고 할 만큼 우리 몸의 기관들과 연결돼 있다고 합니다. 그래서 오늘은 비가 오는 날도 실내에서 할 수 있는 재미있는 지압매트를 가져왔어요.

2. 생활용품의 다양한 촉감을 손으로 탐색한다.
- (수세미, 스폰지, 극세사 걸레 등 생활용품을 보여 주며) 여기 여러 가지로 물건들이 있어요.
- 어떤 느낌인지 손으로 한 번 만져보고 얘기해 볼까요?
- 까칠까칠해, 울퉁불퉁해, 보들보들해.

3. 다양한 생활용품으로 만든 촉감매트 위를 발로 걸어 본다.
- 여기 다양한 느낌의 촉감들로 만든 길이 있어요. 맨발로 천천히 걸어 볼까요?
- 이번에는 한 줄 기차로 가 볼까요?
- 이번에는 앞 사람 어깨 주물러 볼까요?
- 이번에는 양쪽에서 나란히 손- 잡고 걸어 볼까요?
- '고향의 봄' 노래를 부르며 걸어 볼까요?

앞으로 걷기

뒤로 걷기

옆으로 걷기

둘이서 손잡고 앞으로 걷기

한줄 기차로 멈춰서 어깨 두드리기

촉감매트 지압로

4. 발을 주무르고, 가볍게 두드리고 마사지하며 마무리한다.
- 수고한 발을 어루만져 줄까요?
- "발아, 걷고 뛰느라고 수고했다. 평생 나를 받쳐주느라 수고가 많다."
- 다리도 톡톡 가볍게 쳐 줄까요?

5. 활동을 회상하고 평가한다.
- 오늘 여러 가지 물건 위를 걸어보셨는데 느낌이 어떠셨나요?

- 여럿이 노래를 부르며 지압 매트를 함께 걸을 때 기분이 어떠셨나요?
- 가장 마음에 드는 촉감은 어떤 것이었나요?

수업메모

- 참여자들의 무릎이나 발목 관절 상태에 따라 동작의 속도나 난이도를 조절한다.

3. 노인을 위한 손유희와 율동

손유희는 19세기 프뢰벨의 유치원때부터 지금까지 유아교육 현장에서 사용되고 있는 활동으로, 언어, 동작, 음악적 요소가 어우러져 있는 놀이이다.그 기원은 구전 전승적 성격이 강해서 어느 나라든 고유의 손 놀이가 있어 왔고, 우리나라에 서양 손유희가 본격적으로 도입되기 시작한 것은 주일학교에서 선교사들이 번역된 손유희를 선 보이고 근대적인 유치원 교육이 시작된 이후로 볼 수 있다(이송은, 2001). 손유희가 노인을 위한 활동으로 관심을 끄는 이유는 다음 몇 가지 이유 때문이다.

- 재미있다.
- 쉽다.
- 큰 움직임 없이도 할 수 있다.
- 다른 사람과 어울려 함께 하며 소속감을 느낄 수 있다.
- 언어, 동작, 음악 적 요소가 치매 예방 및 증상 완화에 도움을 준다.
  *손유희 가사를 상기하면서 인지적 기능을 유지한다
  *손유희 내용을 매개로 과거에 대해 회상할 기회를 갖는다.
  *손유희 가사를 여러 가지로 표현해 봄으로써 사고력을 향상시킨다.
  *손을 다양하게 움직이고 상체를 가볍게 움직여 보면서 소근육 · 대근육 기능을 활성화한다.
  *리듬과 박자를 지키며 노래 한 곡, 작품 하나를 완수하면서 성취감을 맛본다.

① **내 나이가 어때서**(율동창작: 박순하)

❀ 활동대상: 노인

❀ 활동의 특징: 대중적으로 많이 알려진 노래여서 친근하고, 경쾌한 리듬이 밝고 편안한 분위기 조성을 돕는다.

❀ 율동포인트

- 정확한 박자에 박수치기 (예 ♪사랑하기 '딱' 좋은 나인데.)
- 동일한 단어를 여러 가지 동작으로 표현하기(사랑: 작은 것부터 큰 것까지 세 가지)

1 **야 야 야**

박자에 맞춰 손뼉치기

2 **내 나이가 어때서**

엄지손을 들고 한 손씩 차례대로 든다.

3 **사랑의**

양손의 엄지와 검지로 하트를 만든다.

4 **나이가 있나요**

③번의 손하트를 한 상태에서 와이퍼처럼 흔든다.

5 **마음은**

양손을 가슴에 포갠다.

6 **하나**

손뼉 한 번 치기

7 **요**

오른손 검지를 들고 두 번 까딱인다.

8 **느낌도**

⑤와 동일

9 **하나**

⑥과 동일

10 **요**

⑦과 동일

11 **그대만이**

양 팔을 가슴 높이에서 앞으로 쭉 편다.

12 **정말**

박수 한 번

13 **내 사랑인데**

양손을 포갠 상태에서 와이퍼처럼 살짝 흔든다.

14 **눈물이 나네요**

양 손가락을 흔들며 손을 얼굴에서 아래로 내린다.

15 **내 나이가 어때서**

②와 동일

16 **사랑하기**

양손으로 하트 만들기

17 **딱 좋은**

왼손을 오른손바닥 위에 내려치며 딱! 소리를 낸다.

18 **나인데**

박자에 맞춰 잔잔한 박수

19 **어느날**

오른손을 옆으로 내민다.

20 **우연히**

왼손도 옆으로 내민다.

21 **거울 속에 비춰진**

양손으로 크게 동그라미를 만든다.

22 **내 모습을 바라보면**

얼굴을 살짝 틀어 오른손 꽃받침

23 **서**

얼굴을 반대로 틀어 왼손 꽃받침

24 **세월아 비켜**

손바닥을 펴고 왼손을 옆으로 확 펼친다.

25 **라**

오른손을 옆으로 확 펼친다.

26 **내 나이가 어때서**

②와 동일

27 **사랑하기**

양손으로 아래부터 위로 크게 하트 만들기

28 **딱 좋은**

⑰과 동일

29 **나인데**

⑱과 동일

② 보고싶었죠

활동대상: 유아, 학부모

활동의 특징

- 서정적인 멜로디와 가사가 분위기를 차분하고 정감 있게 이끌어준다.
- 둘이서 마주 보고 하며, 오랜만에 만난 상황이거나 주 1회 하는 수업의 시작부분에 적합하다. 악수, 포옹 등 가벼운 스킨십을 통한 관계형성에 유용하다.

율동포인트

- 인사하고 악수하고 포옹하는 만남의 단계를 먼저 설명하고, 상대의 눈을 찌르지 않도록 유의하기 (예 '눈, 볼, 코코코')

③ 뜨레풀 노래

❀ 활동대상: 영유아, 학부모

❀ 활동의 특징

• 밝고 경쾌한 멜로디와 가사로 책놀이, 책읽어 주기 수업의 시작과 종결음악으로 적합하다.

❀ 율동포인트

• 작은 말(쏙쏙)과 큰 말(쑥쑥)부분에서, 소리와 동작을 비례시켜 움직이기

이송은 작사, 백남희 작곡

1 **안녕 안녕 안녕**

한 손을 차례로 좌우로 흔든다.

2 **뜨레풀 친구들**

양손바닥을 와이퍼처럼 흔든다.

3 **안녕 안녕 안녕**

①과 동일하되 왼손 오른손 위치 바꾼다.

4 **그림**

한 손바닥 위에 다른 손바닥을 올린다.

5 **책**

양손을 책처럼 펼친다.

6 **싹어 쏙쏙**

양팔 겨드랑이 붙이고 양손 검지를 작게 상하로 움직인다.

7 **풀어 쑥쑥**

검지한 손을 하나는 위에서 하나는 아래에서 상하로 움직인다.

8

⑥과 ⑦ 차례로 한 번 더 반복

④ 우리 모두 다같이 손뼉을

활동대상: 초등, 학부모

활동의 특징

- 밝고 경쾌한 멜로디로, 한 절씩 끝날 때마다 동작을 한 가지씩 추가함으로써 난이도를 높이는 재미가 있다.
- 원곡의 가사는 '손뼉을' '발 굴러' 등 평범하지만, 참여자들이 누적적으로 개사하여 즐길 수 있다.

율동포인트

- 박자에 맞춰 박수치기, 이어지는 동작단어를 잊지 않고 기억하기

가사

우리 모두 다 같이 손뼉을(발 굴러)
우리 모두 다 같이 손뼉을(발 굴러)
우리 모두 다같이 즐- 겁게 노래해
우리 모두 다 같이 손뼉을(발 굴러)

⑤ 동화를 들으러

활동대상: 유아, 초등

활동의 특징

- 여러 사람이 일정한 운율에 맞춰 함께 소리내어보며 말하는 재미를 느낄수 있다.
- 도서관이나 어린이집, 유치원, 복지관, 학교 등에서 책읽어 주기를 할 때 시작 손유희로 적합하다.

율동포인트

- 손으로 모양을 만들어 가사 내용 표현해 보기

1 동화를 들으러

손등이 밖으로 오게
양손을 펴서
좌우로 2회 흔든다.

2 도서관(어린이집, 유치원)에 왔어요

'도서관'에 한 손을 올리고
'왔어요'에 다른 손을
올려 지붕을 만든다.

3 문 앞에 서니

'문 앞'에 한 손바닥 밖으로 보이게, '서니'에 다른 손바닥도 올린다.

4 (어!)

양손 귀에 대고
듣는 시늉을 한다.

5 너무 조용해요

눈 동그랗게 뜨고
양손을 모은다.

6 안을 들여다보니

'안을'에 한 손 '들여다보니'에 다른 손을 올려 반원 모양을 만든다.

7 아무도 없어요

양손으로 눈을 가리기

8 밖으로 나와서

양 팔을 달리듯
앞뒤로 움직인다.

9 "얘들아, 동화 시간이야"

양손을 나팔처럼
입가에 대고 외친다.

10 동화를 들으러

①과 동일

11 도서관(어린이집, 유치원)에 왔어요

②와 동일

12 문 앞에 서니

③과 동일

13 (어어) 와글와글해요

눈을 동그랗게 뜨되 웃음 띤 얼굴로, 양손은 한 쪽 귀에 댄다.

14 안을 들여다보니

'안을'에 한 손. '들여다보니'에 다른 손을 올려 깍지낀다.

15 친구들이 많이 있어요

깍지 낀 손가락을 떤다.

16 "선생님, 이야기해 주세요"

⑨와 동일

⑥ **도깨비나라**(율동창작: 박순하)

- 활동대상: 초등, 학부모, 노인
- 활동의 특징
  - 노래의 앞부분은 한 동작을 두 박자씩 하다가, 뒷부분에는 한 박자씩으로 되어서, 동작이 바뀌는 속도가 빨라지는 데 묘미가 있다.
- 율동포인트
  - 한 박자씩으로 동작이 바뀔 때 주의 집중하기, 동작이 틀림으로 해서 모두들 웃게 되는 긴장 이완의 효과가 있음.

①번 동작 1번

②번 동작 1번

③번 동작 2번

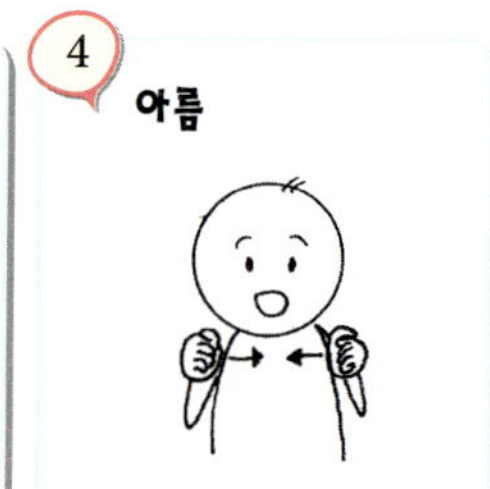

④번 동작 2번

⑤번 동작 2번

①번 동작 1번

②번 동작 1번

③번 동작 2번

④번 동작 2번

⑤번 동작 2번

①번 동작 1번

②번 동작 1번

13 이로

③번 동작 2번

14 두드

④번 동작 2번

15 리면

⑤번 동작 2번

16 무

①번 동작 1번

17 엇

②번 동작 1번

18 이 될

③번 동작 2번

19 까~

④번 동작 2번

20 아

⑤번 동작 2번

21 그~

①번 동작 1번

22 음 나

③번 동작 1번

23 와라

④번 동작 1번

24 와라

⑤번 동작 1번

25 뚜~

①번 동작 1번

26 욱

③번 동작 1번

27 따~

④번 동작 1번

28 악

⑤번 동작 1번

29 으~

①번 동작 1번

30 은 나

③번 동작 1번

31 와라

④번 동작 1번

32 와라

⑤번 동작 1번

33 뚜~

①번 동작 1번

34 옥

③번 동작 1번

35 따~

④번 동작 1번

36 악

⑤번 동작 1번

⑦ **밀양아리랑**(율동창작: 이송은)

- 활동대상: 노인
- 활동의 특징
  - 둘이서 마주 보고 하며, 흥겨운 민요여서 노인대상 수업 도입부에 폭넓게 사용할 수 있다. '신랑각시 이야기', '동지섣달' 등의 주제에 적합하다.
- 율동포인트
  - 어느 쪽 손을 먼저 잡을 것인지, 어느 쪽으로 먼저 몸이 기울어질 것인지를 시작 전에 분명하게 약속한다.

1 날 좀

한 손을 위로해서 상하로 한 번 손뼉치기

2 보소

위에 있는 손을 그대로 사선방향으로 천천히 들어올린다.

3 날 좀

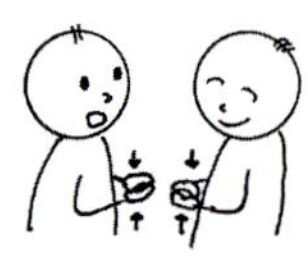

상하 손 위치를 바꾸어서 상하로 손뼉 한번 치기

4 보소

위에 있는 손을 그대로 사선 방향으로 천천히 들어올린다.

5 날 좀 보

④와 같은 손의 엄지로 같은 쪽 볼을 가리킨다.

6 소

⑤의 엄지를 그대로 둔 채, 반대쪽 손의 엄지로 볼을 가리킨다.

7 동지 섣달

양손으로 눈을 가리기

8 꽃 본 듯이

양손을 꽃받침처럼 얼굴을 받친다.

9 날 좀 보

검지로 한쪽 볼에다 갖다 댄다.

10 소

반대쪽 볼도 검지로 갖다 댄다.

11 아리 아리

한 손씩 손등치기

12 랑

손등 친 손 마주잡기

13 쓰리 쓰리

⑫에서 마주잡은 채로 반대쪽 손도 손등치기

14 랑

손등 친 손 마주 잡기

15 아라리가 났네

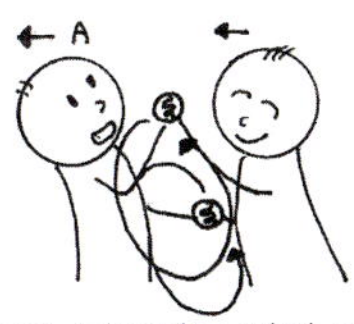

양손 마주잡고 깍지 낀 채로 자전거타기처럼 굴리며 A쪽으로 쓸렸다가 원래의 자세로 돌아오기

16 아리랑

둘이서 양손을 마주잡고 깍지 낀 채로 바깥쪽으로 반원 펼쳐(◜◝) 그리기

17 고개로

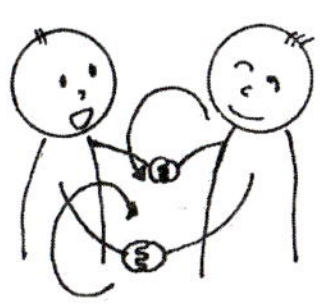

양손을 마주잡고 깍지 낀 채로 안쪽으로(◟◞) 반원 그리기

18 날 넘겨주소

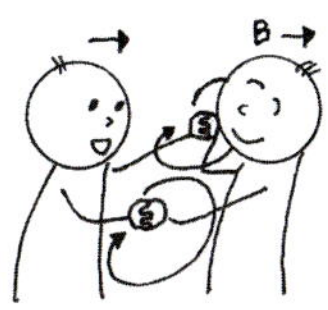

양손 마주잡고 깍지 낀 채로 자전거타기처럼 굴리며 B쪽으로 쓸렸다가 원래의 자세로 돌아오기

⑧ 사랑은 눈물의 씨앗

❀ 활동대상: 노인

❀ 활동의 특징

- 노래 및 활동의 특징: 애절한 내용의 가사를 코믹하게 몸으로 표현하면서 함께 웃을 수 있다. 과장되고 능청스러운 표정연기가 필요하다.

❀ 율동포인트

- 박자를 맞추어서 찌르기(예 무어냐 고)

1 사랑이

양손으로 하트 만들기

2 무어냐고

왼손 검지손가락으로 물음표 그리기

3 물으신다

오른쪽을 향해 손바닥을 폈다가 주먹을 쥐는 동작을 반복

4 면

반대로 향해 ③과 같은 동작 반복

5 눈물의

양손가락을 흔들며 손을 얼굴에서 아래로 내린다.

6 씨앗이라고

왼손의 엄지와 검지를 맞붙여 아래에서부터 위로 들어올린다.

7 말하겠어

오른쪽을 향해 양손은 편 채로 살짝 내미는 동작 반복

8 요

반대방향으로 ⑦과 같은 동작 반복

9 먼 훗날

양손을 빙그르 굴리며 오른쪽 위로 살짝 향한다.

10 당신이

손바닥을 위로 한 채로 오른손을 사선방향으로 멀리 들어올린다.

11 나를

오른손을 엄지척하고 얼굴방향으로 당긴다.

12 버

양손으로 종이 구기는 동작(팔을 같이 흔들며)

13 리지

구긴 종이를 바닥에 휙! 버리는 동작

14 않겠지

양손을 주먹 쥐고 오른쪽에서 몸쪽으로 잡아당기는 동작 반복
발바닥도 같은 방향으로 비빈다.

15 요

반대방향으로 ⑭와 같은 동작 반복

16 서로가

양손을 마주보고 천천히 다가간다.

17 헤어지면

손바닥을 보며 양 옆으로 확-! 벌린다.

18 모두가 괴로워서

몸을 비틀면서 양손을 번갈아 한 손씩 화살표 방향으로 원을 그린다.

19 울 테니

⑤와 동일

20 까요

바나나껍질을 벗기듯 왼손의 엄지와 검지로 집어 하나씩 바깥쪽으로 벗기는 동작을 한다.

⑨ 단장의 미아리고개

1 미

오른손을 사선으로 들어 올린다.

2 아리

왼손도 사선으로 들어올려 산을 만든다.

3 눈물

양 손가락을 흔들며 손을 얼굴에서 아래로 내린다.

4 고개

왼손을 휙 올리며 머리를 뒤로 젖힌다.

5 님이 넘던

양손을 가슴에 포개고 양옆으로 살짝 흔든다.

6 이별

왼손의 검지와 중지 손가락을 펼쳐 가위 모양을 만든다.

7 고개

④와 동일

8 화약 연기

앞을 향해 양손으로 총 쏘는 동작

9 앞을

한손으로 얼굴을 가린다.

10 가려

반대쪽 손으로 얼굴을 마저 가린다.

11 눈 못

한팔만 앞으로 뻗는다.

12 뜨고

반대쪽팔도 마저 앞으로 뻗는다.

13 헤매일 때

양팔을 둥글게 저으며 어우적거린다.

14 당신은

오른손을 아래에서 사선으로 들어올린다.

15 철사줄로 두 손 꽁꽁

오른손 주먹을 쥐고 얼굴 앞으로 들어올린다.

16 묶인 채로

왼손도 주먹쥐고 얼굴 앞으로 들어올려 손목끼리 X자를 만든다.

17 **뒤돌아보고**

오른손으로 오른쪽 어깨를 잡아당기며 얼굴을 휙 돌린 후 제자리로 온다.

18 **또 돌아보고**

반대쪽도 반대방향으로 똑같이 한다.

19 **맨발로**

양손을 허리에 두고 한 쪽 신을 휙 벗는다.

20 **절며 절며**

무릎을 구부렸다가 펴는 동작을 두 번 한다.

21 **끌려가신**

왼쪽 어깨를 잡고 총총총 끌려간다.

22 **이**

⑥과 동일

23 **고개여**

④와 동일

24 **한 많은**

왼손을 오른손 바닥위에 내리치며 딱! 소리를 낸다.

25 **미**

①과 동일

26 **아리**

②와 동일

27 **고개**

④와 동일

⑩ **님과 함께**(율동창작: 박순하)

- 활동대상: 노인
- 활동의 특징
  - 노래 및 활동의 특징: 잘 알려진 노래의 가사를 몸으로 표현하면서 관절의 유연성을 유지한다.
- 율동포인트
  - 박자의 포인트를 살려서 움직임을 흥겹게 한다.

1 하나, 둘, 셋, 넷(박수)

박수를 두 번 친다.

2 저 푸른 초원 위

왼손은 허리에 하고 오른 손바닥을 위로 하여 펼치는 동작

3 에~~

②번 동작에서 오른손을 펼친 채 왼손도 ②번과 같은 동작

4 그림 같은

②번 동작에서 오른손을 펼친채 왼손도 ②번과 같은 동작

5 집을 짓고

왼손도 함께 집 모양을 완성한 후 좌우로 흔든다.

6 사랑하는

오른손 엄지, 검지를 맞대어 작은 하트를 만든다.

7 우리 님과

왼손도 ⑥번과 같은 모양을 만들고 좌우로 흔든다.

8 한 백년 살고

오른쪽 방향에서부터 두 손을 주먹 쥐고 굴리며 움직인다.

9 싶어~

왼쪽 방향에서도 두 손을 주먹 쥐고 굴리며 움직인다.

10 (봄이면/여름이면/가을이면/겨울이면)

박수를 두 번씩 친다.

11 (봄이면) 씨앗 뿌려

왼손을 허리에 대고 오른손을 씨앗을 뿌리듯이 움직인다.

12 (여름이면) 꽃이 피네

두 손목 안쪽을 맞대고 엇갈리게 앞뒤로 움직이는 동작

13 **(가을이면) 풍년 되어**

양팔을 벌려 바깥쪽에서 안쪽으로 모아준다.

14 **(겨울이면) 행복 하네**

아리랑 춤을 추듯 양팔을 움직인다.

15 **멋쟁이 높은 빌딩**

왼쪽에서 양팔을 위에서 아래로 밀어내며 가슴과 허리를 쭉펀다.

16 **으스대지만**

오른쪽에서 양팔을 위에서 아래로 밀어내며 가슴과 허리를 쭉 편다.

17 **유행 따라 사는 것도**

양손의 손가락을 피아노 치듯이 오른쪽 위에서 아래로 움직인다.

18 **제 멋이지만**

17번 동작을 왼쪽위에서 아래로 반복한다.

19 **반딧불**

오른손 엄지, 검지를 맞닿아 작은 하트를 만든다.

20 **초가집도 님과 함께면**

왼손도 ⑦번과 같은 모양을 만들고 좌우로 흔든다.

21 **나는 좋아 나는 좋아**

오른쪽 방향에서부터 두 손을 주먹 쥐고 굴리며 움직인다.

22 **님과 함께면~**

왼쪽방향에서도 두 손을 주먹 쥐고 굴리며 움직인다.

23 **님과 함께 같이 산다**

합장박수를 네 번 친다.

24 **면~**

손끝박수를 네 번 친다.

25

1절 ①번~⑨번까지 동일하게 반복한다. ⑧번~⑨번을 다시 한번 반복한다.

26 **짠!**

양팔을 양쪽으로 펼치며 마무리 한다.

4. 노인을 위한 손유희 및 율동 강좌

♠ 이 프로그램은 실제로 경기도 'ㅍ노인복지관'에서 2년간, 복지관을 이용하는 일반 어르신을 대상으로 진행된 여가프로그램이다. 매년 가을에 진행되었으며, 과정 수료 후 희망자는 간단한 시연을 거쳐 '손유희와 율동지도사 2급' 자격증(민간자격등록번호 2013-0918 / 발급기관: 동화가있는집)을 취득하였다.

★ 시수: 총 15시간 (7차시)
★ 대상: 복지관 이용 어르신 (60~70대)

회차	활동주제	활동명	수업메모
1 2시간	★ 주의 집중 및 인사	세모,네모, 동그라미	· 2인 1조로 세모, 네모, 동그라미를 만들어 볼 수 있다. · 두 사람이 서로 팔짱을 끼고 세모, 네모, 동그라미를 협동하여 만들어 봄으로써 친숙한 관계를 형성 할 수 있다.
		보고 싶었죠 뜨레풀 노래	· 가볍게 스킨쉽을 하며 관계형성을 할 수 있다. · 유아용 수업의 첫 만남 노래를 즐기며 '싹'과 '풀'에 대해 이야기 나눠볼 수 있다.
		가을은	· 단풍잎, 은행잎 만들기로 연결할 수 있다. · 실수를 두려워하지 않도록 격려하고 도안을 여유 있게 준비한다. · 단풍잎, 은행잎 자료를 활용하여 노래를 부를 수 있다. · 노래 가사에 따라 단풍잎, 은행잎 자료를 제시해 봄으로써 활동에 흥미를 더 할 수 있다.
2 2시간	★ 계절별 손유희(1)	조그만 나무에	· 손유희 내용 중 '앵두'를 '사과'나'감'으로 바꾸어 활동 할 수 있다. · 가을에는 계절에 맞추어 사과, 감 종이 접기로 연결하여 활동할 수 있다. 종이 접기 활동 순서를 천천히 진행한다.
		퐁당퐁당	· 모두 한 줄로 나란히 앉거나 서서 활동할 수 있다.
		코스모스	· 각 마디 끝에 "뽕"을 넣고 놀라는 표정과 동작을 곁들일 수 있다. · 재미있는 표정과 동작을 격려함으로써 더욱 다양한 표현이 이루어질 수 있다.
3 2시간	★ 계절별 손유희(2) ★ 주제별 손유희 1 (동물/수)	장갑	· 짝 끼리 활동을 할 때 기본형이 익숙해지면, '아가 장갑'부분에서 상대방 어르신의 이름을 넣어'oo 장갑'으로 정감 있게 부른다.
		눈을 굴려서	· 눈사람 접기로 연결할 수 있다. · 눈사람의 각 부위별로 종이 접기가 이루어지므로 활동 시간을 고려해야 한다.
		쥐가 한 마리	· 수를 열까지 셀 때 주먹 쥔 채, 왼쪽 새끼손가락에서 시작하여 오른쪽 새끼손가락으로 끝나도록 한다. · 자연스럽게 고양이 쥐잡기 놀이로 연결할 수 있다.

회차	활동주제	활동명	수업메모
4 2시간	★ 주제별 손유희 2 (나,가족, 친구)	손으로 가리고	· '장갑 손가락 인형'을 이용하여 가족 구성원을 알아보고 손유희로 연결할 수 있다.
		예쁜 민지가	· 다양한 연령대 사람들의 일상생활과 연결하여 활동할 수 있다.
		똑똑똑	· 1절과 2절 가사에 나오는 동물의 동작을 크고 작게 구별하여 표현하도록 한다.
		열 친구	· 위, 아래 등 방향 동작을 크고 정확하게 표현하도록 한다. · '착착착착'부분을 다양한 빠르기로 활동해 봄으로써 더욱 흥미로울 수 있다.
		우리 엄마는 요리사예요	· 가족 구성원을 생각하며 '가족 코 책 만들기'로 연결할 수 있다. · 입체적인 코 표현을 할 때는 구체적인 설명이 필요하다.
5 2시간	★ 주제별 손유희 3 (특별한 날, 다문화) ★ 창의성을 더해 주는 손유희	나는 배(한글날)	· 각 어르신들의 사위 성을 넣어 활동할 수 있다. 예 나는 (배)서방~ 나는 (이)서방~
		송편/ 만두	· 명절 절기를 고려하여 '송편'이나 '만두' 중 선택해서 하고, 이에 따라 가사를 달리 한다.
		5대양 6대주	· 유아 및 초등 교수 자료, '세계지도 만들기'로 연결할 수 있다.
		하나 더하기 하나	· 손으로 여러 가지 형태를 자유로이 만들어 보며, 어르신들의 생활 경험을 회상하여 이야기해 보도록 한다.
		나는 콩	· 콩을 몸으로 표현하며 신체 활동으로 확장 할 수 있다. · 신체 활동을 진행하기 전 마스킹 테이프를 이용하여 바닥에 모양(동그라미, 네모 등)을 표시한 후, 후라이팬, 냉장고로 '쏙'들어가는 표현을 하면 더욱 흥미로울 수 있다.
6 2시간	★ 이야기와 함께하는 손유희	동화를 들으러	· 손유희의 가사 하나, 하나를 어르신들과 함께 만들어 간다. '문구멍'에 관해 회상하며 이야기를 나눌 수 있다.
		비 오는 날	· 비 오는 날에 일어나는 일을 생각하며 노랫말을 확장할 수 있다.
		여섯 마리 오리	· 신체 동작 놀이로 연결할 수 있다. · 노래 가사"꽥꽥꽥~"부분에서는 실내에서 함께 이동하면서 활동할 수 있다.
		'사랑' (내가 아빠를 얼마나 사랑하는지 아세요?)	· 왕관 종이 접기 활동으로 연결할 수 있다. · 교사가 사전에 색종이를 4장 정도 접어서 연결하여 배부하면 왕관을 좀 더 쉽게 완성할 수 있다. · 왕관을 쓰고 기념촬영을 하면, 자식을 사랑으로 키워낸 어르신들께 뜻 깊은 활동이 될 수 있다.

회차	활동주제	활동명	수업메모
7 3시간	★ 건강이 좋아지는 손유희	〈박수놀이〉 스포츠 박수	· 기본형 '찌개박수'로 리듬을 익히고 활동하면 효과적이다. · 빠르기를 조절하며 활동하면 더욱 흥미로울 수 있다. · 레크리에이션 활동으로 적합하다.
		밀양아리랑	· 노래 부르기 시간을 충분히 갖는다. · 노래가사를 동작으로 설명할 때 스토리텔링하듯 살을 붙이면 더욱 흥미롭다.
		아주 깊고 깊은 산에	· 목소리 크기를 크고 작게 조절하며 활동하면 더욱 효과적이다.
		큰 산에는	· 목소리와 동작을 크고 작게 조절하여 활동하면 더욱 효과적이다. · '방귀' 표현이 포인트이므로 일어서서 활동하면 동작이 더 잘 표현 될 수 있다.
		예쁜 컵에	· '쪼르르'부분에서 혀 운동을 한다. · 음료수의 종류, 먹는 방법, 소리 등을 다양하게 바꿔 봄으로써 인지기능을 활성화한다.

[현장 강사가 들려주는 '노인을 위한 손유희와 율동' 강좌 TIP!]

1. 수업 시작 20~30분 전에 미리 간다.
(어르신들은 일찍 오시며, 대화 상대가 되어 드리면 좋아하신다.)

2. 자료 준비 시 글자 크기에 신경 쓴다.
(손 유희, 노래 가사 PPT 또는 배부용 프린트 자료의 글자 크기를 크게 한다.)

3. 노래 가사와 리듬을 익히고 손유희 및 율동으로 진행한다.
(가사를 먼저 읽어보거나 노래를 불러 본 후, 움직임 활동으로 진행한다.)

4. 수업은 천천히 진행하고 반복한다.
(1교시 마치기 전에 그 차시에 배운 것 총 정리하고, 2교시 수업 전에 1교시에 배운 것을 다시 한 번 복습하고, 2교시 끝나기 전에 당일 배운 것을 모두 정리해 본다.)

5. 만들기 재료 여분을 충분히 준비한다.
(어르신들은 만들기 과정에서 실수가 잦고, 손자, 손녀에게 주고 싶어 하는 경우가 많다.)

6. 하루 1시간 이상 연강인 경우, 중간에 쉬는 시간을 10분 이상 충분히 갖는다.
(장시간 앉아 있으면 허리 아파하시며, 쉬는 시간에 전 시간에 배운 음악을 틀어놓으면 자유스럽게 복습할 기회가 된다.)

참고문헌

〈한국문헌〉

강영실(2013). 장애인복지의 이해(3판). 서울: 신정.

강승숙(2014). 교과서 속 그림책, 그림책이다? 아니다?. 창비어린이, 12(4), 67-78.

교육부(2015). 교육부 고시 제 2015-74호[별책 1] 「초 · 중등학교 교육과정 총론」.

국립어린이청소년도서관(2009). 어린이담당 사서를 위한스토리텔링 운영 매뉴얼.

국립어린이청소년도서관(2011). 어린이담당 사서를 위한스토리텔링 운영 매뉴얼 Ⅱ.

권중돈(2016). 노인복지론(6판). 서울: 학지사.

김성순(1990). 고령화 사회와 복지행정. 서울: 홍익재.

김유리 · 김성수(2016). 지역문화교육을 위한 김산향교(金山鄕校)의 스토리텔링 제안. 영남학, 31, 271-297.

김종군(2009). 이야기문화의 현재적 양상과 문화콘텐츠 활용 방안. 겨레어문학, 42, 165-192.

노제운(2012). 동화「강아지똥」의 그림책으로의 변용에 따른 의미 변화 고찰. 동화와번역, 23, 105-137.

마쓰이 다다시(2003). 어린이와 그림책. 서울: 샘터사.

박선영(2015). 노인 주 · 야간보호시설 서비스 이용자 만족도에 관한 연구: 동작구 데이케어센터를 중심으로. 중앙대학교 행정대학원 석사학위청구논문.

박성연 · 백지숙 · 안지영 · 오미경 · 이사라 · 이주연 · 임희수 · 전춘애 · 지연경 · 한세영(2011). 인간발달. 파워북.

박용순 · 송진영 · 황치성 · 박현숙(2013). 자원봉사론. 창지사.

보건복지부(2015). 2015년 12월 기준 전국 지역아동센터 실태조사보고서.

보건복지부(2017). 2017년 노인복지시설 현황.

상명대학교 산학협력단(2012). 베이비부머 자원봉사 프로그램 모형 개발 연구. 서울: 서울시자원봉사센터.

서근원(2003). 수업을 왜 하지?. 서울: 우리교육.

서정숙 · 남규(2015). 유아문학교육. 서울: 창지사.

서천석(2015). 그림책으로 읽는 아이들 마음. 경기: 창비.

서해숙(2010). 구례 지역 설화의 전승양상과 지역적 특성. 민속연구 20. 103-136.

신원우(2011). 노인의 신체 및 정신 건강 문제와 생활만족도간의 관계: 자원봉사활동 참여의 조절효과를 중심으로. 노인복지, 54, 135-163.

신혜원 · 전미애(2006). 치매노인을 위한 전통놀이프로그램. 경기: 양서원.

유동철(2013). 인권관점에서 보는 장애인복지. 서울: 학지사.

유효림(2010). 지역아동센터 경험이 저소득가정 아동의 적응에 미치는 영향. 카톨릭대학교 대학원 석사학위 청구논문.

윤찬중 · 명봉호(2008). 노인여가와 치료 레크리에이션. 서울: 진영사.

이송은(2001). 표현력과 창의성을 키우는 손유희 101가지. 서울: 동심.

이송은(2009). 어린이담당 사서를 위한 스토리텔링운영 매뉴얼개발. 어린이문학교육연구, 10(2), 149-175.

이송은(2011). 노인을 위한 장르별 문학활동. 대활자본을 이용한 노인 독서 활성화 워크숍 자료집. 5-22.

이송은(2013). 표현적으로 소통하는 유아를 위한 실제적 접근: 스토리텔링을 중심으로. 2013 한국영유아교원학회 추계학술대회발표자료집, 108-131.

이송은(2017). 그림책과 함께 하는 마음 열기, 표현하기, 이해하기. 2017 한국어린이문학교육학회 춘계학술대회발표자료집, 61-97.

이송은 · 전진영 · 김윤경(2016). 세 연구자들의 스토리텔링 탐험기: 그림책으로 아이들과 소통하는 할머니 · 할아버지 세워가기. 교육인류학연구, 19(3), 67-119.

이송은 · 김윤경 · 전진영 · 권옥 · 한선예 · 최형임 · 이춘희 · 한주미(2017). 스토리텔링과 책놀이 2. 서울: 창지사.
이송은 · 신일순 · 김미라 · 안혜련(2017). 누구나 할 수 있는 이야기 들려주기. 서울: 창지사.
이팔환 · 박남덕 · 권정임(2006). 자원봉사론. 서울: 형성출판사.
이혁규 · 김남수 · 김병수 · 신지혜(2011). 수업 사례를 활용한 수업 전문성 신장 방안. 한국열린교육학회 학술대회 논문집, 2011(5), 97-139.
이현기(2013). 한국 노인 자원봉사자의 특성, 횟수와 시간, 그리고 자원봉사 영향요인 연구. 노인복지연구, 62, 317-344.
전용호 · 이금룡(2013). 노인 자원봉사의 인정과 보상에 관한 연구. 노인복지연구, 62, 173-202.
정민승 · 임진영 · 이지혜(2006). 생애발달과 교육. 서울: 한국방송통신대학교출판부.
조규진 · 김도기 · 김명수(2011). 좋은 수업의 조건 탐색: 5G를 중심으로. 초등교육연구, 24(4), 325-350.
조정래(2013). 스토리텔링 멘토링 : 교사와 학부모를 위한 스토리텔링 교수법. 경기: 행복한 미래.
최순남(2005). 현대노인복지론. 서울: 법문사.
최중옥 · 박희찬 · 김진희(2002). 정신지체아 교육. 경기: 양서원.
통계청(2009). 세계 및 한국의 인구현황.
통계청(2015). 2015 인구 총조사.
통계청(2016). 2016 고령자통계.
통계청(2017). 2017 고령자통계.
한국임상사회사업학회(2004). 노인복지론. 경기: 양서원.
한국출판마케팅연구소(2002). BOOKPEDEM 01 어린이책.
한국출판문화산업진흥원(2014). 2014 책 읽어주는 문화봉사단 사업평가 보고서.
한국출판문화산업진흥원(2015). 2015 책 읽어주는 문화봉사단 사업평가 보고서.
한국출판문화산업진흥원(2017). 2017 책 읽어주는 문화봉사단 가이드북.
한정란(2015). 노인교육론. 서울: 학지사.
해비비전 편집부(2009). 복음건강박수. 해피비전.
현외성(2010). 노인복지학신론. 경기: 양서원.
홍선희(2015). 중년여성의 자원봉사활동 경험에 관한 질적 연구. 비판사회정책, 49, 474-519.

〈외국문헌〉

Achenbach, T. M. and Edelbrock, C. S.(1981). Behavior problems and competencies reported by parents of normal and disturbed children aged four through sixteen. *Monographs of the Society for Research in Child Development, 46*(1), 1-82.
Brett, D.(2000). *Annie stories*. 그래, 네 맘 알아 엄마 얘기 들어볼래?. (박찬옥 역). 서울: 한울림.
Galda, L. & Cullinan, B. E.(2002). *Literature and the Child (5th ed.)*. Belmont: Wadsworth.
Goldstein L, S.(1997). *Teaching with Love: A Feminist Approach to Early Childhood Education*. 사랑으로 가르치기: 유아교육에 대한 페미니스트 접근 (염지숙 역), 서울: 창지사.
Gordon, C., Gaitz, C. M., Scott, J.(1976). Leisure and lives: Personal expressivity across the life span. In R. H. Binstock & E. Shannas (Eds.). *Handbook of aging and the social sciences*, 310-341. New York: D. Van Nostrand.
Ko, S. J. & Lee, S. E.(2013). The effects of picture-books shared reading training for immigrant mothers of young children: An exploratory study. *Asia-Pacific Journal of Research in Early Childhood Education, 7*(2), 29-46.
Ilin, M.(2003). 백지 위의 검은 것 (박수현 역) . 서울: 아이세움.
Kelly, J. R.(1987). *Peoria winter: Styles and resources in later life*. Lexington, MA: Lexington Books.

Rosenblatt, L. M.(1978). *The reader, the text, the poem: The transactional theory of the literacy work*. Carbondale: Southern Illinois University Press.

Sipe, L. R..(2008). *STORYTIME: Young Children's Literary Understanding in the Classroom*. 유아교사의 그림책 읽어주기: 유아의 문학적 이해 및 문학교육 (서정숙 역). 서울: 창지사.

Sunderland, M.(2007). 스토리텔링을 통한 어린이심리치료 (편집부 역). 한국심리치료연구소.

〈참고기사 · 관련기관〉

"건강 박수 10가지"(중의학 박사. 이수형). http://cafe.daum.net/htnam226

경향신문(2016. 03. 30.). "빠르게 늙는 한국 2050년엔 세계 2위"

국립국어원 표준국어대사전. http://stdweb2.korean.go.kr/main.jsp

독서신문(2015. 10. 19.). "서울디지털대, 재학생 설문조사 결과…전자책보단 종이책 좋아"

동아일보(2017. 05. 09.). "생계 위해 허리 굽어도 일하는 한국"

맘앤앙팡(2016. 04.). "이수지 작가를 만나다"

법제처. www.moleg.go.kr/

보건 복지부. www.mohw.go.kr/

연합뉴스(2015. 12. 20.). "2년간 감금학대 11살 딸 맨발 탈출"

을지대학교 을지병원 사회사업팀. http://blog.naver.com/eusw8336

중앙일보(2017. 11. 17.). "고독한 한국인…SNS 활동 많은데 정작 의지할 사람 없다"

KBS뉴스(2017. 04. 28.). "전자책 지고 종이책 다시 뜬다"

MBC뉴스(2013. 05. 13.). "전자책이냐 종이책이냐 · 어린이 뇌 영향은?"

TV조선(2016. 08. 22.). "아버지 살해 14살 아들, 심각한 게임중독"

이송은

학력 및 경력 중앙대학교 대학원 유아교육과 박사과정 졸업(문학박사)
경인교육대학교 강사
부천대학교 유아교육과/영유아보육과 겸임교수
국립어린이청소년도서관 강사
한국출판문화산업진흥원 강사
한국사이버평생교육원 '아동문학'제작교수(현)
중앙사이버평생교육원 '언어지도'제작교수(현)
알짜닷컴 민간자격증과정 제작교수(현. '스토리텔러', '책놀이지도사', '노인인지활동책놀이지도사', '손유희 및 율동 지도사')
동화가있는집 연구소 소장(현)
(사)한국책놀이지도사협회 회장(현)

저서 『스토리텔링과 책놀이』(창지사)
『유아문학교육의 이론과 실제』(창지사)
『노인인지활동책놀이』(창지사)외 다수

논문 "2세 영아의 책에 대한 의미탐색"(박사학위논문)
"다문화가정의 문화이해를 위한 문학활동 실행연구: 필리핀 모자를 대상으로"
(어린이 문학교육연구 8권 2호)
"어린이 담당 사서를 위한 스토리텔링 운영매뉴얼 개발"
(어린이 문학교육연구 10권 2호)
"세 연구자들의 스토리텔링 탐험기: 그림책으로 아이들과 소통하는 할머니 · 할아버지 세워가기"(교육인류학 연구 19권 3호)외 다수

그림책 『통통 무슨 통』, 『맛있는 동그라미』, 『뜨레풀책놀이 1~6』, 『배달대소동』,
『재재콩알』, 『인성이 자라는 꿈꾸는 동화(국민서관)』
『인성이 자라는 꿈꾸는 동화 오디오북 · DVD』 외 다수

수상 문화체육관광부 장관상(제22회 독서문화상)
색동회 주최 제11회 전국어머니동화구연대회 은상
새세대육영회 주최 제9회 창작동화 공모전 입상, "통통 무슨 통"
서울특별시 주최 제6회 수필 서울이야기 공모전 특선, "새벽 선유도"
한국보건복지인력개발원 주최 온라인콘텐츠 공모전, 〈나도 온라인 명강사〉 최우수상 "치매예방과 인지기능 강화를 위한 도란도란 들썩들썩 노인인지활동책놀이"(2020년)

[노인대상프로그램 개발 및 교육]

- 노인 이야기자원활동가 양성('이야기보따리') (주최: 서울YWCA, 2003~2005)
- 어르신들에게 책 읽어드리는 북스카우트(주최: 한국간행물윤리위원회, 후원: 문화체육관광부, 2010)
- 대활자본을 이용한 노인독서활성화를 위한 시범사업(주최: 문화체육관광부 · 주관: 한국도서관 협회, 2011)
- 책읽어주는 문화봉사단(주최: 문화체육관광부 · 주관: 한국출판문화산업진흥원, 2014~2019)
- 서울시 50플러스 재단 당사자연구 선정, "50+ 세대에 의한 인지활동형 어르신책놀이 프로그램 개발과 적용(2018)

박순하

서라벌예술대학교(현, 중앙대학교) 방송과 졸업
동덕여자대학교 평생교육원 사회복지사과정 졸업
'책읽어주는 문화봉사단' 활동가 (주최: 한국출판문화산업진흥원)
노인 인지활동책놀이 지도사
사회복지사
노인운동지도사
동화구연가
시인, 동시작가
(사)한국문인협회 하남 지부 회장
동화가있는집 연구소 시니어팀장(현)

최수진

한국출판문화산업진흥원 강사
부천대학교 유아교육과 강사
노인심리상담지도사
문화예술교육지도사
임상드라마테라피스트
극단 〈부천〉 대표(현)
동화가있는집 연구소 동극팀장(현)

연구진

김은주(동화가있는집 장애인 팀장)
김순애(동화가있는집 교구개발 팀장)

증보

노인여가 프로그램 개발

노인을 위한 문학활동

초판 1쇄 발행 2017년 11월 29일
증보 1쇄 발행 2021년 2월 22일

지 은 이 | 이송은 · 박순하 · 최수진
펴 낸 이 | 김기섭
편 집 인 | 이초롱
펴 낸 곳 | 창지사 www.changjisa.com
08589 서울시 금천구 가산디지털 1로 83 파트너스타워 1차 9층
전화 (02)719-2211~3
팩스 (02)701-9386
등 록 | 1977년 4월 28일 · 제1-421호

ISBN 978-89-426-1450-9 (93370)

KOMCA 승인필

값 23,000원